플라톤의

국가

최광열

서울대에서 정치학을 공부했고, "노동운동의 정치경제학적 기초에 관한 일소고"를 석사논문으로 썼다. 사회에 나와 출판 일을 하면서 《소외론》(한마당), 《그람쉬의 헤게모니론》(전예원), 《시간의 문화사》(북로드), 《미국의 대통령》(바움) 등의 책을 번역했고, 《세계사 신문》(사계절), 《근·현대사 신문》(사계절)을 여러 사람과 함께 썼다.

플라톤의 **국가**

초판 1쇄 발행 | 2014년 11월 10일
13쇄 발행 | 2023년 5월 15일

지은이 | 플라톤
편 역 | 최광열
펴낸이 | 김형호
펴낸곳 | 아름다운날
편집 주간 | 조종순
디자인 | 디자인표현
출판 등록 | 1999년 11월 22일
주소 | (05220) 서울시 강동구 아리수로 72길 66-19
전화 | 02) 3142-8420
팩스 | 02) 3143-4154
E-메일 | arumbooks@gmail.com

ISBN 978-89-93876-57-4 (03340)

이 도서의 국립중앙도서관 출판예정도서목록(CIP)은 서지정보유통지원시스템 홈페이지(http://seoji.nl.go.kr)와 국가자료공동목록시스템(http://www.nl.go.kr/kolisnet)에서 이용하실 수 있습니다.(CIP제어번호: CIP2014031225)

플라톤의

국가

Platon *Politeia*

플라톤 지음 | 최광열 편역

아름다운날

차례

『국가』 개요

1. 개요

『국가』는 플라톤이 '아카데미아'를 세운 42세 무렵부터 60세 사이에 쓴 것으로 추정된다. 대체로 '중기 대화편'으로 분류되는데, 『국가·정체』를 완역한 박종현 선생은 기원전 380년에서 370년 사이에 쓰였다고 보고 있다.

『국가』는 10권으로 구성된다. 그러나 이 구분은 내용이나 주제에 따른 것이 아니라 당시 쓰이던 종이인 파피루스에 적을 수 있는 내용의 한계에 따른 것이다.[박종현, 42쪽]

『국가』의 내용은 하룻밤 사이의 대화이지만 실제로는 여러 해에 걸쳐 쓰였다. 4권엔 "여러 해 전, 우리가 이 논의를 시작할 때"라는 표현이 있다.

1권은 소크라테스의 대화법이 잘 드러나 있다. 케팔로스·폴레마르코스·트라시마코스가 제법 의미 있는 발언을 하지만 2권 이후에는 거의 등장하지 않는다. 2권 이후에는 주로 소크라테스가 주장하고 대화 상대자 글라우콘과 아데이만토스는 긍정·부정의 답변을 하거나 짧게 의견을 다는 정도일 뿐이다.

『국가』는 플라톤 저술 가운데 『법률』 다음 가는 대작이다. 『국가』는 이상국가를 논하고 『법률』은 현실정치를 논했지만, 『국가』는 정치체제의 문제뿐 아니라 형이상학·인식론·윤리학·정치사상·영혼불멸설(심리학)·교육론·예술론 등 플라톤 철학을 모두 아우르고 있다.[박종현, 43쪽]

『국가』의 이상국가 사상은 훗날 키케로의 『국가론De Republica』, 성 아우구스티누스의 『신국City of God』, 토머스 모어의 『유토피아Utopia』로 이어지고 있다. 포퍼는 『열린사회와 그 적들』에서 플라톤의 이상국가를 전체주의라고 비판하기도 한다.

2. 전체 내용

플라톤의 이상국가는 올바름·정의가 실현되는 나라이다. 이를 위해 국가의 구성원들은 어떤 덕목을 지녀야 하는지, 또 그러기 위해 어떤 교육을 받아야 하는지, 최상의 배움은 무엇이며 어떻게 찾아지는지, 올바른 정치체제·구성원과 올바르지 못한 정치체제·구성원은 무엇인지, 올바름은 사후에 보상을 받는지 따위가 『국가』에서 논의된다.

논의는 대체로 순차적으로 이어지지만, 잠시 이를 벗어나기도 한다. 예컨대 3권의 공유에 관한 논의는 5권에서 재개되고 4권에서 나왔던 올바르지 못한 정치체제의 유형은 8·9권에서 자세히 다루어진다.

1권 : 올바름이란 무엇인지, 문제 제기

소크라테스는 올바름이 무엇인지, 그것은 이로운 것인지에 대해 케팔로스·폴레마르코스·트라시마코스와 논쟁을 벌인다.

'빚지지 않는 것', '친구에게 이로움을 주는 것', '강자의 이익'이 올바름이라는 이들의 주장에 대하여 소크라테스는 "미쳐 버린 친구에게 빌렸던 무기를 돌려주는 것이 올바른가?", "친구라고 모두 좋은 사람인가?", "통치자도 실수로 자기 이익에 어긋나는 법을 제정할 수 있지 않은가?" 하고 논박한다.

2권 : 국가에서의 올바름과 수호자의 조건

소크라테스는 나라의 올바름을 먼저 살펴보자고 제안한다. 이에 따라 국가의 기원, 수호자의 조건, 수호자 교육 문제 등을 논의한다.

사람들은 자급자족할 수 없어 나라를 구성하며, 이에 따라 많은 직업의 사람이 있게 마련이다. 특히 중요한 것은 수호자로, 적과 나를 구분하고 용감해야 하므로 지혜·기개가 필요하다. 그래서 예비 수호자의 교육이 중요한데, 특히 음악 교육에서 신과 영웅의 일부 훌륭하지 못함을 가르치지 말아야 한다.

3권 : 수호자의 예비교육과 통치자의 선발

음악에 이어 체육 교육을 다룬다. 수호자의 조건과 선발 그리고 이들의 공동생활 및 사유 금지가 언급된다.

수호자에게는 나약함·탐욕 대신 진실함·절제·인내 등을 가르친다. 훌륭한 영혼이 훌륭한 몸을 만든다는 것이 중요하다. 이들을 온갖 시련·시험에 들게 한 뒤 소신을 버리지 않는 자를 통치자로 선발한다. 이들은 공동생활을 해야 하며 모든 것을 공유共有해야 한다.

4권 : 국가·영혼의 세 가지 덕목과 올바름의 상태

수호자의 행·불행, 국가의 수립 목적, 국가·영혼의 세 가지 덕목, 올바름의 상태와 정치체제 등에 대한 견해가 펼쳐진다.

국가는 전체의 행복을 추구한다. 수호자뿐 아니라 다른 일꾼도 마찬가지로 제 할 일 하는 것이 올바름이다. 그 덕목은 세 가지가 있다. 통치자의 지혜, 수호자의 용기, 모두의 절제다. 영혼에도 세 가지 성향이 있다. 이것들이 서로 간섭하면 올바름이 무너진다. 그런 나쁜 정치체제로는 4가지가 있다.

5권 : 처자식의 공유와 철인정치

3권에 이어, 처자식의 공유 문제가 논의된다. 글라우콘이 올바른 정치체제가 가능하냐고 묻자 소크라테스는 철인정치를 주장한다.

여자도 자질이 있다면 수호자가 될 수 있다. 이러려면 여자도 공동생활을 해야 한다. 처자식 공유는 최선의 2세 출산을 위해, 또 '내 것'과 '네 것'의 구분을 없애 나라의 단결을 가져오기 위해서이다. 올바름은 본paradigm 즉 최선에 대한 추구이다. 최선의 정치체제는 철학과 정치가 결합하는 체제이다.

6권 : 좋음의 이데아와 태양의 비유

철인정치 논의가 계속된다. 수호자에게 최상의 배움인 좋음의 이데아를 찾아가는 길이 '태양의 비유', '선분의 비유'를 통해 설명된다.

철학하는 수호자가 참교육을 받고 연륜이 쌓이면 나라를 맡을 수 있다. 철학자는 실재·본질을 파악한 사람으로 이들이 나라의 밑그림을 그릴 때 최선의 정치체제가 된다. 이를 위해 이들은 좋음의 이데아를 배워야 한다.

어둠 속에서 태양빛 아래로 나가듯, 좋음의 이데아를 인식하는 힘을 키워야 한다.

7권 : 동굴의 비유와 수호자의 필수교육

좋음의 이데아를 찾는 단계가 다시 '동굴의 비유'로 설명된다. 철학자의 현실 참여, 수호자가 이데아를 찾을 수 있도록 하는 필수교육 따위가 논의된다.

인간은 동굴 속 그림자를 보는 단계, 동굴 속 실물을 보는 단계, 태양빛 아래 실물을 보는 단계, 태양 자체를 보는 단계를 차츰 밟는다. 태양을 본 자는 다시 동굴로 돌아와 현실에 참여해야 한다. 태양을 보기 위해서는 예비교육 외에 수학·기하학·천문학·변증술 등을 배워야 한다.

8권 : 올바르지 못한 정치체제 네 가지 유형과 그 사람들

4권에 이어, 네 가지 올바르지 못한 정치체제와 그에 걸맞은 사람의 유형이 언급된다. 명예·과두·민주·참주 정치체제와 그 구성원들이다.

명예 체제는 수호자가 통치해 전쟁 등이 중시되지만 재산이 사유화되고 과두 체제는 부자가 통치해 빈부 격차가 심해지며, 민주 체제는 빈자가 혁명에 성공하지만 무정부 상태를 낳고 참주 체제는 감시·강권 체제 때문에 민중이 다시 노예화된다.

9권 : 개인·국가의 성향과 행복

어느 체제 사람이 가장 행복한지, 세 가지 성향에 따른 세 가지 즐거움은 무엇인지, 올바름이 올바르지 못함보다 이익인지 따위를 논의한다.

참주 체제 사람은 탐욕으로 불행을 겪는다. 하지만 참주의 부도덕은 훨씬 나쁘다. 군주 체제 사람은 가장 행복하지만 참주 체제의 사람은 가장 불행하다. 즐거움이 가장 큰 사람은 군주 체제 사람이며 가장 비참한 사람은 참주 자신이다. 올바르지 못함은 이익이 될 수 없다.

10권 : 시적 모방에 대한 비판과 영혼불멸설

올바른 나라에서 모방이 배제되어야 하는 이유가 논의된다. 훌륭함은 사후에 보상을 받는다는 점이 논의된다. 그 전제로, 영혼 불멸설이 제시된다.

침상 제작자는 불변의 실재가 아닌 모방물인 실물을 제작한다. 시는 다시 실물을 모방하니 진리에서 더 멀다. 영혼은 스스로 파멸되지 않으며 외부 요인에 의해서는 더욱 파멸되지 않는다. 영혼은 언제나 존재하며 수가 늘거나 줄지도 않는다. 올바름이 사후에 큰 보상을 받을 수 있는 것은 이 때문이다.

일러두기

1. 이 책은 플라톤의 『국가』를 편역한 것이다. 편역과 해설에 참조한 텍스트들은 참고도서(335쪽) 목록 참조.
2. 되도록 내용을 다치지 않기 위해 편역의 원칙을 세 가지 정도로 잡았다.

   첫째, 중복되거나 부연되는 설명 등은 생략했다.
   둘째, 유사한 사례는 여럿을 하나로 묶었다.
   셋째, 널리 알려지지 않은 신화의 사례들은 생략했다.
3. 각주와 본문 가운데 [내용] 부분은 편역자가 단 것이다.

대화를 나누는 사람들

소크라테스Socrates

이 대화를 주도한다. 올바름에 대한 다른 사람의 주장을 논박하면서, 국가든 개인이든 절제·용기·지혜라는 3덕목에 해당하는 계급(국가)과 성향(개인)이 각각 제 기능을 하며 또 자기의 것을 가질 때 올바름이 이루어진다고 주장한다. 플라톤의 스승으로서, 문답법과 변증술을 통해 끝없이 보편적 진리를 설파하지만 "젊은이들을 타락시킨다."는 등의 이유로 사형을 당한다. 기원전 469년에서 399년까지 살았다.

케팔로스Kephalos

대화가 이루어지는 집의 주인으로, 재산가이다. 노년의 행복에 관한 소포클레스의 시를 인용하면서 올바름에 대한 기나긴 대화의 서두를 꺼내게 된다. 재산이 있음으로써 남을 속이거나 남에게 빚지지 않는 것이 올바름이라고 주장한다. 1권에만 등장한다.

폴레마르코스Polemarchos

케팔로스의 큰아들로서, 아버지에 뒤이어 올바름에 대해서 소크라테스와 논쟁을 벌인다. "각자에게 갚을 것을 갚는 것이 올바름"이라는 시인 시모니데스의 말을 인용한다. 소크라테스의 추종자로서, 기원전 404년에 30인의 참주정권에 의해 처형당한다. 역시 1권에만 등장한다.

트라시마코스Thrasymachos

1권에서 소크라테스와 가장 많은 논쟁을 벌인다. "정의는 강자의 이익이다."라고 주장해 소크라테스를 잠시 긴장시킨다. 흑해 입구의 칼케돈 출신으로, 변론술을 가르치는 소피스트이다. 주로 1권에만 등장한다.

글라우콘Glaukon

10권 전체를 통틀어 소크라테스와 가장 많이 대화한다. 하지만 소크라테스와 반대되는 주장을 많이 내세우지는 않는다. 아데이만토스의 동생이자 플라톤의 형이다. 아버지는 아리스톤.

아데이만토스Adeimantos

글라우콘 다음으로 많은 대화를 나누지만 그도 또한 소크라테스와 반대되는 주장이 많지는 않다.

클레이토폰Kleitophon

트라시마코스를 추종하는 사람. 원본에는 짧게 등장하지만 이 책에는 생략되어 있다.

국가

제1권

소크라테스는 케팔로스·폴레마르코스·트라시마코스와 올바름이 무엇인지, 그것은 이로운 것인지에 대해 논쟁을 벌인다.

케팔로스는 "올바름 속에서 살면 노년에도 희망이 있다."면서 그것이 재산 덕분이라 말한다. 거짓말을 하거나 빚지지 않고 삶을 마감할 수 있다는 이유다. 이로써 그는 올바름에 대한 기나긴 논쟁의 서두를 꺼내게 된다. 이에 소크라테스는 "그것만으로 올바름이 설명이 될 수 있겠느냐?"면서 "미쳐 버린 친구에게 빌렸던 무기를 돌려주는 것은 올바른 일이 될 수 없다."고 반박한다.

폴레마르코스는 "각자에게 갚을 것을 갚는 것이 올바름"이라면서 대화에 끼어든다. 그는 "친구에게 이로움을 주고 적에게 해로움을 주는 것"이라고 자기 주장을 약간 수정한다. 소크라테스는 "친구에게 나쁜 것을 돌려주는 것도 올바른 일인가?", "친구라고 모두 좋은 사람인가?", "적에게 해로움 주는 것이 올바른 일인가?" 따위의 질문으로 논박한다.

트라시마코스는 "올바름은 강자의 이익"이라고 주장한다. 지배자들이 법을 제정하면서 자신들의 이익을 우선시한다는 것이다. "목동이 양을 돌보는 것도 주인의 이익을 위한 것"이라고도 주장한다. 소크라테스는 이에 "통치자도 실수로 자신에게 이익이 안 되는 것을 제정할 수 있다."고 말한다. 또 참된 의사가 참된 의술을 펼치는 것은 환자를 돌보기 위한 것이듯, "올바름은 다스림받는 자에게 이득"이라고 주장한다. 이제 트라시마코스도 소크라테스에게 동의한다. 끝으로 소크라테스는 "올바르지 못함은 대립과 증오를 낳기 때문에 힘을 잃는 반면 올바름은 뛰어남을 뜻하기 때문에 일도 잘하게 되고 행복과 이익을 얻을 수 있다."고 주장한다.

하지만 소크라테스는 "아직 올바름 자체에 대해서는 논의를 채 못했다."고 말함으로써 2권을 예비한다.

…. 나는 어제 글라우콘과 함께 피레우스[1]에서 축제[2]를 구경하고 돌아오다가 케팔로스의 아들 폴레마르코스 일행을 만나 그의 집에 초대를 받았네. 일행 가운데는 글라우콘의 형 아데이만토스도 있었는데, 그가 저녁에는 여신을 위한 횃불 경마가 있고 철야제도 있으리라고 말한 터여서 나는 그의 집에 묵기로 했지. 집에는 그 동생 리시아스와 칼케돈의 트라시마코스, 아리스토니모스의 아들 클레이토폰 말고도 여럿이 있었지. 폴레마르코스의 아버님 케팔로스 어른은 제우스 신에게 제물을 바친 뒤 의자에 앉아 쉬고 계셨네. 많이 늙으셨더군. 나를 반가이 맞으신 케팔로스 어른이 말씀하셨네.

케팔로스: 소크라테스 선생, 너무 뜸하게 들러 주십니다. 나는 몸의 즐거움은 시들해지고 대화를 향한 욕망과 즐거움은 나날이 늘어가니, 선생께서는 이런 젊은이들과 함께 자주 찾아 주십시오.

소크라테스 케팔로스 님, 저도 연로하신 분들과의 대화를 기뻐합니다. 앞으로 우리도 가야 할 삶의 여정이 어떤지를 어른께 듣고 싶군요.

케팔로스 그러지요. 나는 또래들과 자주 어울리는데, 그들은 젊은 시절의 즐거움이나 성적 쾌락 또는 술잔치 따위가 사라지게 됨을 무척 아쉬워하거나 무언가를 빼앗긴 듯 한탄하더군요. 노인에 대한

1) Piraeus: 아테네의 외항.
2) 축제: 달의 여신 벤디스Bendis를 기리는 축제를 말한다. 벤디스는 그리스 신화의 Artemis나 로마 신화의 Diana에 해당된다. 달과 사냥의 여신이다.

친척들의 불손한 태도에 대해서도 탄식하고요. 그들은 이런 불행이 나이 탓이라지만, 나는 그리 여기지 않는답니다. 시인 소포클레스[3]께서도 누군가가 "아직 여인들과 관계를 가질 수 있습니까?" 하고 묻자 "그런 것에서 벗어났다는 것이 오히려 커다란 기쁨이라네. 마치 사나운 주인에게서 도망쳐 나온 것만 같거든."이라고 답하지 않았습니까? 나는 나이가 들면서 그런 욕망으로부터 평화와 자유를 얻었다고 느낄 뿐 아니라, 친척들의 불손함도 나이 탓이 아니라 사람들의 생활방식 때문이라고 생각한답니다.

나는 그분 말씀에 감탄했지만, 그분이 더 말씀하시도록 북돋아 드렸네.

소크라테스 케팔로스 님, 노년에 이르신 어른께서 평안을 느끼시는 것에 대해 다른 사람들은 생활방식이 아닌 많은 재산 덕분이라고 생각할 것 같습니다만…….

케팔로스 일리 있는 말입니다. 하지만 내가 완전히 동의하는 것은 아닙니다. 좋은good 사람도 가난하면 노년을 힘들게 살겠지만 나쁜 사람이 부유하다고 해서 만족스런 삶을 사는 것도 아니니 말입니다.

소크라테스 어른께서는 많은 재산을 모으셨어도 그 집착이 크지는 않으신 것 같습니다만, 재산을 제 손으로 모은 사람들은 그에 대한 집착이 크게 마련이어서 이런 사람들과 사귀는 것은 꽤 힘들지요.

3) Sophocles: 아이스킬로스나 에우리피데스와 더불어 그리스 3대 비극 시인으로 꼽힌다. 기원전 5세기. 『오디푸스 왕』, 『안티고네』 등 7편의 작품이 전해온다.

그들은 재산에 관한 이야기 외에는 관심이 없으니 말입니다.

케팔로스 맞는 말씀입니다.

소크라테스 그렇지요. 하지만 더 여쭙겠습니다. 많은 재산으로 축복을 받으신 것 가운데 가장 좋았던 것은 무엇인지요?

케팔로스 사람은 죽을 때가 되었다 생각 들면 전에 없던 온갖 두려움과 근심에 휩싸이게 된답니다. 이승에서의 행위 때문에 저승에서 벌 받는다는 이야기가 정말이 아닐까 생각하는 거지요. 그래서 자신이 잘못한 일은 없었는지 곰곰 따지게 됩니다. 그러한 일이 많으면 불길한 예감 속에 살고, 핀다로스[4] 말처럼 "올바름just과 경건함 속에 사는 사람은 희망이…… 그 보모가 되어 삶의 여정을 동반"해 주는 것입니다. 바로 이 점에서, 재물을 소유하는 것이 가치를 발휘한다고 나는 생각해요. 모두가 아니라 좋은 사람만 그렇기는 하지만 말이에요. 남을 속이거나 거짓말을 하지 않아도 되고 신께 제물을 바치지 못하는 일도 없으며 남에게 빚진 채로 마지막을 맞이할 우려도 없으니까요.

소크라테스 매우 훌륭한 말씀입니다. 하지만 케팔로스 님, 거짓말하지 않는다거나 남에게 빌린 것을 되돌려 준다거나 하는 것만으로 올바름이 모두 설명될까요? 다음 같은 일은 때로 올바르지 못할 수도 있지 않을까요? 이를테면 멀쩡했던 한 친구에게 무기를 빌렸는데 그 친구가 미쳐 버린 뒤에 무기를 되돌려 달라고 하면, 그런 그에게 무기를 되돌려준다거나 진실을 말해주는 것은 올바른 일이

4) Pindaros: 기원전 6세기의 그리스 시인.

라 할 수 없지 않겠습니까?

케팔로스 아주 옳은 말씀입니다.

소크라테스 그러면 진실을 말한다거나 빚을 갚는다거나 하는 일이 올바름의 의미를 정확하게 규정한 것이라고 할 수는 없겠지요?

이때 폴레마르코스가 대화에 끼어들기 시작했네. 그는 시모니데스[5)]의 주장을 거론하면서 그런 일들이 올바름의 의미를 규정해 줄 수 "있다."고 했지. 그러자 케팔로스 어른은 신에게 바친 "제물을 보살펴야 한다."면서 논의를 아들 폴레마르코스에게 맡겼고 폴레마르코스는 '상속자'의 이름으로 이를 기꺼이 떠맡기로 했다네. 내가 그에게 물었지.

소크라테스 논의의 상속자 폴레마르코스여, 시모니데스가 올바름에 관해 무슨 적절한 말을 했다는 겐가?

폴레마르코스 각자에게 갚을 것을 갚는 것이 올바른 일이라는 말이었습니다. 저는 이 말이 옳다고 여겨집니다.

소크라테스 신 못지않게 지혜로운 시모니데스의 말이라니 믿을밖에! 하지만 그분 말이 지니는 참뜻을 자네는 알겠나? 나는 잘 모르겠는데? 그분 말씀이 앞서 우리가 나눈 이야기와는 취지가 다른 게 아닐까 싶네. 뭔가를 맡긴 사람이 제정신이 아닌 상태에서 반환을 요구할 경우에도 그것을 되돌려 주라는 것은 아니지 않겠나?

폴레마르코스 분명 아닙니다. 그분 생각은 친구에게 좋은 일을 행하되

5) Simonides: 기원전 6~5세기의 그리스 시인. 시칠리아의 시라쿠사 출신.

나쁜 일은 결코 하지 말라는 것이었습니다.

소크라테스 알겠네. 그렇다면, 빌린 것이라 할지라도 그것이 나쁜 것이라면 친구에게 되돌려 주어서는 안된다는 것이 시모니데스 말씀의 참뜻이라 할 수 있겠군?

폴레마르코스 물론입니다.

소크라테스 그럼, 적의 경우는 어떠할까? 적에게도 갚을 것은 갚아야 할까?

폴레마르코스 적에게도 갚을 것은 갚아야겠지요. 다만, 적에게 갚는다는 것은 그에게 합당한 것, 즉 나쁜 어떤 것을 갚는 것이 되겠지요.

소크라테스 그러면 시모니데스는 올바름의 본질에 대해 시인답게 암시적으로 말한 것이 아닐까? 각자에게 합당한 것을 주는 것, 이른바 빚을 갚는 것이 올바름이라고 말한 것 같으니 말이네.

폴레마르코스 왜 안 그렇겠습니까?

소크라테스 그렇다면 올바름이란 누구에게 무엇을 주는 것일까?

폴레마르코스 그것은 친구에게는 이로움good을 주고 적에게는 해로움을 주는 기술art이라 할 수 있겠습니다.

소크라테스 그러면, 병에 걸린 친구나 적에게 이로움을 주거나 해로움을 주는 데에 가장 능숙한 사람은 누구일까? 항해를 하다 위험에 빠졌을 때, 사람들을 구하는 데에 가장 능숙한 사람은 누구일까?

폴레마르코스 의사와 키잡이입니다.

소크라테스 그럼 올바른 사람이 친구에게 이로움을 주고 적에게 해로움을 주는 데에 가장 능숙할 때는 어떤 행동을 하는 경우일까?

폴레마르코스 누군가와는 맞서 전쟁을 하고 누군가와는 연합을 할 때라고 생각합니다.

소크라테스 그럼 아프지 않은 사람이나 항해를 하지 않는 사람에게는 의사나 키잡이가 필요 없듯이, 평화로울 때는 올바름도 쓸모없겠네?

폴레마르코스 전혀 그렇게 생각하지 않습니다.

소크라테스 전쟁 때뿐 아니라 평화로울 때에도 올바름이 쓸모 있단 말이지?

폴레마르코스 쓸모 있지요.

소크라테스 평화로울 때 올바름이 쓸모 있다면 어떤 일에 있다는 것인가?

폴레마르코스 계약을 할 때나 거래를 할 때입니다, 선생님.

소크라테스 그런데 장기를 두는 경우 더 쓸모 있는 사람은 누구일까? 또 벽돌을 쌓을 때는? 올바른 사람이 기사나 건축가보다 더 쓸모가 있을까?

폴레마르코스 아뇨, 그 반대입니다.

소크라테스 그렇다면, 악기를 연주할 때는 악기 연주자가 올바른 사람보다 더 쓸모가 있듯이, 올바른 사람은 어떤 경우에 악기 연주자보다 더 쓸모가 있을까?

폴레마르코스 금전 관계를 맺을 경우라고 생각합니다.

소크라테스 하지만 폴레마르코스, 금전을 사용하는 경우를 말하는 것은 아니지 않을까? 말을 사고 팔 경우라면 말 전문가가 더 쓸모 있지 않을까? 선박의 경우라면 조선 기술자나 키잡이가 더 쓸모가 있겠고. 그렇다면 금은을 사용할 때 올바른 사람이 무슨 쓸모가 있을까?

폴레마르코스 금전을 맡되 이를 안전하게 보관할 경우를 말합니다.

소크라테스 그렇다면 금전을 사용할 필요가 없을 때, 나아가 돈이 소용 없을 때 올바름이 쓸모가 있다는 말 아닌가?

폴레마르코스 그게 그렇게 되는군요.

소크라테스 포도나무 가지치기 가위든 전쟁 시의 방패든 악기 리라든, 그것들이 사용되지 않을 때는 올바름이 쓸모가 있고 막상 그것들이 사용될 때는 실제 기술이 필요하다는 것이네? 올바름은 쓸모없고? 자네는 이런 말을 하려던 것 아니었나?

폴레마르코스 바로 그것입니다.

소크라테스 그렇다면 올바름이란 그리 쓸모 있는 것은 아니겠네그려. 하지만 권투를 할 때 치는 데 뛰어난 사람은 방어에도 뛰어난 사람 아닐까? 군대의 훌륭한 수비병은 적의 계략이나 작전을 몰래 탐지해 내는 데에도 훌륭하듯이? 다시 말해, 올바른 이가 돈을 보관하는 데 뛰어난 사람이라면 돈을 훔치는 데도 뛰어난 사람이 되는 거로군.

폴레마르코스 그런 셈이 되는군요.

소크라테스 그렇다면 올바른 사람은 일종의 도둑이고 올바름이란 일종의 도둑질 기술이라는 것인가? 다만 친구에게 이익이 되고 적에게 손해가 될 뿐이지만?

폴레마르코스 그건 결코 아닙니다. 아이고, 제가 무슨 말을 했는지 저도 헷갈리네요. 그렇지만 올바름이 친구에게 이로움을 주고 적에게는 해로움을 주는 것이라는 생각에는 변함이 없습니다.

소크라테스 그런가? 그러면 그때의 친구라든가 적은 정말 그런 사람들일까, 아니면 그렇게 보이는 사람들일까? 인간은 무릇 좋고 나쁨을 잘못 판단할 수 있지 않을까? 그래서 실제 나쁜 사람이 좋은 사람으로 보이고 좋은 사람이 나쁜 사람으로 보일 수 있지 않을까? 결국 좋은 사람이 적이 되고 나쁜 사람이 친구가 될 수도 있고 말이지?

폴레마르코스 사람들이 잘못 판단하여 그리될 수 있겠습니다.

소크라테스 그렇다면 올바름이 나쁜 사람에게 이로움을 주고 좋은 사람에게 해로움을 주기도 하겠네?

폴레마르코스 그게 그렇게 되는군요.

소크라테스 그러니까 자네의 주장에 따르면, 올바르지 못한 일을 전혀 하지 않는 사람을 나쁘게 만드는 것이 올바름이 될 수 있다는 것이군?

폴레마르코스 그럴 수는 없지요. 제 주장이 잘못된 것 같습니다.

소크라테스 그러면 올바르지 못한 사람에게는 해로움을 주고 올바른 사람에게는 이로움을 주는 것이 올바름이라는 말인가?

폴레마르코스 그렇게 보는 편이 좀 낫겠습니다.

소크라테스 그러면, 사람들 중에 잘못된 판단으로 사귄 친구가 나쁘면 그에게 해로움을 주고 적이 좋으면 그에게 이로움을 주는 게 올바름이 되겠군. 그럼 시모니데스가 말한 것과 완전 반대되는 말이 아닐까?

폴레마르코스 그건 또 그렇게 되네요. 그러면 친구와 적의 의미가 잘못되었으니 이를 고치도록 하지요.

소크라테스 어떻게?

폴레마르코스 좋다고 판단될 뿐 아니라 실제로도 좋은 사람을 친구라고 해야겠습니다. 좋다고 판단되지만 실제로는 그렇지 못한 사람은 실은 친구가 아니라는 것이지요. 적도 마찬가지고요.

소크라테스 그러니까 처음 이야기로 되돌아가서, 친구라도 실제로 좋은 친구여야 이로움을 주고 적이라도 실제로 나쁜 적이어야 해로움을 주는 것이 올바름이라고 고치자는 것이로군?

폴레마르코스 그렇습니다. 그게 진실인 듯 여겨집니다.

소크라테스 그런데 누군가에게 해로움을 주는 것이 올바른 일일까?

폴레마르코스 물론입니다. 나쁜 적에게는 해로움을 주는 게 합당하지요.

소크라테스 그런가? 그런데 말이든 개든 해를 입으면 더 좋아질까, 나빠질까? 사람도 해를 입으면 인간적 훌륭함virtue이 더욱 나빠지는 것 아닐까? 그래서 해를 입은 사람들은 반드시 더 올바르지 못한 사람이 될 테고?

폴레마르코스 결국 그렇게 되겠군요.

소크라테스 이제 이렇게 생각해 보자고. 음악에 밝은 사람이 다른 사람을 음악에서 더 멀어지게 만들거나 승마에 뛰어난 사람이 다른 사람을 더 승마에 서투르게 만들 수 있을까?

폴레마르코스 그럴 수는 없습니다.

소크라테스 그렇듯 올바른 사람이 그 올바름을 갖고 다른 사람들을 올바르지 못하도록 만들 수 있을까?

폴레마르코스 불가능합니다.

소크라테스 무엇인가를 차게 하는 것은 열의 작용이 아니라 반대 것의 작용이듯이, 친구든 적이든 누군가에게 해를 입히는 것은 올바른 사람의 작용이 아니라 반대, 즉 올바르지 못한 사람의 작용이 아니겠는가?

폴레마르코스 완전 옳으신 말씀입니다, 소크라테스 선생님!

소크라테스 그러니까 각자에게 갚을 것을 갚는 것이 올바른 일이라는 주장, 적에게는 해롭게 해 주고 친구에게는 이롭게 해 주는 것이 올바른 일이라는 주장은 진실을 말하는 것이 아니라 할 수 있겠군? 우리는 누구에게든 해를 입히는 것이 올바른 일이 아니라는 결론에 도달했으니 말이야.

폴레마르코스 그렇습니다.

소크라테스 그러면, 만일 시모니데스 같은 지혜로운 사람이 이런 말을 했다고 누군가가 주장한다면 나는 그 누군가에 맞서 싸울 것이네.

폴레마르코스 저도 그 싸움에 기꺼이 동참하겠습니다.

우리가 이런 대화를 나누는 중에 트라시마코스가 끼어들었네. 트라시마코스는 야수처럼 우리를 잡아먹을 듯 말했네. "두 분은 무슨 헛소리를 그리 주구장창 해대는 겁니까? 소크라테스 선생, 선생께서 올바름에 대해서 정말 알고 싶다면 만날 논박이나 질문만 하지 말고 스스로 대답해 보시지요. '의무'니 '유리함'이니 '이로움'이니 '소득'이니 '이익' 따위처럼 모호한 말만 하지 말고 주장하시는 바를 분명히 하란 말입니다."라고 말이야.

하지만 나는 그가 처음 흥분할 때부터 지켜본 터라서 그에게 곧바로 대답할 수 있었네. 조금 떨리기는 했지만 말이야.

소크라테스 아, 트라시마코스 선생, 우리에게 너무 가혹하게 굴지 말아요. 우리는 황금보다 더 귀한 올바름이란 것을 찾아가는 과정에서 최선을 다하고 있으니까. 다만 우리 능력이 좀 모자랄 뿐이라 생각합니다. 그러니 뛰어난 능력을 지닌 선생은 우리를 오히려 동정해 주었으면 합니다.

트라시마코스 칫, 이게 바로 소크라테스 선생의 상투적인 술법이라니까! 여기 다른 사람들에게 이미 말해 두었지요! 선생은 질문만 할 뿐 대답은 결코 하지 않는 '시치미 떼기' 술법을 펴리라고 말입니다.

소크라테스 선생은 현명함을 또 보여주는구려. 그러니 이런 것도 잘 알고 있다고 여겨집니다. 이를테면 선생이 다른 사람에게 12가 얼마인지를 물으면서 "12는 6의 2배나, 4의 3배나, 2의 6배나, 3의 4배가 된다는 허튼 답은 하지 말라."고 했다 칩시다. 그러면 그는 "이봐요 트라시마코스 선생, 그런 정답들을 제외시킨다면 오답을 내란 말이잖습니까?"라고 반문할 것이 틀림없습니다. 이럴 경우 선생은 그 사람에게 어떻게 말하겠습니까?

트라시마코스 소크라테스 선생, 선생은 앞서 올바름에 관한 경우와 이 경우가 같다는 거군요. 그리고 제가 금했던 것들 가운데 하나로 답을 하겠다는 거고요?

소크라테스 내가 생각해 보아 그것이 맞는다면 그리 답해야겠지요.

트라시마코스 그러면 올바름에 관한 앞서의 경우에서 이미 나왔던 논의들보다 더 나은 답을 제가 제시한다면 어쩌시겠습니까? 무슨 벌을 받을 수 있다고 보시는지요?

트라시마코스의 말에 나는 "가르침을 받는 벌"을 받겠다고 했지. 그는 "벌금도 물으시라."더군. 내가 "돈이 생기면 그리하겠다."고 하자 글라우콘이 "돈은 우리가 거두어 낼 테니 트라시마코스 선생은 말씀을 계속하시라."며 나를 거들었네. 나도 "내 스스로 잘 안다고 못 하겠으니, 잘 안다는 선생이 답해 보시라."고 했네.

그는 인기를 얻고 싶은 데다 답을 안다고 생각했던지 안달이 나서 스스로 답변하기 시작했네.

트라시마코스 그러면 들어 보십시오. 저는 올바름이란 '강자의 이익' 이외의 다른 어떤 것도 아니라는 주장입니다. 자, 이제 칭찬을 해주시지요?

소크라테스 먼저 선생의 말뜻이나 제대로 알아야 칭찬을 해도 하지 않겠습니까?

트라시마코스 선생께선 나라에 따라 참주 정치체제나 민주 정치체제 또는 귀족 정치체제[6]로 다스려진다는 걸 모르십니까?

소크라테스 모를 리가 있나요?

트라시마코스 이들 나라마다 힘을 행사하는 것은 지배하는 쪽이지요?

소크라테스 물론입니다.

트라시마코스 법을 제정할 때 각 정권은 자신들의 이익을 우선시하겠지요? 민주 정치체제든 귀족 정치체제든 참주 정치체제든 말입니다. 일단 법이 제정되면 그들은 이 법의 다스림을 받는 자들에게 올바른 것이라고 공표합니다. 이를 어기면 범법자라거나 올바르지 못한 자라거나 하면서 처벌하기도 하고요. 이는 어느 나라나

6) tyranny와 democracy와 aristocracy: 각각 8권 각주 50) 49) 47) 참조.

같습니다.

소크라테스 이제 선생의 말뜻은 알겠습니다. 하지만 그것이 참인지 아닌지는 따져 보아야 할 문제지요. 그런데 선생은 이익이 올바른 것이라고 말했군요. 내게는 그런 말을 쓰지 말라더니…… 아무튼 올바른 것이 이익이 된다는 점에 대해선 나도 동의합니다만 그것이 강자의 것이라는 점에 대해서는 잘 모르겠기에 이를 검토해 보아야겠습니다. 선생은 통치자ruler에게 복종하는 것이 올바르다는 주장 아닙니까?

트라시마코스 그렇습니다.

소크라테스 그런데 통치자들은 전혀 실수하지 않는 사람들입니까, 아니면 실수를 하기도 하는 사람들입니까?

트라시마코스 실수를 할 수도 있는 사람들이겠지요.

소크라테스 그렇다면 그들이 법을 제정할 때 올바르게 제정할 수도 있겠지만 올바르지 못하게 할 수도 있지 않겠소?

트라시마코스 그렇게 생각합니다.

소크라테스 올바르게 제정한 것은 자신들에게 이익이 되겠지만 올바르지 못하게 제정한 건 이익이 되지 못하겠군요? 그런데 이들이 제정하는 것은 어떤 것이든 다스림 받는 사람들이 이를 이행해야 올바른 일이겠지요?

트라시마코스 왜 아니겠습니까?

소크라테스 그러니까 선생의 주장에 따르면, 강자의 이익이 되는 것뿐 아니라 이익이 되지 못하는 것을 이행하는 것도 올바른 일이 되는 것이군요?

트라시마코스 무슨 말씀이세요?

소크라테스 선생이 주장하는 그대로입니다. 즉 통치자들이 다스림 받는 사람들에게 이행하라고 지시하는 것 가운데는 최선의 것이 아닌데도 자신들에게 최선의 것이라고 잘못 짚은 것이 있을 텐데 다스림 받는 사람들은 이런 것들도 이행하는 것이 올바르다는 주장 아닙니까?

트라시마코스 그렇습니다.

소크라테스 그러니 강자에게 이익이 되지 못하는 것을 이행하는 것이 올바르다는 결론이 나오는 것이지요. 이에 대해서는 선생도 동의한 바가 있고 말입니다. 다시 말해 선생이 말한 것의 정반대가 되는 것을 이행하는 것이 올바른 것이 되기도 하는 것입니다.

이때 폴레마르코스와 클레이토폰이 대화에 동참했네. 폴레마르코스는 내 주장에 전적으로 동의했고 클레이토폰은 트라시마코스를 지지하는 주장이었네. 나는 폴레마르코스에게 트라시마코스의 주장을 액면 그대로 받아들이자고 말하면서, 트라시마코스에게 이런 질문을 던졌네.

소크라테스 트라시마코스 선생, 선생이 말하는 바의 강자의 이익이라는 것이 실제로 강자에게 이익이 되든 안 되든, 강자가 자신에게 이익이 된다고 판단하는 그러한 것인가요?

트라시마코스 천만의 말씀입니다. 실수를 저지르는 사람을 제가 강자의 부류에 넣으리라고 선생은 생각하시는가요?

소크라테스 선생이 그런 뜻으로 말하지 않았습니까? 통치자가 실수를 저지를 수도 있다고 동의한 것 아니었습니까?

트라시마코스 소크라테스 선생, 선생은 논의를 왜곡하십니다. 어떤 사람이 환자에게 실수를 저지른다면, 선생께서는 그를 의사라 부를 수 있겠습니까? 전문가라는 이름에 걸맞은 사람이라면 실수를 하지 않는다는 것이 제 생각입니다. 이처럼 통치자도 그가 통치자인 한은 실수를 하지 않습니다. 나아가 그는 자신을 위해 최선의 것을 제정할 겁니다. 결국 '강자의 이익'을 이행하는 게 올바르다는 제 처음 이야기는 여전히 유효합니다.

소크라테스 나는 논의를 왜곡할 생각이 없어요. 앞으로 이러한 문제가 더 생기지 않도록 하기 위해, 선생이 말하는 통치자나 강자가 어떤 쪽인지 확정짓도록 합시다. 사람들이 흔히 말하는 실수도 하는 그런 사람인지 아니면 엄밀한 의미에서 실수를 하지 않는 통치자나 강자인지.

트라시마코스 가장 엄밀한 의미에서 통치자를 말합니다. 어디 한 번 더 왜곡해 보시지요?

소크라테스 내가 트라시마코스 선생을 상대로 왜곡이나 할 만큼 실성한 사람 같습니까? 아무튼 그런 말다툼은 그만둡시다. 그러나 내 질문에 대답해 주시기 바랍니다. 앞서 선생이 말한 엄밀한 의미에서의 의사 즉 참다운 의사는 돈벌이를 하는 사람입니까, 환자를 돌보는 사람입니까? 또 올바른 의미에서의 키잡이는 통솔자입니까, 단순한 선원입니까?

트라시마코스 의사는 환자를 돌보는 사람이며, 키잡이는 통솔자입니다.

소크라테스 그렇지요? 그런데 의사니 키잡이니 하는 말은 그들의 기술과 관련해서 말하는 것 아니겠습니까? 그리고 이때 기술이란 무언가 환자나 선원에게도 이로움이 되기 때문에 필요한 것일 테고? 의술이란 환자 몸에 이로움이 되도록 하기 위해 준비된 기술이라는 게 내 생각이란 말입니다. 내 생각이 옳은 것 같습니까?

트라시마코스 옳습니다.

소크라테스 하지만 이때 의술 같은 기술이라는 것 자체는 결함이나 어떤 훌륭한 상태의 결핍이 있는 것일까요? 그래서 그 결함을 보완하거나 그 기술의 이익을 위할 또 다른 기술이 필요한 것일까요? 아니면 그런 결함 없이 오로지 그 기술과 관련된 대상의 이익만을 찾게 되는 그런 온전한 것일까요? 엄밀한 의미에서 어떠한지 생각해 보십시오.

트라시마코스 후자라 생각합니다.

소크라테스 그렇다면 의술은 의술에 이익이 되는 것이 아니라 몸에 이익이 되는 것을 생각할 것이고 경마 기술은 말에 이익이 되는 것을 생각할 것입니다. 이와 같이 다른 어떤 기술도 자체의 이익보다는 관련된 대상의 이익을 생각할 것입니다.

트라시마코스 그렇겠습니다.

소크라테스 그러면 그 어떤 전문적 지식도 강자의 이익보다 오히려 약자나 대상의 이익을 생각하지 않겠습니까? 다시 말해 엄밀한 의미의 의사는 돈벌이를 하는 자가 아니라 몸을 관리하는 자이듯이, 통솔자의 경우 또한 통솔자 자신의 이익보다는 다스림을 받는 사람들의 이익을 염두에 두지 않겠느냐는 것이지요.

이쯤 되자 올바름에 대한 의미 규정이 트라시마코스가 말한 것과 완전 반대로 되었음을 모두 알게 되었네. 그런데 트라시마코스는 대답하기는커녕 오히려 나에게 이렇게 물었네.

트라시마코스 소크라테스 선생께는 보모가 있기나 합니까? 선생 보모는 코흘리개인 선생의 코를 닦아 주지 않는 듯해서 말입니다. 그 탓에 선생은 양과 목동도 분별하지 못하는 것 같습니다.

소크라테스 무슨 소리요?

트라시마코스 양치기 목동이 양들을 돌보는 것은 주인이나 목동 스스로가 아니라 다른 무엇인가를 위해서라고 선생께서 생각하니 하는 말입니다. 선생께서는 통치자도 자기들의 이익이 아닌 다른 어떤 것을 염두에 둔다고 생각하시네요. 이렇듯 선생께서는 올바름과 올바르지 못함에 관해서도 잘 모르고 계신다는 생각이 듭니다.

올바름은 남에게 이익이 되는 것이라 할 수 있습니다. 다스림을 받는 자들에게 올바름은 그들 자신에겐 해가 되지만 강자에겐 이익이 됩니다. 그리고 올바르지 못함은 반대지요. 순진하신 소크라테스 선생, 올바른 사람은 언제나 올바르지 못한 사람보다 "덜 갖는다."고 생각해야 합니다. 동업하다 갈라설 때나, 세금 낼 때나, 나라의 혜택을 받을 때를 생각해 보십시오.

선생이 더 쉽게 이해할 수 있게 이번엔 완벽한 의미의 올바르지 못함을 생각해 봅시다. 그것은 올바르지 못한 사람을 행복하게 만드는 반면 올바른 사람은 비참에 빠뜨립니다. 예를 들어 참주는 신성한 것이든 세속적인 것이든 가리지 않고 남의 것을 강제로, 한

꺼번에 빼앗습니다. 개인이 이런 짓 하면 비난 받거나 처벌 받지만 참주 같은 사람은 칭송을 받습니다.

이러한 까닭에 저는 올바름이 강자에게 이익이 되고 올바르지 못함은 개인에게 이익이 된다고 말했던 것입니다.

트라시마코스는 이리 말한 뒤 떠날 생각이었네. 하지만 같이 있던 사람들이 그에게 더 자세히 설명해 달라고 요구했고 나 또한 "주장만 펼치지 말고 그것이 맞는지 틀리는지 충분히 가르쳐 달라."고 요청했다네.

소크라테스 나는 아직 납득이 가지 않습니다. 올바르지 못함이 올바름보다 더 이익이 된다고 생각되지 않아요. 나뿐 아니라 여기 있는 여러 사람들이 같은 생각일 것입니다. 그러니 우리를 잘 설득해 보십시오.

트라시마코스 어찌 더 선생을 설득시키란 말입니까? 제 주장을 선생 머리에 억지로 주입시키기라도 하란 말씀입니까?

소크라테스 그러라는 것이 아니잖습니까? 앞서 이야기한 것을 다시 검토해 보자는 것입니다. 이를 위해서는 먼저 선생이 논리에 일관성을 유지할 필요가 있습니다. 혹 견해를 바꿀 일이 있다면 이를 명백히 밝힌 뒤 바꾸기 바랍니다.

선생은 앞서 의사에 대해서는 엄밀히 규정했으나 양치기 목동이 양을 키우는 것은 양의 이익을 위한 것이 아니라 그냥 돈벌이를 위한 것이라고 말했지요. 하지만 양치기 기술의 관심사는 분명 그 대상에게 최선의 것을 제공하는 데 있습니다. 통치술 또한 다스림이나 돌봄을 받는 쪽을 위한 최선의 것을 생각할 것입니다.

그런데 트라시마코스 선생, 선생은 참된 통치자들이 자진해서 통치를 한다고 생각합니까?

트라시마코스 결코 그렇지 않다고 생각합니다.

소크라테스 그래요? 이렇게 생각해 봅시다. 다른 관직의 경우에도 자진해서 일을 맡는 경우는 별로 없고 맡는다 해도 보수를 요구하는데, 그것은 일을 맡은 사람에게 이익이 생겨서가 아니라 다스림 받는 쪽에 이익이 생기기 때문이 아니겠습니까? 선생은 이것이 이해되지 않습니까? 또 묻자면, 우리는 여러 기술에 대해 말했습니다. 그것들은 각각 다른 능력을 갖고 있기 때문이 아니겠소?

트라시마코스 각각의 기술이 서로 다르다는 것은 맞습니다.

소크라테스 그럼 각 기술이 우리에게 제공하는 이익도 공통된 게 아니고 특유한 것이겠지요? 이를테면 의술은 건강을 제공하고 키잡이 기술은 항해할 때의 안전을 제공하듯이 말입니다. 다른 기술 또한 그러하고…….

트라시마코스 당연합니다.

소크라테스 그런데 보수報酬를 얻는 기술은 우리에게 보수를 제공해 주는 것이겠지요? 그렇지만 우리는 이것과 다른 기술을 혼동하지 않습니다. 선생은 혹시 의술과 키잡이 기술을 같은 기술이라 부릅니까? 키잡이가 항해를 하면서 건강해졌다고 키잡이 기술을 의술로 부르지는 않겠지요? 또 노동자가 일하면서 건강해졌다고 해서 보수를 얻는 기술을 의술로 부르지도 않겠고요?

트라시마코스 그렇지 않습니다.

소크라테스 반면, 어떤 사람이 다른 사람을 치료해 준 뒤에 수가를 받는다고 해서 의술을 보수 얻는 기술이라 하겠습니까?

트라시마코스 역시 그렇지 않습니다.

소크라테스 다시 말해, 의술이 건강을 생기게 하면서도 보수를 얻게 만들고 건축술도 집을 만들면서도 보수를 얻게 만드니, 보수를 얻는 기술은 전문 기술 이외의 기술이라고 할 수 있습니다. 다른 기술도 마찬가지고 말입니다. 즉 개개의 기술이 저마다 자신의 일을 하면서 대상에게 이로움을 주지만 동시에 공통된 보수를 얻는 기술을 통해 보수를 얻게 해줍니다.

트라시마코스 그렇습니다.

소크라테스 하지만 보수를 얻지 못한다고 해서 해당 전문가는 그 기술을 통해 이익을 얻는 게 하나도 없을까요? 전문가가 무상으로 일한다 해서 아무 이익도 발생하지 않는 것일까요?

트라시마코스 이익이 발생된다고 봅니다.

소크라테스 그렇다면 트라시마코스 선생, 명백해졌습니다. 어떤 기술이든 통치술이든 스스로에게보다는 그 대상이나 다스림을 받는 쪽에 이익을 준다는 점이 즉 우리가 여태껏 말해 왔듯이 강자의 이익이 아니라 약자의 이익을 위한다는 점이 말입니다. 관직을 맡으려는 사람에게 보상이 따라야 한다면 바로 그와 같은 이유에서일 겁니다.

이 말 끝에 나는 그런 보상으로 돈과 명예가 있을 수 있으며 관직을 맡지 않을 경우에는 벌이 뒤따를 수도 있다고 말했네. 그러자 글라우콘이 질문을 하더군.

글라우콘 소크라테스 선생님, 돈과 명예가 보상이라는 점은 이해가 되는데, 벌도 보상의 범주에 넣으시는 것이 이해되지 않습니다.

소크라테스 가장 훌륭한 사람들이 받는 보상이 무엇인지 모른단 말이지? 하지만 돈이나 명예가 그들에겐 정말 창피스러운 것임을 알고 있는가?

글라우콘 알고는 있지요.

소크라테스 훌륭한 사람들이 돈이나 명예 때문에 관직에 나서지 않는 것은 그래서라네. 이런 까닭에 그들을 관직에 세우려면 어떤 강제나 벌이 필요한 것이지. 그리고 그러한 벌 가운데 가장 큰 벌은 자신보다 못한 사람의 다스림을 받는 것일 테고…….

만일 그런 훌륭한 사람들의 나라가 생긴다면, '참된 통치자'는 자신에게 이익이 되는 것보다는 다스림 받는 쪽의 이익을 생각할 것이 분명할 것이네. 그 까닭에 나는 트라시마코스 선생과 도저히 의견을 같이할 수 없네. 특히 올바르지 못한 삶이 올바른 삶보다 더 유익하다는 주장은…… 글라우콘, 자네는 누구 말이 더 진실하다고 보는가?

이런 내 질문에 글라우콘은 "올바른 삶이 더 이롭다는 데에 찬성한다."면서 "트라시마코스 선생의 말은 납득이 되지 않는다."고 답하더군. 해서 내가 "그럼 오히려 우리가 트라시마코스 선생을 설득해야겠다."고 말했고 글라우콘도 이에 동의했다네. 그래서 내가 말을 이어갔네.

소크라테스 자, 그럼 트라시마코스 선생, 처음부터 다시 이야기해 봅시다. 선생은 완벽한 올바르지 못함이 완벽한 올바름보다 더 이익이 된다는 생각에 변함이 없지요?

트라시마코스 예, 그렇게 말씀 드렸고 이유까지 말씀드렸습니다.

소크라테스 선생은 올바름을 훌륭함으로, 올바르지 못함은 나쁨vice으로 일컬을 것 같습니다만…….

트라시마코스 재미있는 발상이네요? 하지만 올바르지 못함은 이롭고 올바름을 그렇지 못하다고 주장한 터이니, 반대라고 해야겠지요. 그래도 올바름을 곧바로 나쁨이라 하기보다는 '고상한 순진성'이라고 하고 올바르지 못함은 '악의'보다는 '분별력'이라 하는 게 낫겠습니다.

소크라테스 그렇다면 선생이 볼 때, 올바르지 못한 사람은 지혜롭고 좋은 사람이겠습니다.

트라시마코스 그렇습니다. 당연히 이들은 올바르지 못함을 완벽하게 수행할 수 있는 사람들이며, 소매치기 같은 부류의 사람이 아니라 나라와 부족들을 자기 지배 아래 둘 수 있는 사람을 말합니다.

소크라테스 그것은 알겠지만, 올바르지 못함을 훌륭함이나 지혜wisdom의 부류에 넣고 올바름은 그 반대의 부류에 넣는 것은 의아한 일입니다. 올바르지 못함이 이익이 된다고 여길지라도 그것이 사실은 나쁨이며 창피스러운 것이라는 데에 동의한다면 상관

없겠는데, 선생은 우리가 올바름의 속성이라고 여기는 것을 오히려 올바르지 못함에 귀속시키니 말입니다.

트라시마코스 잘 알고 계시는군요.

소크라테스 좋소. 이제 이 질문에 대답해 주셨으면 합니다. 즉 올바른 이는 다른 올바른 이를 뛰어넘고 싶어 할 거라 생각합니까?

트라시마코스 천만의 말씀이지요. 만일 그렇다면 올바른 이들이 이토록 예의 바르고 순진하지는 않았을 겁니다.

소크라테스 그럼 올바른 이가 올바르지 못한 사람에 대해서는 어떨까요?

트라시마코스 뛰어넘을 자격이 있다거나 뛰어넘고 싶어 하겠지요.

소크라테스 그럼 올바르지 못한 사람이 올바른 사람에 대해서는?

트라시마코스 마찬가지 아니겠습니까?

소크라테스 올바르지 못한 사람은 올바르지 못한 사람에 대해서도 그러겠군요?

트라시마코스 맞습니다.

소크라테스 결국, 올바른 사람은 다른 올바른 사람에 대해선 뛰어넘으려 하지 않고 올바르지 못한 사람에 대해선 뛰어넘으려 하지만, 올바르지 못한 사람은 올바른 사람이든 올바르지 못한 사람이든 뛰어넘으려 한다는 말이지요?

트라시마코스 훌륭히 말씀하셨습니다.

소크라테스 그런데 선생은 올바르지 못한 사람이 분별 있고 훌륭하며 올바른 사람은 그렇지 못하다고 했어요. 그렇지요? 그럼 어떤 사람에 대해 음악에 능숙하다고 하고 다른 어떤 사람에 대해선 음악을 모른다고 할 때 어떤 사람을 분별력이 있다고 하고 어떤 사람을 분별력이 없다고 하겠습니까?

트라시마코스 당연히 음악에 능숙한 사람을 분별력이 있다고 하고 음악을 모르는 사람은 분별력이 없다고 해야겠지요.

소크라테스 이때 분별력이 있는 경우 훌륭하다고 하지만 분별력이 없는 경우 훌륭하지 못하다고 하겠군요?

트라시마코스 그렇습니다.

소크라테스 음악이나 의술에 능숙한 사람은 다른 전문가들의 기술을 뛰어넘으려 할까요, 아닐까요? 또 음악이나 의술에 능숙하지 않은 사람들에 대해서는 어떨까요?

트라시마코스 다른 전문가에 대해서는 뛰어넘으려 하지 않지만 능숙하지 않은 사람에 대해서는 뛰어넘으려 하겠지요.

소크라테스 그렇지요? 올바른 사람은 같은 올바른 사람에 대해선 뛰어넘으려 하지 않고 올바르지 못한 사람에 대해서는 뛰어넘으려 하니, 올바른 사람은 전문가처럼 지혜롭고 훌륭한 사람을 닮았고 올바르지 못한 사람은 못되고 무지한 사람을 닮은 게 아니겠습니까?

트라시마코스 그런 것 같습니다.

이렇듯 트라시마코스는 모든 것에 동의했지만 선뜻 동의한 건 아니네. 아무튼 우리는 올바름이 훌륭함이자 지혜라는 것, 그리고 올바르지 못함이 나쁨이자 무지라는 것에 동의하게 되었네. 그래서 나는 트라시마코스 선생에게 "올바르지 못함이 강하다."고 한 말을 기억하냐고 물으면서 새로이 문제 제기를 했고, 그는 "기억도 하고 있으며 이와 관련되어 할 말도 있으니 하고 싶은 말을 맘대로 하게 허용하거나 질문해 달라."고 요청했네. 나는 그에게 "본인의 의견에 어긋나게 말하지나 말라."면서 질문을 던졌네.

소크라테스 올바르지 못함과 비교해 올바름의 성질은 무엇인지 검토하기 위하여 다시 질문하겠습니다. 앞서 올바르지 못함이 올바름보다 유력하고 강하다는 말이 나왔지만, 올바름이 진정으로 지혜이며 훌륭함이라면 올바름이 올바르지 못함보다 더 강하다는 것이 드러나리라 생각합니다. 올바르지 못함은 무지이니까 말입니다. 트라시마코스 선생, 나는 이를 더 확대하여 고찰해 보고 싶습니다. 선생은 올바르지 못한 나라가 다른 나라를 부당하게 굴복시켜 속국으로 만든 예가 있다 생각합니까?

트라시마코스 물론입니다. 가장 완벽하게 올바르지 못한 나라가 그리할 것입니다.

소크라테스 그런데 다른 나라보다 강해야 할 나라가 올바름이 없이도 그런 힘을 지닐 수 있을까요, 아니면 반드시 올바름을 갖추어야 가능할까요?

트라시마코스 소크라테스 선생, 선생의 말씀에 따른다면 올바름이 지혜이므로 그런 나라는 올바름을 갖추어야겠지만 제 말에 따른다면 올바르지 못함을 갖추어야겠지요.

소크라테스 이번에는 이렇게 생각해 봅시다. 어떤 나라나 군대 아니면 다른 어떤 집단이 올바르지 못한 무엇인가를 공모할 경우에 그들이 서로 올바르지 못한 짓을 저지른다면 공모했던 일을 수행해 낼 수 있을까요?

트라시마코스 당연히 해낼 수 없을 겁니다.

소크라테스 반면 그들이 서로 올바르지 못한 짓을 하지 않으면 그 일을 한결 더 잘 수행하지 않을까요?

트라시마코스 물론 그렇습니다.

소크라테스 그렇다면 그것은 올바르지 못함이 대립과 증오와 다툼을 가져다주는 반면에 올바름은 합심과 우애를 가져다주기 때문이 아니겠습니까?

트라시마코스 뭐 그렇다고 합시다.

소크라테스 나아가 어떤 사람이 올바르지 못한 상태에 놓이게 되면 올바르지 못함은 힘을 잃을까요, 아니면 그 힘이 유지될까요?

트라시마코스 힘이 유지되리라 여겨집니다.

소크라테스 그렇다면 그 힘이란 대립과 불화를 불러일으켜 무엇인가를 이룩해 내지 못하게 만드는 한편 그들 자신뿐 아니라 올바른 것을 포함하는 모든 것을 적으로 만드는 힘이 되겠군요?

트라시마코스 물론 그렇습니다.

소크라테스 올바르지 못함이 한 사람 안에서 생겨날 경우에도 그 특성이 작용하여 자신 속에 갈등이 생기고 하나의 영혼이 되지 못하게 함으로써 아무런 일도 하지 못하게 만들지 않겠습니까?

트라시마코스 그렇습니다.

소크라테스 그러면 한결 지혜롭고 훌륭하며 능숙하게 일을 해낼 수 있는 사람들이 올바른 사람들인 반면, 올바르지 못한 사람들은 같이 협력해도 아무것도 이룰 수 없으리라는 것이 분명해졌습니다.

올바르지 못한 사람들이 더 힘이 있다는 말은 결코 진실이 아니며, 그렇기에 트라시마코스 선생의 주장과도 다른 것입니다.

이제 올바른 사람이 올바르지 못한 사람보다 더 행복한지, 더 훌륭하게 사는지 여부를 논의해 봅시다. 이 문제는 더욱더 신중히 검토해야 할 것입니다. 삶의 방식에 관한 문제이기 때문입니다.

트라시마코스 검토해 보시지요.

소크라테스 무엇인가를 볼 때 눈 이외에 다른 것으로 할 수 있습니까? 무엇인가를 들을 때 귀 이외의 다른 것으로 할 수 있습니까?

트라시마코스 결코 없습니다.

소크라테스 그러면 이런 것들을 눈이나 귀의 목적end이라 해야 하지 않을까요?

트라시마코스 물론입니다.

소크라테스 눈이나 귀가 그런 기능을 수행한다면, 그것들에는 그 기능을 가장 잘 수행해 낼 어떤 뛰어남excellence이라는 게 있지 않겠습니까? 반면, 그것들이 뛰어남을 빼앗긴다면 제 기능을 제대로 수행할 수 없겠고?

트라시마코스 그럴 수 없겠지요.

소크라테스 그럼 다른 모든 것에 대해서도 같은 이치를 적용시킬 수 있겠지요?

트라시마코스 그리 여겨지는군요.

소크라테스 이제 이렇게 생각해 봅시다. 영혼soul에도 보살피는 일이나 다스리는 일이나 심사숙고하는 일 따위의 특유한 기능이 있지 않을까요? 특히 '산다는 것'은 영혼의 기능이 아니겠습니까?

트라시마코스 그렇습니다.

소크라테스 그럼 영혼에도 뛰어남이란 게 있어 그것을 빼앗기면 그 기능을 제대로 수행하지 못할 것이며 또 그 상태가 되면 잘못 다스린다거나 잘못 보살핀다거나 하는 일이 반드시 생기겠지요?

트라시마코스 그럴 것입니다.

소크라테스 그런데 우리는 앞에서 올바름이란 영혼의 뛰어난 상태이며 올바르지 못함이란 그 나쁜 상태라는 것에 동의했었습니다.

트라시마코스 그랬지요.

소크라테스 그럼 올바른 영혼과 올바른 사람은 잘 살겠지만 올바르지 못한 사람은 잘못 살 것입니다.

트라시마코스 그렇겠네요.

소크라테스 그러면 또 잘 사는 사람은 복 받고 행복할 것이지만, 그렇지 못한 사람은 그 반대이겠지요?

트라시마코스 왜 안 그렇겠습니까?

소크라테스 그러니 올바른 사람은 행복하지만 올바르지 못한 사람은 불행할 것입니다. 또 불행하다는 것은 이익이 되지 않지만 행복하다는 것은 이득이 됩니다.

트라시마코스 당연합니다.

소크라테스 그러니 트라시마코스 선생, 올바르지 못함은 올바름보다 결코 이익이 될 수 없지 않겠습니까?

트라시마코스 소크라테스 선생, 선생께 축하 말씀 드립니다.

소크라테스 아닙니다. 오히려 선생 덕입니다. 선생이 대화에 상냥하게 임해 주셨기 때문이지요. 하지만 우리는 '올바름이란 무엇인가' 하는 것 자체를 알아내기도 전에 그것이 나쁜 상태인지 훌륭한 상태인지에 대해 먼저 논의했고, 그 뒤로는 올바르지 못함이 올바름보다 더 이익이 된다는 주장에 부딪쳐 이 문제를 논의했습니다. 하지만 나는 지금까지의 대화로는 아무것도 알아내지 못했다는 느낌이 드는군요.

올바름이란 무엇인가 하는 것을 알아내지 못한다면, 그것이 훌륭함인지 아닌지 그리고 그것이 행복을 가져오는지 불행을 가져오는지 알 수 없을 것만 같다는 생각이 드는군요.

제2권

글라우콘과 아데이만토스가 올바름에 대한 사람들 의견을 전하자, 소크라테스는 반론을 펴면서 올바름 자체를 쉽게 보기 위해 나라에서의 올바름을 살펴보자고 한다. 이에 따라 국가의 기원, 수호자의 조건, 수호자 교육 문제 등이 논의된다.

글라우콘은 사람들이 "올바르지 못한 짓을 저지르는 것은 좋은 것이며 당하는 것은 나쁜 것"이라고 말한다면서, 기게스의 반지 이야기에서 보듯이, 자유만 있다면 누구나 올바르지 못한 짓을 저지른다고 주장한다. 이익이 더 크다는 것이다.

아데이만토스는 "올바름에는 좋은 평판이, 올바르지 못함에는 지옥의 진창이 뒤따른다."는 의견과 "올바름은 수고스럽고 올바르지 못함은 달콤하다."는 상반된 의견이 공존한다면서, 이런 의견들이 젊은이에게 "정정당당할 것인가, 속임수를 쓸 것인가?" 하는 고민을 안겨준다고 주장한다.

글라우콘과 아데이만토스의 속마음은 소크라테스가 올바름의 좋음을 논리적으로 설파해 주었으면 하는 것이었다. 이에 소크라테스는 "쉬운 문제가 아니다."면서, 한 사람의 올바름을 보기 위해서는 먼저 더 크고 쉽게 파악할 수 있는 나라 전체의 올바름에 대해 논의를 시작해야 한다고 말한다.

소크라테스에 따르면 사람들은 필요한 물품들을 모두 자급자족할 수 없어서 모여 살면서 나라를 구성한다. 이 까닭에 나라에는 수많은 직업이 필요한데, 그 중 가장 중요한 것은 외적에 맞서 싸우는 전사戰士 즉 수호자라는 직업이다.

수호자는 제 기능을 제대로 수행하기 위해 지혜와 기개를 사랑하는 성향을 지녀야 한다. 적과 나를 구분할 줄 알고 적에 대해서는 용감해야 하기 때문이다.

또 이 까닭에 수호자에 대한 교육이 중요한데, 어린 예비 수호자에게는 음악과 체육 교육이 필요하다. 음악 교육은 특히 신의 훌륭함을 노래해야지 신이 패륜을 저지른다거나 거짓말한다는 이야기 등은 검열되어야 한다.

음악 교육 논의는 3권으로 이어진다.

.... 여기서 나는 잠시 해방감에 빠져들었네. 하지만 글라우콘이 트라시마코스의 항복을 받아들이지 않는다는 듯이 나에게 묻더군. "올바름이 올바르지 못함보다 모든 면에서 낫다는 것을 진정 설득하기를 바라시느냐."고 말이야. 나는 "그렇다."고 답했지. 그러자 글라우콘은 내가 스스로 바라는 대로 하지 않는다면서 이렇게 질문했네.

글라우콘 좋은 것에는 다음 같은 부류가 있다고 생각되는데, 선생님 생각은 어떠신지 궁금합니다.

첫째, 그 자체 때문에 사람들이 반기는 것들로서 기쁨이나 해롭지 않은 즐거움 따위가 그것입니다. 둘째, 그 자체도 좋고 결과도 좋은 것들로서, 지혜나 시각視覺 또는 건강함 따위가 그것입니다. 셋째, 그 자체 때문이 아니라 오직 결과 때문에 사람들이 반기는 것들로 신체 단련이나 환자가 치료받기 또는 의술처럼 그 자체는 수고스럽지만 이로움을 주는 것입니다. 선생님은 올바름이 이 셋 가운데 어디에 포함된다고 생각하십니까?

소크라테스 그 자체로도 좋고 결과도 좋은 둘째 부류의 좋음에 올바름이 속한다고 본다네. 최고의 부류지.

글라우콘 하지만 많은 사람은 그리 생각하지 않고, 올바름이 오히려 수고스러운 셋째 부류의 좋음에 속한다고들 생각합니다. 보상이나 명성 때문에 실천해야 한다고 생각하지 그 자체는 오히려 기피의 대상이라 생각한다는 것이지요.

소크라테스 올바름이 혹평 받고 올바르지 못함은 찬사를 받는다는 것은 내가 알고 있었네. 트라시마코스 선생도 그리 말하지 않았나.

글라우콘 그렇다면 제 말씀도 들어보세요. 그 뒤에 선생님과 제가 같은 생각일지 알고 싶습니다.

저는 올바름이나 올바르지 못함의 본질이 아직 밝혀지지 않았다고 생각합니다. 그것들은 도대체 무엇인지, 그것들이 인간의 영혼에 깃들면 어떻게 작동하는지 알고 싶습니다. 그래서 선생님께서 괜찮으시면, 저는 트라시마코스 선생의 주장을 되살리면서 몇 가지 말씀 드리고자 합니다. 첫째, 사람들이 올바름의 본질이나 그 기원에 대해 뭐라 말하는지, 둘째, 사람들이 올바름을 실천하는 것은 자기 의지will에 상관없이 어쩔 수 없어 하는 것이지 결코 그것이 좋은 것이어서가 아니라는 점, 그리고 셋째, 사람들이 그리 하는 것은 마땅한 일이라는 점 등에 대해서 말입니다. 사람들은 올바르지 못한 사람의 삶이 올바른 사람의 삶보다 훨씬 낫다고들 말하기 때문입니다.

소크라테스 선생님, 저는 그리 생각하지 않지만 트라시마코스 선생을 비롯한 많은 사람들에게 그런 말들을 듣다 보니 제 스스로도 헷갈립니다. 저는 올바름이 올바르지 못함보다 나은 것이라는 주장을 아직 들은 적이 없습니다. 하지만 제가 진정 듣고 싶은 것은 올바름이 그 자체로서 칭송받을 만하다는 주장입니다. 그 말을 선생님께 들을 수 있으리라고 저는 생각합니다.

바로 이 까닭에 저는 더 힘껏 올바르지 못한 삶을 칭송하려는 것입니다. 선생님께서 저의 주장에 반론을 펴시면서 올바르지 못함을 비난하고 올바름을 칭송하는 말씀을 해주셨으면 하는 것이지요.

이런 논의 전개방식이 선생님께서는 마음에 드실지 모르겠습니다.

소크라테스 아주 마음에 든다네. 논제 자체도 더없이 바람직한 것이고…….

글라우콘 참으로 고마우신 말씀입니다. 그렇다면 먼저 올바름의 본질은 무엇인지, 그리고 그 기원은 무엇인지에 대해 말씀드리겠습니다.

사람들은 올바르지 못한 짓을 저지르는 것은 좋은 것good이며 그것을 당하는 것은 나쁜 것이라고 말합니다. 이때 당하는 나쁨이 얻는 좋음보다 훨씬 크다고도 하고요. 아무튼 인간은 서로 올바르지 못한 짓을 저지르기도 하고 당하기도 하지만, 나쁨은 피하고 좋음만 선택할 수는 없는 법입니다. 또 이 까닭에 인간은 서로 올바르지 못한 짓을 저지르거나 당하지 않도록 약정을 맺는 것이고요. 이것이 바로 법을 제정하고 계약을 맺는 이유이며, 이런 것들에 의해 내려지는 지시를 합법적이며 올바르다고 말하는 것입니다.

저들이 말하는 올바름의 기원과 본질이 이것입니다.

사람들은 어쩔 수 없이 그리고 자신이 올바르지 못한 짓을 저지를 능력이 없어서 올바름을 실천할 뿐입니다. 의지에 따라 무엇이나 할 자유가 있으면 결국 올바른 사람도 탐욕 때문에 올바르지 못한 사람과 똑같이 행동한다는 것이지요. 사람들 천성은 올바르지 못함에서 비롯되는 좋은 것을 뒤좇게 마련이지만 법이라는 강제력 때문에 평등을 존중할 뿐입니다.

올바른 사람과 올바르지 못한 사람에게 이런 자유가 주어졌을 때의 상황을 설명하는 데에 알맞은 것으로 기게스Gyges의 반지에 관한 설화가 있습니다.

기게스는 옛날 리디아의 한 통치자에게 고용된 목동이었다고 합니다. 어느 날, 기게스가 양들에게 풀을 먹이고 있는데 번개가 치고 지진이 일어나 땅이 갈라졌답니다. 기게스가 갈라진 틈으로 들어가 보았더니 청동으로 된 말이 한 필 있었고 그 안에는 금반지 하나만을 낀 채 벌거벗은 송장이 하나 있었다고 합니다. 기게스는 금반지를 갖고 나왔다지요. 며칠 뒤, 왕 앞에서 목동들이 양에 대해 보고하는 자리가 있었는데, 기게스는 그 금반지를 끼고 자리에 참석했다가 우연히 반지의 장식을 자신 쪽으로 돌렸다고 합니다. 그랬더니 다른 사람들에게 자신이 보이지 않게 되더랍니다. 이를 알게 된 그는 나중에 일을 꾸며 왕비와 간통을 한 뒤 왕을 살해하고는 그 나라 왕이 되었다고 합니다.

이 설화는 올바름이 좋은 것이 못 되며 따라서 자발적으로 올바르게 되려는 사람은 아무도 없다고 하는 주장을 뒷받침하는 강력한 근거라 말할 수 있습니다. 그것은 또 사람들이 올바름보다는 올바르지 못함이 훨씬 큰 이익을 가져다준다고 정말 믿게 만드는 근거가 되기도 하고요. 다른 한편, 그런 자유가 있음에도 누군가가 올바르지 못한 짓을 전혀 하지 않는다면 사람들은 그를 어리석다고 여길 것입니다. 사람들이 그런 사람을 칭찬한다면, 그것은 자신이 올바르지 못한 짓을 당할까 두려워 그러는 것일 뿐입니다.

올바른 사람과 올바르지 못한 사람의 삶을 판정하려면, 우리는 두 사람의 삶을 따로 떼어내 대비시켜야 합니다. 그리고 이를 위해서는 이들이 각 유형의 사람들을 가장 완벽하게 대표할 수 있어야 합니다.

먼저 올바르지 못한 사람의 경우를 봅시다. 올바르지 못한 사람은 키잡이나 의사와 비슷합니다. 그들은 자기 전문 기술을 수행하면서 가능한 것과 불가능한 것을 분별할 줄 알며 혹 실수를 하더라도 이를 바로잡을 수 있습니다. 올바르지 못한 사람 또한 지극히 올바르지 못한 짓을 감쪽같이 제대로 해내는 사람입니다. 그는 실수를 바로잡을 수 있을 뿐 아니라, 자신의 올바르지 못한 어떤 행동이 발각될 때에도 사람들을 납득시킬 수 있으며, 용기와 완력과 재산을 바탕으로 다른 사람들에게 강제력을 행사할 수 있습니다. 그렇지만 올바르지 못함의 최상급은 올바르지 못한 짓을 하면서도 올바른 듯 보이는 것입니다.

이번에는 올바른 사람의 경우를 보시지요. 그는 아이스킬로스[7]의 말처럼 "좋은 사람으로 보이기를 바라는 것이 아니라 실제로 좋은 사람이 되기를 바라는 사람"이어야 합니다. 올바른 사람으로 보이는 것은 명예나 보상 때문에 그럴 수 있고, 이 경우 그가 정말 올바름 자체를 위해 올바른지 명예나 보상 때문에 올바른지 우리가 알 수 없기 때문입니다. 이렇듯 그한테서 올바름 이외의 명예나 보상 등을 떼어낸 뒤, 그로 하여금 가장 올바르지 못한 사람이라는 악명을 얻도록 만드는 것입니다. 그가 이 시험을 견뎌 내고 진정으로 자신이 옳다고 믿는 길을 걸을지를 알아보자는 것이지요.

---

7) Aeschylus: 고대 그리스의 3대 비극 시인의 하나. 가장 먼저 시대의 사람이다. 『아가멤논』, 『결박당한 프로메테우스』, 『오레스테이아』 등의 작품이 전해진다.

이렇듯 올바름의 극단에 있는 사람과 올바르지 못함의 극단에 있는 사람을 대비시켜 누가 더 행복한지 판정받도록 해 봅시다.

소크라테스: 대단하군, 글라우콘. 두 유형의 사람을 그토록 깔끔하게 정리해 내놓다니!

글라우콘 최선을 다해 드린 말씀입니다. 이제 그들 앞에 어떤 삶이 기다리고 있는지 더 말씀드리지요. 이는 제 생각이 아니라, 올바르지 못함을 칭송하는 사람들의 말이라는 것만 알아주시고요.

그들 말에 따르면, 올바른 사람은 태형이나 사지가 비틀리는 고문 등 온갖 고초를 겪은 뒤에야 깨달으리라는 겁니다. 실제 올바르게 되려 하기보다 올바른 것처럼 보이려고 해야 된다는 것을 말입니다.

하지만 이런 말은 올바르지 못한 사람에게 더 잘 들어맞습니다. 그는 평판이 아닌 현실을 추구하는 사람인 만큼 올바르지 못한 사람으로 보이기보다 정말 올바르지 못한 사람이기를 바랍니다. 그러면서도 그는 오히려 올바른 사람으로 보이는 까닭에, 나라를 통치할 수도 있고 자신이 원하는 어떤 가문과도 혼인을 맺을 수 있으며 어느 누구와도 거래를 맺을 수 있습니다. 그는 거리낌 없이 올바르지 못한 짓을 저지르는 까닭에, 모든 면에서 덕을 보고 이익을 얻어 부유해집니다. 이에 따라 그는 또 친구들에게 이로움을 주고 적에게 해로움을 주며, 신들에게 제물도 넉넉히 바칩니다. 결국 그는 올바른 사람보다도 신의 사랑을 더 받을 뿐 아니라 더 나은 삶을 누리게 될 것입니다.

글라우콘이 여기까지 말을 했을 때 나는 무엇인가 대응할 말을 하려 했네. 그런데 그의 형 아데이만토스가 "무언가 언급이 덜 되지 않았냐?"고 나에게 물었고, 나는 "그렇기는 하네만, 덜 된 것이 무엇일까?" 하고 되물었지. 이에 그는 "꼭 언급될 필요가 있는 것입니다."라고 대답했네. 그래서 나는 다시 "그러면 동생을 도와 빠진 것을 보충해 달라."고 말했네. 그러자 그가 말을 이어갔네.

아데이만토스: 저는 동생이 말한 것과 반대되게 올바름을 찬양하고 올바르지 못함을 비난하는 주장을 펴고자 합니다. 그렇게 해야 동생의 주장을 더 뚜렷이 만들 것 같기 때문입니다.

어른들은 무릇 아랫사람들에게 올바르게 돼야 한다고 충고합니다. 하지만 그것은 올바름 자체를 칭송하는 것이 아니라 올바름이 가져다주는 평판을 칭송하는 것일 뿐입니다. 평판 때문에 좋은 관직이나 혼처를 비롯해 앞서 글라우콘이 예시했던 수많은 좋은 것들이 생겨나니까요. 이런 예는 꽤 많습니다. 헤시오도스[8]는 올바른 사람들을 위해서 신들이 참나무를 준비한다고 노래했고 호메로스[9]도 또한 올바른 행위를 위하여 왕이 곡식과 열매와 양들의 새끼와 물고기를 준비한다고 노래했습니다. 훌륭함 덕분에 자손이 번성한다는 사람도 있습니다. 반면 올바르지 못한 자들은 저승의 진창 속에 파묻히거나 체로 물을 옮기는 벌을 받는다고

8) Hesiodos: 기원전 8세기의 그리스 서사시인. 올바름의 관점에서 신들의 계보를 다룬 『신통기』와 시골에서의 노동과 삶을 다룬 『노동과 나날』을 썼다.
9) Homeros: 헤시오도스보다 조금 앞선 시기에 활동한 그리스 서사시인. 『일리아스』와 『오디세이아』를 썼다.

말들 합니다. 글라우콘은 올바른 사람들이 올바르지 못하다는 평판 때문에 갖가지 벌을 받는다고 했지만, 사실 그러한 것들은 올바르지 못한 사람들이 받는 벌들입니다.

소크라테스 선생님, 이제 올바름과 올바르지 못함에 대한 또 다른 언급들을 생각해 보시지요. 올바름과 훌륭함은 아름답지만 수고스러운 것이며 나쁨과 올바르지 못함은 달콤하지만 수치스러운 것이라고 사람들은 말합니다. 사람들은 올바르지 못한 사람이라도 부유하기만 하면 그를 행복한 사람이라며 예우하면서도, 무력하고 가난하기만 하면 그가 올바른 사람이라도 업신여긴다고 합니다. 특히 신들조차도 좋은 사람에게는 불운과 불행을 안겨 주면서 사악한 사람에게는 좋음과 행복을 내려준다고 합니다.

소크라테스 선생님, 이런 숱한 이야기들이 젊은이들의 영혼에 어떠한 영향을 미칠까요? 젊은이들은 아마 스스로 묻고 대답할 것입니다.

"정정당당할 것인가, 속임수를 쓸 것인가? 현자들의 말처럼, 보이는 것이 진실을 제압하며 행복을 좌우한다면 나는 삶을 그 방향으로 잡아나가야 하지 않을까? 겉모습은 훌륭함으로 치장하지만 속으로는 아르킬로코스[10]의 교활한 여우와 같아야 되지 않을까?" 하고 말입니다.

하지만 나쁨을 끝까지 숨길 수는 없다고 하는 사람도 있습니다. 이에 대해, 우리는 "쉬운 일은 아무것도 없다."면서 "아무튼 행복을

10) Archilochus: 기원전 7세기의 그리스 전사戰士이자 시인. 그의 시에는 여우가 교활함의 표본으로 그려져 있다.

위해서라면 앞서의 주장들이 이끄는 대로 살아야 하지 않겠느냐."
고 대답할 것입니다. 그래도 남의 눈을 피해야 한다면, 정치적 결사를 맺거나 변론술[11]로 설득하는 방법도 있겠고 신께 제물을 바치면서 공손하게 빌어 사면을 받는 방법도 있을 것입니다.

우리는 이들 양쪽의 주장을 모두 믿거나 아니면 어느 쪽도 믿지 말아야 합니다. 우리가 이들 주장을 믿는다면, 우리는 올바르지 못한 짓을 저질러야 하며 이를 통해 얻을 것들로 제물을 바쳐야 합니다. 우리가 올바를 경우에는 이익을 얻지 못할 것인 반면에 우리가 올바르지 못할 경우에는 이익을 얻을 뿐 아니라 잘못을 저질렀다 해도 신들에게 탄원하거나 제물을 바쳐 벌을 면할 수 있기 때문입니다.

이럴진대, 우리가 올바르지 못함보다 올바름을 택해야 하는 논거로 어떤 것이 있겠습니까? 올바르지 못함을 그럴 듯하게 꾸밀 수만 있다면 제멋대로 살 수 있는데, 누가 올바름을 존중하겠습니까?

그런데 소크라테스 선생님, 이 모든 논란의 원인은 바로 다음과 같은 데서 찾아볼 수 있을 것입니다. 글라우콘과 저, 그리고 선생님 스스로도 그러한데, 사람들은 올바르지 못함을 비난하거나 올바름을 칭송할 때 그것들로부터 비롯되는 평판·명예·결과에 상관없이 그 자체로만 비난하거나 칭송해야 하는데 그렇지 않다는 것입니다. 또 올바르지 못함은 나쁜 것 가운데 가장 나쁜 것이고

11) rhetoric: '수사학'으로도 번역되지만 '변론술'로 옮긴다. '변증술'이 진리를 찾는 방법이라면, 변론술은 오늘날 법정에서의 '자기변호'에 가깝다고 하겠다.

올바름은 좋은 것 가운데 가장 좋은 것이라는 점을 논리적으로 설파해야 하는데, 아무도 그러한 사람이 없다는 것입니다. 많은 분들이 그런 논리를 펼쳤더라면, 사람들은 올바르지 못함 자체나 그 결과에 대해 꺼리면서 스스로를 감시했을 것입니다.

선생님, 트라시마코스 선생 같은 사람들은 올바름과 올바르지 못함을 서로 뒤바꾸어 말하는 것 같습니다. 저는 솔직히 이와 반대되는 주장을 선생님으로부터 듣고 싶습니다. 올바름이 올바르지 못함보다 낫다는 단순한 주장이 아니라, 그것들이 무슨 작용을 하기에 올바르지 못함은 나쁜 것이고 올바름은 좋은 것인지를 밝히는 주장을 펼쳐 주십시오.

선생님은 앞서 올바름에 대해 그 결과뿐 아니라 그 자체 때문에도 가질 값어치가 있다고 하셨습니다. 평판이 아니라 그 본성 때문에 올바름이 좋음에 속한다는 말씀이셨지요. 그러니 선생님, 올바름의 이 점을 칭송해 주셨으면 합니다. 그것으로부터 파생되는 보상이나 평판과 같은 것들은 다른 사람들에게 맡기고 말입니다.

나는 사실 글라우콘과 아데이만토스를 칭찬해 오던 터였는데, 이 말을 들으니 더 기뻤네. 나는 그들이 올바르지 못함을 옹호하는 발언을 하면서도 그 논리에 설복당하지 않은 것은 비범한 일이라고 칭찬하는 한편, 아직 나의 말을 받아들이지는 않고 있다는 점을 지적했네. 나는 또 올바름이 비난을 받고 있는데 어찌 이를 구해 주지 않을까 보냐고 말을 했지. 그러자 글라우콘을 비롯한 여러 사람들이 내게 진실이 어떤 것인지 자세히 검토해 달라고 요청했다네. 나는 내 의견을 말하기 시작했네.

소크라테스 우리의 탐구 과제는 결코 사소한 것이 아니며, 날카로운 관찰력을 지닌 사람의 일거리 같네. 그러니 이 문제를 이렇게 풀어 나갔으면 좋겠다는 생각이 든다네. 즉 작은 글을 먼 거리에서 읽기보다는 똑같은 글이 어딘가 더 큰 곳에 더 큰 글씨로 적혀 있지 않을까 생각하여 이를 먼저 읽어 본 뒤 작은 글을 추정하는 방식 말일세.

아데이만토스 그렇겠군요. 그런데 소크라테스 선생님, 그게 올바름에 관한 탐구와 무슨 연관성이 있는지요?

소크라테스 올바름에는 한 사람의 것도 있지만, 나라 전체의 것도 있다고 할 수 있겠지? 나라와 관련된 올바름은 한결 큰 규모이며 이에 따라 알아내기가 더 쉽지 않겠나? 그러니 나라와 관련된 올바름이 어떤 것인지 먼저 탐구하도록 하세. 그런 뒤, 개개인의 올바름을 검토해 보도록 하자고.

아데이만토스 좋으신 의견입니다.

소크라테스 그런데 나라가 생기는 것은 우리 각자가 자급자족하지 못하고 무엇인가 필요하기 때문이 아니겠는가? 그런데 사람들에게는 많은 것들이 필요하니까, 많은 사람들이 서로 필요한 것을 충족시키면서 같은 곳에 모여 살게 된 것이지. 이것이 우리가 말하는 나라 또는 도시국가 아니겠나?

아데이만토스 당연히 그렇습니다.

소크라테스 이렇듯 나라가 수립되는 데는 우리의 '필요necessity'가 커다란 역할을 한다고 할 수 있겠군. 그런데 그 필요 가운데 으뜸은 생존을 위한 음식물이고 다음은 주거이며 셋째는 의복과 같은 것들일 듯싶네,

아데이만토스 분명 그렇겠습니다.

소크라테스 그렇다면, 이런 여러 필요를 충족시키기 위해 나라는 얼마나 커야 할까? 농부와 집 짓는 사람과 직물 짜는 사람? 어쩌면 제화공이나 의사도 필요할까?

아데이만토스 그럴 것 같습니다.

소크라테스 그러면 이제 이런 문제를 생각해 보자고. 각 개인이 일을 한다면 그것은 모두를 위한 일이어야 할까? 이를테면 농부가 열심히 농사를 지어 식량을 마련하고 이를 다른 사람들과 나누거나 바꿈으로써 서로 도움이 되도록 해야만 할까? 아니면 남들과 나누는 수고를 하지 않고 혼자서 여러 필요한 것들을 다 마련함으로써 스스로의 힘으로 스스로의 일들을 다 처리해야만 할까?

아데이만토스 소크라테스 선생님, 뒤의 것보다 앞의 것이 더 수월할 것 같습니다.

소크라테스 나도 그렇게 생각된다네. 인간은 태어날 때부터 본성이 서로 달라서 저마다 다른 일을 하는 데에 적합할 테니까 말이야.

아데이만토스 그렇겠지요.

소크라테스 또 한 사람이 여러 기술에 종사할 때와 한 가지 기술에 종사할 때를 놓고 본다면, 어느 때 일을 더 잘 할까?

아데이만토스 그야 한 가지 기술에 종사할 때지요.

소크라테스 그렇다면 아데이만토스, 우리가 말한 그런 것들을 마련하기 위해서는 훨씬 더 많은 사람이 필요하겠네? 농부가 쟁기나 괭이 같은 도구들을 만들지는 않을 터이니 말이야. 집 짓는 사람이나 직물 짜는 사람 또는 제화공의 경우에도 마찬가지일 터이고.

아데이만토스 그렇겠습니다.

소크라테스 그렇다면 갖가지 부류의 장인들이 많이 있어야 되고, 결국 우리가 말한 네댓 명으로 구성되는 작은 나라는 더 커져야겠군? 그뿐인가? 무역상, 농부와 장인들, 해상 운송에 정통한 사람들이 필요하겠고? 시장과 화폐도 생겨나게 되겠지.

아데이만토스 그럴 경우의 일을 떠맡는 적절한 사람이 있습니다.

소크라테스 소매상이 출현하게 되었다, 이 이야기군? 무역상이 있듯이?

아데이만토스 바로 그렇습니다.

소크라테스 또 임금노동자?

아데이만토스 그렇습니다.

소크라테스 아데이만토스, 그렇다면 이제 하나의 나라가 완전하리만큼 성장한 셈이 되겠군?

아데이만토스 그렇게 생각합니다.

소크라테스 그렇다면 올바름과 올바르지 못함은 어디에서 찾아지며 또 어디에서 생겨나는 것일까?

아데이만토스 사람들을 서로 관련 맺게 만드는 그 필요 때문일 것이 아닐까 생각됩니다만…….

소크라테스 자네 말이 맞는 것 같네. 아무튼 더 자세히 검토해 보자고. 먼저 사람들의 생활방식을 검토해야겠지?

나는 사람들이 빵을 먹고 옷과 신발을 입고 신으며 집에서 산다거나 돗자리에 누워 아이들과 함께 즐겁게 먹고 포도주를 마시고 머리에 화관을 쓴 채 신을 칭송하는 따위의 일들을 이야기했네. 또 "양념을 빠뜨렸다."는 글라우콘의 말에 사람들이 올리브와 치즈를 이용하고 무화과나 도토리를 구워 먹는 일들도 이야기했지. 글라우콘이 물었다네.

글라우콘 소크라테스 선생님, 선생님께서는 '돼지들의 나라[12]'를 수립하여 그들을 살찌우고 계시는 것 같습니다.

소크라테스 그러면 어떻게 해야 한다는 것인가, 글라우콘?

글라우콘 관습대로 해야지요. 그들은 고생을 싫어해서 침상에 기대 식탁에 차려진 음식을 먹으며 후식을 먹기도 할 것 같습니다.

소크라테스 알았네. 나라의 단순한 수립이 아니라 '호사스런 나라'의 수립에 대해서도 고찰하자는 말이군 그래. 맞아, 그런 나라에서야말로 올바름과 올바르지 못함의 기원을 알 수 있을지 모르니까 말일세.

앞서 말했던 나라는 참되고 건강한 정치체제의 나라라 할 수 있을 텐데, 이제 염증 상태의 나라에 대해 생각해 보기로 하세. 사실 사람들은 앞서의 생활방식에 만족하지 못할 수도 있겠지. 그리하여 침상이나 식탁 외의 다른 여러 가구들, 양념과 향유, 기생, 생과자 등도 필요해질 테고 말이야. 그뿐이겠나? 필수품에는 집과 옷과 신발 따위뿐 아니라 그림이나 자수 또는 황금이나 상아도 포

12) city of pigs: 재화 특히 사치스런 재화가 풍부한 도시로, 주민들은 물질적인 풍요에 만족할 뿐 다른 형이상학적 욕구는 없다.

함되겠지.

글라우콘 그렇겠지요.

소크라테스 그렇다면, 나라는 더 커져야겠네? 이제는 온갖 부류의 사냥꾼도 필요하고 화가와 시인·배우·합창단·연출가 따위의 예술가도 필요하겠지. 그리고 아이들 교육을 위한 일꾼과 유모와 보모도 필요하며 이발사와 요리사 등도 필요할 것이네. 당연히 의사도 필요하겠고?

글라우콘 왜 안 그렇겠습니까?

소크라테스 이제 나라가 이렇듯 커지면 넉넉한 영토가 필요하게 되어, 이웃나라 땅을 일부 떼어올 필요가 생겨날 터이고 그 나라 또한 우리 땅을 떼어갈 필요가 생겨날 수 있지 않겠는가? 그래서 전쟁을 하게 될 테고?

글라우콘 지극히 당연합니다, 소크라테스 선생님.

소크라테스 이제 우리는 전쟁의 결과가 나쁜지 좋은지를 떠나, 전쟁이 왜 발발하게 되는지를, 즉 전쟁의 기원을 알게 되었네.

글라우콘 그렇군요.

소크라테스 그렇다면 이제 나라는 한층 더 커져야겠네? 침략자들에 대항해 싸울 만큼 큰 규모의 군대가 있어야 하니까 말이야.

글라우콘 노예들만으로는 충분하지 않다는 말씀입니까?

소크라테스 그러네. 자네도 기억하겠지만, 한 사람이 여러 기술 분야에 훌륭하게 종사하기란 불가능한 일이라고 우리는 이미 동의한 바 있지 않은가?

글라우콘 그렇습니다.

소크라테스 그렇다면 전쟁의 기술도 마찬가지겠지?

글라우콘 물론입니다.

소크라테스 그런데 전쟁기술은 무엇보다 중대한 일 아닐까? 누구나 전쟁 무기나 장비를 집어 들었다고 곧바로 유능한 전사가 될 수 있을까? 관련 지식도 없고 충분히 연습도 하지 못한 사람에게 그것들이 쓸모가 있을까?

글라우콘 그렇지 않겠지요.

소크라테스 그렇다면 수호자guardian의 기능 또한 관련된 최대의 기술이 필요할 것이고 또한 관련된 적성이 필요하지 않을까?

글라우콘 왜 그렇지 않겠습니까?

소크라테스 그러니 우리가 할 일은 나라를 수호하는 데에 어떤 성향의 사람들이 적합한지 가려 내는 일일 것 같네.

글라우콘 분명 그렇습니다.

소크라테스 수호하는 일을 놓고 보면, 혈통 좋은 강아지와 가문 좋은 젊은이의 성향이 비슷하다고 여겨지지 않던가? 모두 감각은 예민하고 상대방을 추적할 때는 날렵하며 싸울 때는 힘이 세야 하니까 말이야. 용감하기도 해야 하고.

글라우콘 왜 안 그렇겠습니까?

소크라테스 그런데 어떠한 동물이든 격정적이지 못한 것이 용맹해질 수 있겠는가? 격정passion이나 기개spirit[13]가 일면 겁이 없어지고 꺾이지 않아 당해 내기 힘들다는 것을 알고 있겠지?

13) 기개는 '격정'에서 비롯된다. 개인의 차원에서는 용기를 불러일으키며 나라의 차원에서는 수호자에게 필요한 덕목이다.

글라우콘 그야 알고 있지요.

소크라테스 그렇다면 수호자의 신체적 조건과, 기개라는 심적 조건이 분명히 밝혀졌다 할 수 있겠군?

글라우콘 분명합니다.

소크라테스 그런데 글라우콘, 성향이 그렇다면 그들은 서로에 대해 또는 일반 시민에 대해 거칠어질 수도 있지 않을까?

글라우콘 그렇게 되기 쉽겠지요.

소크라테스 하지만 그들은 친근한 사람에게는 온순하고 적에게는 거칠어야겠지. 그렇지 않으면 남들이 우리를 파멸시키기 전에 그들 스스로가 우리를 파멸시킬 것이니 말이야.

글라우콘 정말 그러합니다.

소크라테스 그럼 어떡하지? 온순하면서도 대담한 성향의 사람을 어떻게 찾을까? 온순한 성향과 격정적 성향은 분명 대립되는 것이니 말이야. 아무튼 둘 가운데 하나라도 없다면 그는 훌륭한 수호자가 될 수 없을 터이고, 둘을 함께 갖추는 일은 불가능해 보이고…… 이렇다면 훌륭한 수호자가 되는 것 자체가 불가능해지는 것 아닐까?

글라우콘 그럴 것 같습니다.

이제는 내 스스로 당혹스러워졌네. 그래서 나는 앞서 말한 것들을 돌이켜본 뒤에 다시 말을 꺼냈지. "우리가 당혹스러워 하는 것은 당연한 일이야. 우리는 무언가 빠뜨렸단 말이야."라고. 그러니까 글라우콘이 "무슨 말씀입니까?" 하고 묻더군. 내가 말했네.

소크라테스 우리는 불가능하리라고 생각했었지만, 대립되는 두 가지 성향을 모두 갖춘 경우가 없지는 않다는 것이지. 우리가 수호자에 비유한 동물 즉 개의 경우를 보자고. 혈통 좋은 개들은 낯익은 사람에게는 아주 온순하지만 모르는 사람에게는 무척 사납지 않던가? 우리가 이와 같은 수호자를 찾는 것은 자연의 이치에 어긋나는 일이 아니라는 것이지.

글라우콘 아니지요.

소크라테스 그런데 글라우콘, 이들 수호자들은 격정적 성향이나 기개 이외에도 지혜를 사랑하는 성향까지 갖추어야 하지 않을까?

글라우콘 무슨 말씀이신지 이해가 되지 않습니다.

소크라테스 다시 개의 경우를 보자고. 개는 친한 사람과 적을 구분할 때 스스로가 그 모습을 아는가 모르는가를 바탕으로 한다는 점에서 영리하다고 할 수 있지. 그렇다면 그것은 배움을 좋아하는 것 아니겠나? 또 배움을 좋아한다는 것은 지혜를 사랑한다는 것과 같은 것이고?

글라우콘 같은 것이지요.

소크라테스 그렇다면 인간의 경우도, 친근한 사람에게 온순하려면 배움을 좋아하고 지혜를 사랑하는 사람이어야 한다고 주장할 수 있겠지?

글라우콘 그렇습니다.

소크라테스 그렇다면 아주 훌륭한 수호자가 되려면 지혜를 사랑하면서도 기개를 지녀야겠네?

글라우콘 정말 그렇습니다.

소크라테스 우리 이제 이들을 양육하고 교육하는 방식에 대해 이야기 해 보세. 이 문제는 우리가 처음부터 고찰하려던 목적 즉 나라에서 올바름과 올바르지 못함이 생겨나는 과정을 알아내는 데에 도움이 되겠지?

나의 이 말에 글라우콘의 형이 "틀림없이 도움이 될 겁니다." 하고 대답했네. 나는 "아데이만토스, 다소 길어지더라도 이 고찰을 포기하지 말자."고 말했고 아데이만토스도 이에 동의했네.

소크라테스 자, 그럼 이론상으로나마 이들 수호자를 교육시켜 보자고. 예부터 있었던 교육을 보면 몸을 위한 교육인 체육과 마음을 위한 교육인 음악이 있었다고 할 수 있겠지. 체육보다 먼저 음악에 의한 교육을 다루는 것이 순서가 아닐까?

아데이만토스 왜 안 그렇겠습니까?

소크라테스 음악에는 이야기[14]가 포함되겠지? 그리고 이야기에는 두 가지가 있지 않겠나? 사실적인 이야기와 허구적인false 이야기 말이야.

아데이만토스 그렇습니다.

소크라테스 그런데 두 가지 가운데 수호자들이 먼저 받아야 할 교육은 허구적인 것이 되어야 하지 않을까?

아데이만토스 무슨 말씀이신지요.

---

14) story: 여기서 '이야기'는 설화나 신화 따위를 말한다.

소크라테스 우리가 어린이들에게는 처음에 신체적 운동보다 이야기를 먼저 들려주는 것과 같은 이치라네. 이야기는 사실적인 것도 좀 있지만 대개 허구적인 것들이지. 이 까닭에 체육보다 음악에 의한 교육을 먼저 실시해야 한다는 말이네.

아데이만토스 옳으신 말씀입니다.

소크라테스 모든 일에는 시작이 가장 중요하며 어린이의 경우 특히 더 그러하다는 것을 자네도 알고 있을 게야. 그 시기에 가장 유연하고 남의 이야기를 가장 잘 받아들이기 때문이지. 아이들이 허구적인 이야기를 아무것이나 듣도록 내버려두어서는 안 되지 않겠나?

아데이만토스 결코 내버려 두어서는 안 됩니다.

소크라테스 그러니 우리는 먼저 이야기 작가들을 검열해야겠어. 그리하여 훌륭한 내용이면 받아들이고 그렇지 못한 것은 거절해야겠지. 오늘날 아이들에게 들려주는 것들 가운데에는 버릴 것이 많다네.

아데이만토스 어떤 것들을 말씀하시는지요?

소크라테스 헤시오도스와 호메로스 또는 그 밖에 다른 시인들이 들려준 것들로서, 특히 좋지 못한 거짓말을 했을 경우와 신과 영웅들에 관해 나쁘게 서술했을 경우가 그러하지.

아데이만토스 그런 것들은 진정 비난받아 마땅합니다. 하지만 구체적으로 어떤 것들이 있습니까?

소크라테스 가장 크고 중대한 거짓말로는 이를테면 우라노스[15]와 크

15) Uranos: 그리스 신화에서 아버지이자 하늘의 신. 태초에 혼돈Chaos이 있었고, 혼돈에서 어머니이자 대지의 신인 가이아Gaia가 나온다. 가이아는 우라노스와 산과 바다를 낳았는데, 다시 우라노스와 결합하여 티탄족 등을 낳는다.

로노스[16]에 관해 헤시오도스가 한 이야기가 있네. 크로노스가 아들 제우스[17]에게 당한 수난 이야기 같은 경우는 진실일지 모르지만, 그것이 진실이라 하여도 어린이들에게는 들려주어서는 안 된다고 생각하네. 불가피하게 이야기해야 한다면 최소의 사람만 들을 수 있게 해야 할 것이네.

아데이만토스 그렇지요. 그것은 거친 이야기들이니까요.

소크라테스 위대한 신들이 아버지를 응징했다는 이야기도 안 되고, 신들이 전쟁을 일으키고 서로 음모를 꾸며 싸움을 한다는 이야기도 해서는 안 되네. 수호자들이 서로를 증오하지 않도록 하려면 말이야. 신과 영웅들의 적대 행위도 마찬가지고. 또 호메로스가 지은 온갖 신들의 싸움에 관한 이야기들은 그것이 숨은 뜻을 지녔다 해도 이 나라에서 받아들여서는 안 되네. 어린 사람들은 무엇이 숨은 뜻이고 무엇이 아닌지를 판별할 수 없고, 또 어릴 적에 굳어진 생각은 씻어 내기 어렵기 때문이지. 그런 까닭에 이들에게는 처음부터 훌륭함에 관하여 가장 훌륭하게 지어진 것들만 들려주도록 하여야만 하네.

아데이만토스 매우 합리적인 말씀입니다. 그런데 사람들이 그런 이야기에 대해 묻는다면 어떻게 대답해야 하는지요?

16) Cronos: 가이아와 우라노스 사이에 태어난 티탄족에 속한다. 시간의 신. 우라노스는 자식들을 싫어해서 가이아의 몸 속에 가두고, 가이아는 자식들에게 우라노스에 대한 복수를 호소한다. 크로노스는 가이아의 호소에 따라 큰 낫으로 아버지 우라노스를 거세하고 천상계를 차지한다. 어머니 가이아는 크로노스도 똑같은 운명을 겪게 된다는 예언을 한다.

17) Zeus: 크로노스는 가이아의 예언 때문에 누이이자 아내인 레아Rhea와의 사이에서 태어난 자식들을 모두 잡아먹는다. 그러나 레아는 막내 제우스를 숨기고, 제우스는 성장하여 아버지 크로노스와 싸워 승리한다.

소크라테스 아데이만토스, 우리는 시인이 아니라 나라를 수립하는 문제를 논의하는 사람들일세. 그러니 만큼, 우리는 스스로 이야기를 지을 것이 아니라 시인들이 이야기를 지을 때 따라야 할 규범[18]을 만들어야 할 것이네. 그들이 이 규범에 어긋나게 이야기를 짓는다면 이를 허용하지 말아야겠지.

아데이만토스 옳으신 말씀입니다. 하지만 그 규범들은 어떤 것일까요?

소크라테스 이를테면 신에 관한 이야기를 지을 경우라면 신을 본디 모습 그대로 묘사하라는 것이 되지 않을까? 적어도 신은 선good하니까 말이야.

아데이만토스 정말 그렇습니다.

소크라테스 그런데 선함은 해롭지 않고 해롭지 않은 것은 남을 해치지 않으며 따라서 나쁜 짓을 하지 않겠지? 그래서 선함은 나쁜 것의 원인이 될 수 없고 말이야. 반면, 선함은 이로운 것이며 따라서 행복well being의 원인이 될 수 있겠지? 또 그렇다면 선함은 모든 것의 원인이 되는 것이 아니라 훌륭한 상태에 있는 것들만의 원인이 되며 나쁜 것들의 원인은 되지 않겠지?

아데이만토스 전적으로 그러합니다.

소크라테스 이 까닭에 선한 신은 모든 것의 원인이 되는 게 아니며, 나쁜 것들의 원인은 신이 아닌 다른 것들에서 찾아야 한다네.

아데이만토스 지당하신 말씀입니다.

소크라테스 그러니 호메로스나 다른 시인들이 쓴 신에 관한 이야기들

---

18) form: 글의 흐름에 따라 '규범'으로 옮긴다. 플라톤 철학에서는 '이데아'의 의미가 있고 아리스토텔레스의 철학에서는 '형상形相'의 의미로 쓰이기도 한다.

을 받아들여서는 안 되네. 누군가가 트로이전쟁[19]에 관한 이야기를 지으려 할 때도 이를 신이 한 일이라고 하지 못하도록 해야 하네. 그것이 신이 한 일이라 하더라도 말이야. 그럼으로써 신은 올바르고 좋은 일만 하며 신으로부터 응징을 당하는 것조차 이로운 일이라고 이야기하도록 해야 하네. 이것이 신과 관련된 규범 가운데 첫째의 것이라 할 수 있겠네.

아데이만토스 선생님이 말씀하신 그 규범에 동의합니다. 썩 만족스럽기도 하고요.

소크라테스 이제 둘째 규범에 대해 논하도록 하지. 자네는 신이 때때로 탈바꿈을 하여 우리를 속인다고 생각하는가, 아니면 늘 자신의 본 모습에서 벗어나지 않는다고 생각하는가?

아데이만토스 대답하기 어려운 문제입니다. 더 생각해 보아야겠군요.

소크라테스 그럼 이렇게 생각해 보자고. 가장 좋은 상태의 것들은 잘 변화되지 않겠지? 달리 말하면, 내적·외적 영향을 가장 덜 받는 것은 가장 건강하고 가장 강한 것이겠지? 영혼도 가장 용감하고 분별 있는 경우엔 외부의 영향을 적게 받겠고? 가장 잘 만들어진 것이나 훌륭한 상태에 있는 것은 대부분 그러할 것이야.

아데이만토스 그럴 것 같습니다.

소크라테스 그런데 신이야말로 모든 면에서 가장 훌륭한 것이지? 그래

---

19) Trojan War: 기원전 13~12세기에 그리스와 트로이 사이에 있었던 전쟁. 호메로스의 『일리아스』와 『오디세이아』 외에 많은 작품의 소재가 되었다. 트로이 왕의 아들 파리스Paris는 스파르타 왕 메넬라오스Menelaos의 아내 헬레네Helene를 데리고 달아난다. 메넬라오스는 형인 아가멤논Agamemnon에게 부탁을 하고 아가멤논은 군대를 이끌고 트로이를 공격한다. 전쟁은 10년이나 지속된다. 막판에, 그리스軍은 많은 병사를 숨겨놓은 목마를 남겨놓고 철수하는 척한다. 트로이 사람들은 목마를 성 안으로 끌고 들어가고, 목마 속 그리스 병사들이 야밤에 목마를 나와 성문을 여는 바람에 트로이 성은 함락된다.

서 여러 다른 형상을 갖게 될 가능성도 가장 적을 터이고?

아데이만토스 분명 그렇습니다.

소크라테스 그렇다면 신이 변하는 것은 스스로가 스스로를 변화시키는 경우이겠네? 이럴 때, 신은 자신을 더 좋게 변화시킬까, 아니면 더 못하게 변화시킬까?

아데이만토스 신이 바뀐다면 더 나쁜 쪽으로 변할 것이 분명합니다. 신은 이미 완벽하게 아름답고 훌륭한 존재이기 때문입니다.

소크라테스 맞아. 그런데 자발적으로 자신을 나쁘게 만든다는 게 있을 수 있나?

아데이만토스 있을 수 없지요.

소크라테스 그렇다면, 신은 자신을 바꾸지 않고 늘 아름답고 훌륭한 자신의 본모습 그대로를 유지하지 않겠나?

아데이만토스 반드시 그럴 것입니다.

소크라테스 그러니 시인이 신에 대해 온갖 모습으로 변한다거나 낯선 모습으로 돌아다닌다거나 하는 식의 고약한 이야기를 하는 일이 없도록 해야만 할 것이네. 그건 아이들을 겁에 질리게 만드는 일이기도 하니까 말이야.

아데이만토스 정말 그런 일은 없어야겠습니다.

소크라테스 그럼 신이 자신을 바꾸지는 않지만 우리를 속이거나 우리에게 환상을 보이는 일은 있을까?

아데이만토스 그럴 것도 같지만 잘은 모르겠군요.

소크라테스 어떠한 신이든 사람이든 정말 거짓을 미워한다는 사실을 자네는 알겠지?

아데이만토스 무슨 말씀이신지요?

소크라테스 세상에 스스로 속으려 하는 사람은 아무도 없지 않겠나? 오히려 무엇인가 거짓이 있다면 이를 두려워하지 않을까?

아데이만토스 아직 이해가 되지 않습니다.

소크라테스 사람들은 속는 것이나 속고도 모르는 것 그리고 스스로 거짓을 말하는 것 모두 싫어한다는 이야기지.

아데이만토스 몹시 싫어하겠지요.

소크라테스 그런데 거짓말이 유익하여 미움을 사지 않는 경우도 있을까? 이를테면 적에게 하는 거짓말이라거나, 또는 친구라 하여도 광기에 빠져 나쁜 짓을 저지르려 하는 것을 막으려는 거짓말, 나아가 설화에서 보이듯이 과거의 일과 관련된 진실을 알지 못하여 허구로써 꾸미는 거짓말 같은 것 말이야.

아데이만토스 그런 경우가 분명 있겠습니다.

소크라테스 그렇다면 그런 경우 가운데 어떠한 거짓말이 신에게 유익할까? 신이 과거의 일을 몰라서 거짓말을 할까? 또는 적이 두려워 거짓말을 할까? 아니면 친근한 이들의 광기 때문에 거짓말을 할까?

아데이만토스 그런 일은 없을 것입니다.

소크라테스 그러니까 신에게는 거짓을 말하는 기질도 없고 그럴 까닭도 없다는 것이네?

아데이만토스 그렇습니다.

소크라테스 그렇다면 이것을 둘째 규범으로 삼아, 이에 맞추어 신들에 관한 이야기를 지어야 한다는 데에 동의하겠는가?

아데이만토스 동의하고말고요.

제3권

2권에 이어 신에 대한 음악 교육이 다룰 내용과 다루지 말아야 할 내용이 더 언급된 뒤, 화법과 체육 교육, 나라를 다스릴 통치자는 누구인지가 뒤이어 언급된다.

소크라테스는 음악 교육에 나약함, 죽음에의 두려움, 비탄, 탐욕 등의 내용이 없도록 검열해야 한다고 주장한다. 수호자가 전쟁에서의 패배보다 죽음을 두려워해서는 안 되기 때문이다. 반면 진실은 중시하며 젊은이들에게 절제와 인내, 그리고 통치자에의 순종을 가르쳐야 한다. 음악에서의 노랫말 즉 이야기를 전하는 말투에는 단순 화법과 모방의 두 방식이 있다. [오늘날의 지문과 대사에 해당.] 모방 방식은 조심스레 사용되어야 한다. 훌륭한 사람의 언행을 모방할 경우에만 허용된다.

예비 수호자를 위한 체육 교육도 마찬가지이다. 정교한 단련을 제공하되 술·음식 등을 절제하도록 가르쳐야 한다. 훌륭한 영혼이 훌륭한 몸을 만든다.

음악 교육과 체육 교육은 애지와 기개를, 부드러움과 강함을 가르치되 양자가 중용과 조화를 이루도록 해야 한다.

이렇게 교육받은 수호자 중 가장 훌륭한 자가 통치자로 선발되는데, 나라를 지키는 일에 가장 지혜롭고 유능하며 최선을 다하는 사람이다. 자발적이든 유혹이나 강제 등에 의해서든 소신을 버리지 않아야 하므로 온갖 시련·시험을 겪게 한 뒤에도 훌륭함과 조화로움을 잃지 않아야 한다.

통치자는 시민에게 대지大地가 그들 어머니로서, 황금·은·구리·쇠를 섞어 그들을 만들었다고 말해야 한다. 거짓말이지만, 시민들이 서로를 형제로 여기고 고국을 어머니처럼 지키도록 애쓰며 자기 본분을 지키게 하기 위해서이다.

수호자들은 시민을 해치지 않아야 하는데, 이를 위해서는 공동생활을 하며 사유私有는 금지되고 무엇이든 공유해야 한다.

공동생활과 공유에 대한 논의는 4권과 5권에 이어진다.

…… 나는 말을 계속 이어갔네. "신을 숭배하고 어버이를 공경하며 서로 우정을 중시해야 할 사람들은 어릴 때부터 신에 관련된 이야기를 가려서 들어야 할 테지. 이제껏 우리가 나눈 논의가 그 규준이 될 것 같네."라고 말이야. 그러자 아데이만토스가 "우리 판단이 옳은 것 같습니다."라고 말했네. 내가 말했지.

소크라테스 그들은 용감해야 할 터인데, 그러려면 어찌해야 할까? 죽음을 두려워하지 않게 만들어야 하지 않을까? 두려움 많은 사람이 용감해질 수 있다고 믿어지는가?

아데이만토스 결코 그리 생각되지 않습니다.

소크라테스 그러면, 저승에 관한 일들이 실제로 있으며, 무서운 일들이라고 믿는 사람이 죽음을 두려워하지 않으리라 생각되는가? 전투에서의 패배나 노예 신세보다 차라리 죽음을 택하리라 생각되는가?

아데이만토스 그럴 리가 없습니다.

소크라테스 그러니 우리는 이런 이야기들을 전해 주는 사람들을 감독해야 할 것이네. 또 저승에 관한 일들을 무섭게 묘사하지 않고 오히려 찬양하도록 요구해야 할 것이네. 그들이 그동안 전해 주었던 것들은 진실도 아니며 장차 수호자가 될 사람들에게 유익하지도 않기 때문이네.

아데이만토스 정말 그래야 합니다.

소크라테스 그러므로 우리는 "혼령의 왕이 되느니 차라리 농노로 살겠소."라든가 "남자다움과 젊음을 남겨둔 채 자기 운명을 비탄하며"라는 따위의 시구詩句들은 지워 버려야 할 것일세. 그리고 호메로스나 다른 시인들에게 이런 시구들을 지워 버린다고 노여워하지는 말도록 간청해야겠지. 그 시구들이 시답지 못해서가 아니라, 죽음보다 노예 신세를 더 두려워해야 할 사람들이 들어서는 안 되기 때문이야.

아데이만토스 전적으로 그렇습니다.

소크라테스 또 "혐오의 강"이라든가 "지하 세계에 사는 자들"이라든가 "말라빠진 송장들"이라는 무서운 이름들도 거부되어야 하네. 우리의 수호자들이 지나치게 조급해지거나 나약해지면 안 되기 때문이네.

아데이만토스 지당하신 말씀입니다.

소크라테스 이제 그런 것들을 지워 버리는 일이 올바른지 올바르지 못한지 생각해 보자고. 그런데 여태껏 우리가 말한 바대로라면, 훌륭한 사람은 훌륭한 동료에게 죽음이 무서운 일은 아니라고 생각할 테지? 그리고 그 동료가 무서운 일을 당한 듯이 통곡하지도 않을 것이고?

아데이만토스 분명 그리하지 않을 것입니다.

소크라테스 그런 훌륭한 사람은 어느 누구보다 자족할 수 있어서 다른 사람들이 덜 필요하겠지?

아데이만토스 정말 그렇습니다.

소크라테스 그럼 자식이나 형제 또는 재화와 같은 것들을 빼앗긴다는 것을 다른 누구보다 덜 두려워할 것이네. 나아가 그런 불행한 사태가 닥쳐도 다른 누구보다 덜 통곡할 테고 말이야.

아데이만토스 충분히 그럴 것입니다.

소크라테스 그렇다면 이름난 남자들의 슬픈 이야기를 가려내 그것을 여인들의 이야기나 못난 남자들 이야기처럼 바꾼다 해도 올바른 일이 되지 않겠나? 이 땅의 수호자가 될 사람들을 교육할 때, 그들이 그러한 일들을 경멸하도록 만들기 위해서라면 말이야.

아데이만토스 옳습니다.

소크라테스 그 까닭에 우리는 또 호메로스 같은 시인들에게 비탄과 통곡의 장면을, 특히 신이 통곡하는 장면을 묘사하지 않도록 부탁해야 하네. 아킬레우스[20]가 "불모의 해안을 따라 산란한 마음으로 헤맸다."라든가, [그 어머니 테티스] 여신이 "아, 가련한 나로구나! 가장 훌륭한 아들을 가진 불행한 어미로구나!"라고 했다는 시구들 말이야.

만일 우리 젊은이들이 이러한 이야기들을 진지하게 듣는다면, 자신이 그런 행위를 하게 될 때도 전혀 부끄럼도 없고 참을성도 없이 애가를 부르며 통곡할 것 아니겠는가?

아데이만토스 지당하신 말씀입니다.

소크라테스 그렇다고 우리 젊은이들이 웃음을 너무 좋아해도 안 되네. 웃음이 헤프면 사람이 변할 가능성이 높아지기 때문이지. 그러니 언급할 가치가 있는 사람들을 웃음에 사로잡힌 것으로 묘사하는 것도 받아들여서는 안 되고 말이야. 신들의 경우 특히 그러하겠지.

아데이만토스 물론입니다.

20) Achilles: 바다의 님프 테티스Thetis의 아들로, 트로이전쟁 때 아가멤논의 군대에서 가장 용감하게 싸운 전사이다. 하지만 그는 약점인 뒤꿈치 즉 아킬레스건에 화살을 맞아 죽음에 이른다.

소크라테스 그렇지만 진실은 반드시 중시되어야 하네. 인간에게 거짓이 유용하다면, 그것은 의사에게나 허용될 뿐이지 일반 사람들에게는 허용되어선 안 되네. 나라의 통치자도 나라의 이익을 위해서 적이나 시민을 향하여 그러는 것은 합당하겠지만 일반인이 통치자를 상대로 거짓말을 한다는 것은 환자가 의사를 상대로 거짓말을 한다거나 선원이 선장에게 거짓말을 하는 것과 마찬가지로 잘못된 것이네. 그런 자는 나라를 뒤엎고 파괴할 그런 관행을 낳을 수 있지.

아데이만토스 지당하신 말씀입니다.

소크라테스 또 우리의 젊은이들에게는 절제[21]가 요구되지 않겠어? 특히 통치자들에게는 순종하되, 주색酒色이나 먹을거리와 관련된 쾌락과 관련해서는 스스로를 다스리는 절제 말이야.

아데이만토스 제가 보기에도 그렇습니다.

소크라테스 그런 만큼 호메로스가 "그들은 지휘관을 두려워하며 묵묵히 따랐다."라고 표현한 것은 훌륭하다고 할 수 있지만, 통솔자에 대해 "이 술독에 빠진 자여,"라고 함부로 표현한 것은 훌륭하다 할 수 없겠지? 절제의 측면에서 본다면 이런 표현은 젊은이들이 듣기에는 부적합한 것으로 보이니 말일세.

아데이만토스 그렇습니다.

소크라테스 그럼 이런 표현은 어떻게 생각하는가? 예컨대 "제일 불쌍한 것은 굶어 죽는 것"이라는 표현이나 제우스가 온갖 궁리를 했는

21) temperance: 소크라테스가 올바름과 관련해 언급하는 3가지 덕목 중 하나로, 생산자에게 요구된다. 통치자에게는 지혜가, 수호자에게는 기개가 요구된다.

데 정욕 때문에 이를 쉽게 잊어버린다는 표현 따위 말이야. 절제해야 하는 젊은이들이 듣기에 적합하다고 생각하는가?

아데이만토스 단연코 적합하지 않다고 여겨집니다.

소크라테스 그렇지만 이름난 사람이 인내를 보이는 경우를 표현한 것은 젊은이들이 보고 들을 만한 것이지. 이를테면 "심장이여, 제발 참아다오. 일찍이 이보다 더 험한 일도 참았거늘."이라는 표현 같은 것 말이야.

아데이만토스 정말 그러합니다.

소크라테스 또한 그들이 뇌물을 받는다거나 재물을 좋아한다는 표현도 내버려 두어서는 안 되겠지? "선물은 신들을 설득하고 존엄한 왕들을 설득하느니."라는 표현 같은 것 말이야. 또 아킬레우스가 아가멤논으로부터 대가를 받고서야 시체를 내어주었다는 표현 같은 것도 그렇고…….

아데이만토스 그런 일들을 칭찬하는 것은 옳지 못한 일입니다.

소크라테스 또 신이 여성을 겁탈하려 했다는 이야기나 신의 아들 또는 영웅들이 불경한 짓을 했다는 이야기들을 우리는 믿지도 말고 시인들에게도 이런 일들은 신이 한 짓이 아니라고 쓰도록 해야 할 것이네. 이런 이야기들은 경건하지도 않고 진실하지도 않기 때문이네.

아데이만토스 물론입니다.

소크라테스 그런 것들은 듣는 사람에게도 해롭다네. 자신이 나쁜 데에 대해서 관대해질 것이기 때문이네. 특히 우리 젊은이들은 사악함에 대해 무신경해질 수도 있을 것이네.

아데이만토스 물론입니다.

논의가 여기까지 진전되었을 때 내가 말했네. "이제 인간에 관한 것을 논해야겠지?"라고 말이야. 이에 아데이만토스가 동의했네. 하지만 나는 당장은 인간에 관한 것을 결정지을 수 없다고 했네. 시인들이 '올바르지 못한 자는 행복하고 올바른 사람은 비참하며 올바르지 못한 짓은 이익이 되는 반면 올바름은 손해가 된다.'고 말할 것인데 우리는 시인들에게 이와 반대되게 쓰라고 지시해야 하니까 말이야. 내 말에 아데이만토스는 옳다고 대꾸했고 나는 "그런 만큼 인간에 관해서는 올바름이 어떻게 이익이 되는지를 알아낸 뒤에야 말할 수 있다."고 했네. 그러자 아데이만토스는 다시 "옳다."고 대답했고, 나는 말을 이어갔네.

소크라테스 이야기 내용에 관해서는 이것으로 끝내자고. 이제는 이야기의 말투에 대해 고찰해야 한다는 생각이 드는군. 그럼 무엇을 말해야 할지에 관한 것과 어떻게 말해야 할지에 관한 것을 모두 고찰하는 셈이지?

아데이만토스 무슨 말씀이신지요.

소크라테스 이야기나 시는 모두 과거와 현재와 미래의 일들을 풀어내는 화법 아니겠어? 그리고 이에는 단순 화법[22]의 방식과 모방[23]의 방식, 그리고 양쪽을 모두 이용한 방식이 있겠지?

22) simple narration: '단순 화법'은 오히려 간접 화법에 해당된다고 하겠다.
23) imitation: 여기서 말하는 '모방'은 직접 화법에 해당된다. '모방'은 예술의 중요한 속성이지만, 소크라테스는 이를 비판한다. 소크라테스에게는 현실의 실물조차 그 원형元型인 이데아idea의 그림자인데, 예술은 그 그림자를 또 모방하니 그림자의 그림자에 지나지 않는다는 것이다. 그리스어로는 'mimesis'.

아데이만토스 아직 잘 이해되지 않는군요.

소크라테스 내가 너무 어렵게 이해시키려 했으니, 내 스스로 어리석은 선생 같다는 걱정이 드는군. 조금씩 나누어 논의해 보자고.

자네는 『일리아스』의 첫 장면 기억나는가? 크리세스[24)]가 아가멤논에게 자기 딸을 놓아 달라고 간청했지만 모욕만 당하자 아카이아인[25)]들에게 재난을 내려 달라고 아폴론 신에게 기원하는 장면 말이야. 이렇게 서술되어 있지.

"그리고 그는 기원했다. 모든 아카이아인들에게……. 특히 병사들의 통솔자인 아트레우스의 두 아들[26)]에게……."

여기서는 시인이 직접 이야기를 하고 있지 않나? 그러나 다음 시구에서는 마치 자신이 크리세스인 것처럼 발언하지. 우리로 하여금 말하는 사람이 호메로스 자신이 아니라 크리세스인 것으로 생각하도록 만들려는 것이네.

트로이에서 있었던 여러 사건들의 기록이나 『오디세이아』의 이야기들도 모두 이런 식이지. 그러니까 이야기는 여러 발언들과 발언들 사이사이의 직접적인 이야기로 구성된다고 할 수 있을 것이네.

아데이만토스 그렇습니다.

소크라테스 그런데 시인이 자신을 숨기지 않고 이야기를 하면 이는 모방이 없는 단순 화법이라고 할 수 있네. 반면에 발언들 사이사이

24) Chryses: 트로이 사람. 트로이전쟁 초기, 아가멤논은 전리품으로 그의 딸을 얻어 첩으로 삼는다.

25) Achaea: 기원전 16세기 이전에 그리스를 침략한 종족. 이후 그리스인을 아카이아인이라고도 했다. 여기서는 아가멤논의 휘하 장병들을 뜻함.

26) two sons of Atreus: 아가멤논과 메넬라오스를 말한다.

에 있는 시인의 말을 모두 빼면 대화들만 남을 테고, 이는 앞의 것과 반대로 모두 모방으로만 이루어지는 이야기라고 할 수 있을 것이네.

아데이만토스 아, 알겠습니다. 모방한 것으로만 된 비극과 같은 것을 말씀하시는군요?

소크라테스 옳게 이해했군. 이렇듯 비극이니 희극이니 하는 것들은 모두 모방으로 이루어진 것이고, 시가詩歌는 시인 자신의 단순 화법으로 이루어진 것이네. 또 서사시 같은 것은 양쪽을 모두 이용한 것이고 말이야.

하지만 내가 말하고 싶은 것은 우리가 시인에게 어느 정도 모방할 수 있도록 허용할 것인지, 그리고 어떤 내용을 모방할 수 있도록 허용할 것인지 논의하고 합의해야 한다는 것이지.

아데이만토스 선생님께서는 비극이나 희극을 받아들여야 하는지 그렇지 않은지를 생각하고 계시는 것 같습니다.

소크라테스 그렇기는 하네만, 그 이상일세. 어쩌면 내 스스로도 그 이상은 잘 모르겠네. 논의가 자연스레 흘러가도록 맡겨 보기로 하자고.

아데이만토스 좋은 말씀입니다.

소크라테스 아데이만토스, 그럼 이런 것을 생각해 보면 어떨까? 우리의 수호자들이 모방에 능숙한 사람이 되어야 하는지 아니면 그리 되어서는 안 되는지를 말이야. 앞서 이야기한 바 있지만, 개개인은 하나의 일만을 훌륭하게 수행할 수 있지 여러 가지 일을 수행하려다가는 오히려 더 그르칠 수 있다고 했는데, 모방의 문제도 마찬가지 아닐까?

아데이만토스 왜 안 그렇겠습니까?

소크라테스 그렇다면 어떤 사람이 여러 가지를 모방하려 할 때는 한 가지를 모방할 때처럼 훌륭하게 할 수는 없겠군? 마찬가지로 언급할 가치가 있는 일들 가운데 어느 하나를 수행하면서 모방도 능숙하게 한다는 것 자체도 불가능한 일일 테고?

아데이만토스 진실입니다.

소크라테스 그렇다면 한 사람이 가수도 되고 배우도 된다는 것도 불가능하며, 희극 배우가 되면서 동시에 비극 배우가 된다는 것도 불가능하겠네?

아데이만토스 더할 수 없는 진실입니다.

소크라테스 그러니 다른 모든 전문 기술을 포기하고 오직 나라의 일꾼으로만 일해야 할 우리의 수호자들이라면 그 일 이외의 다른 어떤 것에도 매달리거나 모방해서는 안 될 것이네. 혹시 모방을 한다면 용감하고 절제 있고 경건하며 자유로운 사람만을 모방할 것이지 비굴한 짓이나 창피스런 짓을 모방해서는 안 될 것이네.

아데이만토스 말할 나위도 없습니다.

소크라테스 논의를 좀 정리하자면, 이야기 전개방식과 이야기의 말투를 놓고 볼 때 훌륭한 사람이 함직한 스스로 말하는 방식과 그 반대되는 사람이 함직한 의존적인 방식이 있다고 할 수 있겠군?

아데이만토스 구체적으로 그것은 어떤 것들입니까?

소크라테스 절도 있는 사람이라면 훌륭한 사람의 말투나 행동을 모방할 뿐 아니라 이런 모방을 부끄러워하지는 않을 것으로 여겨지네. 물론 그 훌륭한 사람이 질병이나 사랑 등으로 좌절하는 모습을 보인다면 소극적으로 모방하겠지만 말이야. 반면, 그는 자신보다 못한 사람의 말투나 행동은 모방하려 하지 않을 것이네. 그런 모방을 창피해 하거나 못마땅하게 여기거나 경멸하겠지. 아무튼 그가 이야기를 한다 할 때 모방하는 부분은 많지 않을 것이 분명하네.

혹시 내가 무의미한 말을 하고 있는 것인가?

아데이만토스 천만의 말씀입니다.

소크라테스 절도가 없고 비천한 사람은 어떨까? 그는 온갖 것들을 이야기하면서 모든 것을 진지하게 모방하려 하겠지. 심지어 천둥소리라든가 도르래 소리 같은 시끄러운 소리나 악기 소리와 새소리까지 말이야. 이런 사람의 이야기는 모방이 대부분이며 스스로 이야기하는 부분은 조금일 것이야.

이것들이 내가 말하는 두 종류의 이야기 말투네. 그리고 이 이야기에 리듬을 붙인다면, 옳게 이야기하는 사람은 거의 한 가지 리듬만 사용할 것이야. 같은 말투에 변화가 작으니까 말이야. 하지만 이와 반대되는 사람은 거의 모든 화음과 리듬을 사용할 것이네.

아데이만토스 그렇게 되겠군요.

소크라테스 그렇다면 나라를 수립하는 우리로서는 양자 가운데 어느 한쪽을 받아들여야만 할까? 아니면 모두를 받아들여야 할까, 그것도 아니면 혼합된 것을 받아들여야만 할까?

아데이만토스 저라면 훌륭한 사람을 모방하는 쪽을 받아들일 것입니다.

소크라테스 그렇겠지. 하지만 아데이만토스, 그 반대쪽이 실은 더 즐거운 것 아니겠나?

아데이만토스 그렇겠지요.

소크라테스 그렇지만 이런 유형은 우리나라에는 어울리지 않는다 할 수 있겠지? 혹시 온갖 것들을 다 모방할 수 있는 재주꾼이 우리나라에 와서 자기 작품을 자랑하면, 우리는 그에게 우리나라에는 당신 같은 사람이 없어야 합당하다고 말해준 뒤 그를 다른 나라로 추방해야 할 것이야. 우리가 만일 시인이나 이야기 작가를 채용한다면, 그는 우리에게 훌륭한 사람의 말투를 모방하도록 해야 할 것이네. 물론 그 기준은 우리가 앞서 논의했던 규범들이어야 하겠고.

아데이만토스 그래야겠지요.

이로써 우리는 음악 속의 이야기나 신화에 관한 논의를 끝맺었다고 할 수 있었네. 나는 "이제는 음악과 서정시의 양식에 관해 논의해야겠지만, 이미 할 말은 다하지 않았는가."고 물었네. 그러자 글라우콘이 웃으며 말하더군. "소크라테스 선생님, 저는 좀 생각이 다릅니다. 우리가 할 말이 무엇인지조차 잘 모르겠군요."라고 말이야. 그래서 내가 말했네.

소크라테스 자네도 충분히 말할 수 있을 것이야. 노래가 노랫말과 화음과 리듬으로 이루어진다는 것 정도는 자네도 알지 않는가?

글라우콘 그렇지요.

소크라테스 먼저 노랫말을 놓고 말하자면, 우리가 앞서 논의한 규범은 이 노랫말에도 적용되어야 한다고 할 수 있겠지? 화음과 리듬은 또한 노랫말을 따라야 하고. 그런데 우리의 이야기에는 비탄이나 한탄이 결코 필요 없다고 하지 않았는가?

글라우콘 필요 없고말고요.

소크라테스 자네는 음악에 밝으니, 비탄조의 화음이라든가 유약함이나 주연에 맞는 화음이 어떤 것들인지 알고 있을 것이야. 그러한 것들이 전사들을 위해 사용될 수 있겠어?

글라우콘 그래서는 결코 안 되겠습니다. 하지만 다른 화음을 더 살펴볼 여지는 있지 않겠습니까?

소크라테스 나는 화음에 대해 잘 모르네. 하지만 용감한 사람의 어조와 억양이라든가 자신의 불운을 꿋꿋하게 막아 내는 사람의 어조와 억양을 적절하게 모방하는 화음은 남겨 둘 필요가 있겠지. 누군가에게 무언가를 요구할 때 기도하듯 겸손하며 절제 있게 행동하는 사람의 어조와 억양을 모방하는 화음 또한 남겨 두는 것이 좋겠고.

글라우콘 제가 말씀드린 것이 바로 그런 것들입니다.

소크라테스 그렇군. 그런 만큼 우리가 말하는 노래와 서정시에 모든 화음을 연주할 악기가 필요한 것은 아니겠지?

글라우콘 필요하지 않을 듯합니다.

소크라테스 이제 리듬에 대해 논의해 보자고. 우리는 복잡 미묘한 리듬이나 온갖 종류의 운율을 추구할 것이 아니라 예절 바르고 용감한 삶을 나타내는 리듬이 무엇인지 알아보는 것이 좋을 것 같네. 그런 뒤, 그들 리듬이 그런 삶을 사는 사람의 노랫말을 따르도록 해야 할 것이네. 그 리듬들에 대해서는 자네가 말해 보게.

글라우콘 저는 그런 말씀을 드릴 정도는 아닙니다. 다만, 리듬이 조성되는 방식에 세 가지가 있다는 말씀을 드릴 수는 있겠습니다. 그러면서도 어떤 리듬이 어떤 삶을 모방하는 것인지는 저도 모르겠습니다.

소크라테스 이에 대해 우리는 음악 이론가 다몬[27]과 상의할 수 있겠지. 비굴함이나 오만함 같은 나쁜 상태에 적절한 운율은 무엇이며 이와 반대되는 것에 적합한 것은 어떤 리듬인지에 대해 말이야. 그러니 자세한 것은 그에게 맡기기로 하세. 다만, 자네는 우아함과 품위 없음이 좋은 리듬과 나쁜 리듬을 따른다는 것쯤은 구별할 수 있겠지?

글라우콘 그거야 왜 못하겠습니까?

소크라테스 그런데 좋은 리듬과 나쁜 리듬은 좋은 말투와 나쁜 말투를 닮고 그것을 따르지 않겠나? 화음과 불협화음도 마찬가지로 말투를 닮을 것이고…… 그것은 우리의 원칙에 의해서 리듬과 화음이 노랫말을 따르지 노랫말이 리듬과 화음을 따르지는 않기 때문이네.

글라우콘 왜 안 그렇겠습니까?

소크라테스 그리고 또한 이런 노랫말과 말투는 다시 영혼의 성품을 따르지 않을까?

글라우콘 그렇습니다.

소크라테스 그러니까 말투의 아름다움과 화음과 우아함과 좋은 리듬은 좋은 성품을 따른다고 할 수 있는 거군? 물론 이때의 좋은 성품이란 어리석음을 완곡하게 표현할 때의 순진함이 아니라 진정

---

27) Damon: 기원전 5세기 무렵의 음악 이론가.

훌륭한 성품을 말하는 것일 테고? 또 그런 만큼 젊은이들은 어떤 경우에든 이런 것들을 추구해야겠지?

글라우콘 마땅히 그리해야 합니다.

소크라테스 그런데 이런 우아함이나 품위 없음은 이 세상 도처에 있지 않겠나? 그림과 같은 기예를 비롯한 직조기술과 자수와 건축술과 각종 장식물 제작기술에도 있고 인체의 구조를 비롯한 모든 생물의 구조에도 있다네. 품위 없음과 나쁜 리듬과 부조화는 나쁜 말씨와 나쁜 성격을 닮은 반면, 그 반대의 것들은 절제 있고 좋은 성격을 닮고 모방한 것이라네.

글라우콘 전적으로 그러합니다.

소크라테스 그렇다면 우리는 시인들만 감시하여 그들에게 좋은 성품의 이미지만을 그리도록 강요하는 데서 그치지 않고 다른 장인들도 감시를 하여 어떠한 제작물에도 나쁜 성품이나 무절제함이나 비굴함 등을 새겨 넣지 못하도록 해야 하지 않을까? 우리의 수호자들이 나쁜 이미지들에 싸여 양육됨으로써 자신들도 모르는 사이에 나쁜 마음을 길러 나가지 않도록 하는 한편 아름다운 작품들을 접하게 됨으로써 어린 시절부터 아름다운 말을 닮고 이에 친근해지도록 하려면 말일세.

글라우콘 그리하는 게 더 낫겠습니다.

소크라테스 그러니 글라우콘, 음악 교육이 중요한 것은 다음 같은 까닭이 있어서라고 할 수 있지 않겠나? 즉 리듬과 화음은 마음의 내면 깊숙이 젖어 들어, 옳게 교육 받은 사람은 우아한 사람으로 만들며 그렇지 못한 사람은 그 반대로 만든다는 이유 말이야. 또 음악 교육을 제대로 받은 사람이라면 좋지 못한 것들을 잘 알아채서 이를 싫어하는 반면 좋은 것들은 칭송하면서 마음속에 받아들임으로써 훌륭한 사람으로 성장한다는 이유도 있겠지. 나아가, 논거는 없어도 어려서부터 추한 것들을 미워했던 사람인 경우, 음악 교육을 받음으로써 그 논거를 알게 되어 기뻐할 것이라는 이유도 있고 말이야.

글라우콘 저도 그런 이유 때문에 음악 교육이 있다고 여겨집니다.

소크라테스 우리가 글의 이치를 깨닫게 되는 것은 글의 형식을 간과하지 않으면서도 내용을 파악하려고 많은 노력을 기울이기 때문인데 음악 교육도 이와 같다고 할 수 있다네.

글라우콘 맞습니다.

소크라테스 문자가 표현해 내는 이미지들이 물이나 거울에 비쳐 보여도 우리가 문자를 모른다면 그것을 알 수 없게 되고 그것을 알아내는 일은 전문 지식에 속하는 것이 되겠지. 수호자가 되는 교육을 받아야 하는 사람이 음악에 밝은 사람, 교양 있는 사람이 되는 과정도 이와 같다네. 절제와 용기와 자유로움과 고매함 따위의 것들이나 또는 그 반대되는 것들이 어디에서 나타나고 어디에 담겨 있는가를 깨달아야 한다는 것이지.

글라우콘 반드시 그러해야겠지요.

소크라테스 그런데 어떤 사람의 영혼과 외모에 훌륭한 성품이 깃들어 있다면, 그것은 이를 바라보는 사람에게 가장 아름다운 광경 아니겠나? 그리고 가장 아름다운 것은 가장 사랑스런 것이겠고? 그리고 음악에 밝은 사람은 바로 이런 사람을 사랑하지 않겠나? 반면에 조화롭지 못한 사람을 사랑할 리는 없고 말이야.

글라우콘 영혼에 결함이 있다면 사랑할 리 없겠지만, 그 결함이 신체적인 것이라면 이를 참거나 반기지 않겠습니까?

소크라테스 그렇겠지. 그렇기에 자네처럼 총애하는 소년을 두는 경우도 생길 터이고. 이에 대해 나도 동의하는 바이네. 하지만 내 질문에 대답해 주게. 지나친 쾌락이 절제와 어울릴 수 있는지 말이야.

글라우콘 어떻게 그럴 수 있겠습니까? 그것은 고통만큼이나 사람을 얼빠지게 만들지 않겠습니까?

소크라테스 그렇겠지? 그렇다면 훌륭함과는 어울릴 수 있을까?

글라우콘 그럴 리 없습니다.

소크라테스 오만함이나 무절제함과는?

글라우콘 무엇보다도 더 잘 어울릴 것입니다.

소크라테스 성적 쾌락보다 더 크고 민감한 쾌락이 있을 수 있을까?

글라우콘 그것보다 광적인 것은 없습니다.

소크라테스 그러나 올바른 사랑은 본디 질서 있고 아름다운 것에 대해 절제 있고 교양 있게 사랑하는 것이겠지?

글라우콘 그야 물론입니다.

소크라테스 그러니까 올바른 사랑에 어떤 광적인 것이나 무절제함을 갖다 붙일 수 없겠지? 쾌락 또한 마찬가지이고. 그리하여 사랑하는 사람과 사랑을 받는 소년 사이도 올바른 사랑이 되려면 이런 쾌락이 관여되어서는 안 될 것이네.

글라우콘 소크라테스 선생님, 결코 그래서는 안 됩니다.

소크라테스 지금 우리는 나라의 수립에 관해 논의하고 있지 않은가? 자네라면 다음과 같은 법을 세울 것도 같네. 즉 소년을 사랑하는 사람이 상대를 마치 자식 대하듯 선의로 대하고 어루만져 주지만 사귐이 그 이상으로 진행되는 일은 결코 없어야 한다는 법을 말일세. 만일 그리하지 못하면 그 사람은 교양이 없고 아름다움beauty이나 훌륭함에 대해 무지하다는 비난을 받을 것이기 때문이지.

글라우콘 그럴 것입니다.

여기서 나는 음악에 관한 우리의 논의가 끝맺음을 한 것 같지 않느냐고 글라우콘에게 물었네. 그것이 아름다움을 향한 사랑에 대한 이야기로 마무리되었으니, 그것이면 적절하다는 것이 내 생각이었지. 이에 글라우콘이 동의를 하더군. 그리하여 우리는 다음 논의로 넘어갔다네. 바로 체육 교육에 관한 논의였네. 내가 말했네.

소크라테스 젊은이들은 음악 다음에 체육 교육을 받아야 하네.

글라우콘 물론입니다.

소크라테스 그런데 체육 교육도 어릴 적부터 올바르게 받아야 하네. 내 생각에, 건강한 몸이 훌륭하다 해서 마음을 훌륭하게 만드는 것이 아니라 오히려 훌륭한 마음이 몸을 훌륭하게 만들어 주는 것 같은데, 자네 생각은 어떤가?

글라우콘 제가 보기에도 그렇습니다.

소크라테스 그렇다면 마음을 충분히 살펴본 뒤에 몸과 관련된 것들을 자세히 살펴보는 게 논의도 짧게 되며 올바르기도 한 방식이 아닐까?

글라우콘 물론입니다.

소크라테스 수호자들은 술을 삼가야 한다고 우리는 말했었지. 술에 취해 자신이 어디에 있는지도 모르는 일은 수호자에게 허용될 수 없으니 말이야.

글라우콘 수호자에게 다른 수호자가 필요하다면 우스운 일일 테지요.

소크라테스 음식과 관련해서 생각해 보자고. 이들은 가장 큰 시합의 선수라 할 수 있을 것이야. 그렇다면 이들은 훈련 중의 선수 습성이 적합할까?

글라우콘 아마 그럴 것입니다.

소크라테스 하지만 그것은 일종의 졸음 상태의 습성으로서, 건강과 관련해서 불안한 것이네. 선수들이 틈만 나면 졸고 정해진 일과에서 조금만 벗어나도 큰 병을 앓는다는 것을 자네는 알고 있는가?

글라우콘 알고 있습니다.

소크라테스 그러니 전사들에게는 한결 정교한 단련이 필요하네. 이들은 잠이 적어야 하고 예리하게 보고 들으며 전투에 임했을 때는 물과 음식과 태양열이나 혹한 따위의 잦은 변화에도 건강을 유지해야 하니 말이야.

글라우콘 제가 보기에도 그렇습니다.

소크라테스 그러니 최선의 체육은 우리가 좀 전에 다루었던 음악과 유사하지 않겠나?

글라우콘 무슨 말씀이신지요?

소크라테스 호메로스한테서도 그런 것들을 배울 수 있다는 것이지. 이를테면 그는 원정에 나선 영웅들이 생선이나 삶은 고기 대신 구운 고기만 먹는 것으로 묘사했지. 군인들은 불을 이용할 수는 있지만 그릇은 가지고 다닐 수 없기 때문이네. 그는 또 양념에 대해 언급한 적이 없는데, 몸이 좋은 상태가 되려면 양념과 같은 것을 삼가야 하기 때문이지.

글라우콘 그렇습니다. 아무튼 삼간다는 것은 옳은 일입니다.

소크라테스 그렇다면 자네는 복잡하고 호화로운 요리도 칭찬하지 않을 테고, 신체적으로 좋은 상태에 있고자 하는 남자가 매춘부를 친구로 삼는 것도 비난할 터이며, 온갖 다양한 맛좋은 과자도 비난할 테지?

글라우콘 당연합니다.

소크라테스 이처럼 식사와 일상생활을 화음과 리듬으로 만들어진 노래에 비유하는 것은 제대로 된 비유라고 나는 생각하는데…….

글라우콘 왜 그렇지 않겠습니까?

소크라테스 그렇다면 다양성은 음악과 관련해서 마음에 무절제를 낳고 체육과 관련해서는 몸에 병을 낳지만, 단순성은 마음에 절제를 낳고 몸에 건강을 낳겠군?

글라우콘 말할 나위도 없이 진실입니다.

소크라테스 무절제와 질병이 나라에 넘쳐날 때 법정과 의원이 성황을 이룰 것이고 또 자유민조차 열을 올리면 법정 변론술과 의술이 자못 진지한 체하겠지? 의사와 재판관이 그렇게나 필요하다는 것은 나쁘고 부끄러운 교육의 증거라고 충분히 말할 수 있지 않을까? 스스로 해결할 수 없어서 재판관이 정해 주는 것을 올바름으로 삼으니 부끄러운 일이자 교양 없음의 증거가 아니겠는가?

글라우콘 무엇보다도 부끄러운 일이지요.

소크라테스 하지만 자네 생각은 어떤가? 그보다 한결 더 부끄러운 일은 법정에서 피고나 원고 노릇하며 삶을 허비하는 일을 자랑스럽게 여기는 것이 아닐까? 아름다움이나 훌륭함에 대한 무지 탓이지. 자신을 위해서는 재판관이 필요 없는 인생을 확보하는 것이 더 아름답고 훌륭한 일인데 말이야.

글라우콘 그러네요. 앞의 경우보다 훨씬 더 부끄러운 일입니다.

소크라테스 상처나 계절병 때문이 아니라 게으름이나 생활방식 때문에 복부팽만이나 고창鼓脹 같은 병에 걸려 의술이 필요해진다면 이 또한 부끄러운 일이 아닐까?

글라우콘 정말 그렇습니다.

소크라테스 평생 병을 앓고 치료 받으며 살 만큼 한가로운 사람은 아무도 없다네. 잘 다스려지는 나라에서는 각자에게 어떤 기능이 부여되어 있어서 그는 그것을 이행해야 하는 만큼, 병을 앓는다는 것은 사치라는 말이지. 어떤 목수가 병에 걸렸다고 해보자고. 그는 의사에게 약을 받아 복용하거나 수술을 받아 병을 고치려 하겠지.

글라우콘 그렇겠지요.

소크라테스 이렇듯 어떤 기능을 가진 사람이 일을 하지 못하게 되면 이롭지 못하겠지? 하지만 부자에게는 그런 기능 같은 정해진 일이 없기 때문에 삶을 방해할 것이 아무것도 없다고들 한단 말이야.

글라우콘 사람들이 그리 말하는 것은 사실입니다.

소크라테스 아니야. 이미 생계가 확보된 사람은 훌륭함을 수련해야 한다고 한 포킬리데스[28]의 말을 자네는 듣지 못했나 보군.

글라우콘 훌륭함은 그 전부터 수련해야 한다는 게 제 생각입니다.

소크라테스 그것을 놓고 그와 다투지는 말자고. 다만 부자가 훌륭함을 수련해야 하는지, 훌륭함을 수련하지 않는 자에게 삶이 살 만한 것이 못 되는지, 병 조리가 목수일이나 다른 기능에 전념하지 못하도록 방해하는지 등등에 대해 우리 스스로 배우도록 하자고.

글라우콘 그래야지요. 체육에 관한 규정 이상으로 지나치게 몸을 보살피는 것은 기능 수행에 지장이 되기 쉽습니다. 가정을 경영할 때나 출정했을 때나 나라 일을 돌볼 때, 그것은 성가신 일이 되기 때문입니다.

소크라테스 그렇기는 하네. 하지만 가장 중요한 것은 그것이 온갖 공부나 고찰이나 자기 수련을 힘들게 만든다는 점이네. 늘 머리의 통증이나 현기증을 의심하게 만들거나, 그것이 '지혜에 대한 사랑'[29] 탓이라고 함으로써 훌륭함을 수련하는 데에 방해가 된다네.

글라우콘 정말 그럴 것 같습니다.

소크라테스 그러니 우리는 다음 같이 말해야 하지 않을까? 아스클레피오스[30]도 이런 것을 알고 있어서, 일상생활에서는 건강해도 특정 부위에 병이 있는 사람은 약과 수술로 병을 고침으로써 나라 일을 망치는 일이 없도록 했지만, 평소에도 속속들이 병든 사람은 치료를 해봐야 자신을 위해서나 나라를 위해서나 유익하지 않으므로 이들을 치료해서는 안 되는 것으로 생각했다고 말이야.

---

28) Phokylides: 기원전 6세기 무렵의 밀레토스 출신 서정시인.

29) philosophia: 'philo(사랑하다)'와 'sophia(지혜)'의 합성어. 이 용어는 프로타고라스가 처음 사용했으나 의미가 '지혜에 대한 사랑愛知'으로 굳어진 것은 소크라테스와 플라톤 때이다.

30) Asclepius: 그리스신화에서 의학과 치료의 신. 죽은 사람을 치료해서 살려낼 만큼 뛰어난 의술을 지녔으나, 인간을 불멸의 존재로 만들까 우려한 제우스의 노여움을 사 벼락을 맞아 죽음에 이른다. 오늘날 의학을 상징하는 지팡이를 '아스클레피오스의 지팡이'라 한다.

글라우콘 선생님께서는 아스클레피오스를 정치가로 생각하시는군요?

소크라테스 사실이 그러니까! 그리고 그가 그런 사람이다 보니 그의 아들들도 트로이전쟁 때 훌륭하게 의술을 펼쳤다네. 이를테면 메넬라오스가 상처를 입자 약을 뿌리는 것 이외에는 아무 조치도 하지 않았네. 평소에 건강하고 규칙적인 사람이라 약으로 충분히 치료할 수 있기 때문이지. 반면, 선천적으로 병약하고 무절제한 사람을 위해서는 의술을 펼치지 않는 법이네.

글라우콘 아주 똑똑한 아들들이었군요.

소크라테스 맞는 말이네. 하지만 비극 시인들이나 핀다로스 같은 시인은 우리와 의견이 다르다네. 그들은 아스클레피오스가 아폴론의 아들이기는 하지만, 이미 사경을 헤매던 부자를 황금에 설복당해 치료해 준 일이 있다고 말하고 있지.

글라우콘 하지만 소크라테스 선생님, 우리가 세우려는 이 나라에는 훌륭한 의사가 필요 없을까요? 그들은 건강한 사람이든 병약한 사람이든 가장 많이 다루어 본 사람일 텐데요. 재판관들도 마찬가지입니다.

소크라테스 물론 나도 훌륭한 사람들을 놓고 말하는 것이네. 내가 어떤 사람들을 놓고 훌륭하다고 말하는 것 같은가? 먼저 의사들을 보자고. 그들이 가장 능숙하게 되는 것은 어릴 적부터 의술을 배우면서 심한 환자를 엄청 많이 접한 데에다 자신도 온갖 질환을 앓았거나 허약했을 경우네. 의사는 건강한 몸으로 병든 몸을 치료하는 게 아니거든. 그랬다면 의사의 몸이 나빠져서는 안 되겠지. 하지만 의사는 마음으로써 몸을 치료하기 때문에 마음이 나빠서는 치료가 불가능하지.

글라우콘 옳은 말씀입니다.

소크라테스 그러나 재판관은 다르다네. 그는 마음으로써 마음을 다스리네. 그가 어릴 적부터 온갖 못된 마음들 속에서 자라고 잘못된 짓들을 스스로 저지르기도 했다면 남의 잘못된 짓들을 날카롭게 판단할 수 없다네. 오히려 마음이 훌륭하고 올바르며 건전하게 판단하려면 그 자신 그런 체험도 없고 또한 그런 것들로 더럽혀지지 말아야 하네. 훌륭한 사람이 젊어서는 순진해 보이고 잘 속기도 하지만, 이는 그 안에 못된 사람과 공감할 수 있는 틀이 없기 때문이라네.

글라우콘 그들이 그런 상태에 있다는 것은 아주 명백합니다.

소크라테스 또 이런 까닭에 훌륭한 재판관은 젊은 사람이 아닌 나이 든 사람이어야 하네. 올바르지 못함을 늦게야 배우게 되기 때문이지. 또 자신의 영혼에 올바르지 못함이 친숙해져 있는 것이 아니라 낯선 영혼들 속에 있는 그 낯선 것이 어떻게 나쁜지를 오랜 노력을 통해 알게 되며, 자신의 경험을 이용하는 것이 아니라 지식을 이용하기 때문이네.

글라우콘 그 모습이 재판관의 이상理想일 것 같습니다.

소크라테스 아무튼 자네가 물어본 그 사람은 훌륭한 사람이라 할 수 있네. 훌륭한 영혼을 지녔기 때문이지. 반면, 약삭빠른 사람은 자신과 닮은 사람들과 사귀면서 조심하다 보니 영리해 보이지. 그러나 그가 훌륭하고 나이 든 사람들과 접하게 되면 그는 어리석어 보인다네. 그는 의심이 많아 건전한 성격을 알아보지 못하는데,

자신의 영혼 속에 그런 성격의 틀이 없기 때문이지.

글라우콘 전적으로 진실한 말씀입니다.

소크라테스 그러므로 훌륭하고 현명한 재판관으로는 이런 사람보다는 앞서의 사람이 적합하네. 나쁨은 훌륭함도 나쁨 자체도 알지 못하지만, 훌륭함은 교육만 받는다면 훌륭함 자체뿐 아니라 나쁨에 대해서도 알게 될 터이기 때문이네.

글라우콘 저도 생각이 같습니다.

소크라테스 우리가 수립하려는 나라에서 자네라면 의술에 관해 다음 같이 입법하지 않을까? 이를테면 신체적으로나 정신적으로 알맞은 성향의 사람들은 돌보되 신체적으로나 정신적으로 그렇지 못한 사람은 죽음에 이르도록 내버려 두라고 말이야.

글라우콘 아무튼 그런 처지에 있는 당사자들을 위해서나 나라를 위해서나 그것이 최선이겠군요.

소크라테스 그렇지만 이 나라의 젊은이들은 재판관 제도가 필요하지 않도록 조심할 것이 분명하네. 그들은 우리가 말한 바의 절제를 낳는 음악을 이용하기 때문이네.

글라우콘 물론입니다.

소크라테스 그렇다면 음악 교육을 받은 사람은 같은 성향의 체육 교육을 받음으로써 의술이 거의 필요 없게 되지 않을까?

글라우콘 그렇게 생각되는군요.

소크라테스 하지만 그가 열심히 하는 것은 다른 운동선수들과 달리 힘을 위해서가 아니라 자신의 천성인 기개를 일깨우기 위해서일 것이네.

글라우콘 지당하신 말씀입니다.

소크라테스 그렇다면 글라우콘, 음악과 체육을 교육하도록 제도화하되 체육으로 몸을 보살피고 음악으로 마음을 보살피기 위한 것은 아니겠군?

글라우콘 그러면 무엇 때문인가요?

소크라테스 양쪽 모두 마음을 위해서 제도화하는 것이 아닐까?

글라우콘 어째서 그렇지요?

소크라테스 평생 체육만 접하고 음악은 접하지 못한 사람의 마음 상태는 어떨 거라고 자네는 생각하나? 또 그 반대의 경우는?

글라우콘 무슨 말씀이신지요?

소크라테스 사나움과 거칠음, 그리고 반대인 부드러움과 온순함에 관한 것이네.

글라우콘 저도 그런 생각은 했었습니다. 순전히 체육만 해온 사람은 필요 이상으로 사나워지는 반면, 음악만 해온 사람은 또한 지나치게 부드러워진다는 말씀이시군요.

소크라테스 그렇다네. 더구나 사나움은 기개라는 천성으로부터 나오는 것인데 이것이 옳게 교육된다면 용감해지게 되겠지만, 필요 이상으로 조장되면 경직되고 거칠어지지 않겠는가?

글라우콘 그렇게 생각되는군요.

소크라테스 그럼 온순함은 어떨까? 그것은 지혜를 사랑하는 성향이 아니겠는가? 그것이 너무 느슨해지면 필요 이상으로 부드러워지지만, 훌륭하게 양육되면 온순하고 단정하게 되겠지?

글라우콘 그렇겠지요.

소크라테스 그런데 수호자들은 이들 양면을 모두 지니고 있어야겠지? 그리고 그럴 경우 양면은 서로 조화를 이루어야 할 것이고? 양면이 조화를 이룬 사람의 영혼은 절도가 있고 용감한 반면, 그것들이 조화를 이루지 못한 사람의 영혼은 비겁하고도 사나울 테고?

글라우콘 물론 그럴 것입니다.

소크라테스 어떤 사람이 스스로를 음악에 내맡기고는 달콤하거나 비탄조의 화음으로 이루어진 노래를 평생 흥얼거린다고 쳐 보세. 그가 만일 기개를 지닌 사람이라면, 처음에는 쓸모없이 단단하던 그의 성향은 차츰 부드러워져 갈수록 쓸모 있는 것이 되어 갈 것이네. 하지만 그가 계속해서 노래에 홀려 있다면 그의 기개는 녹아 흐물흐물해져 마침내 나약한 창병이 되어 버릴 것이야. 그가 기개가 없는 사람이라면 그러한 과정은 더 빨리 진행되어, 사소한 일로도 대뜸 격해지기도 하고 불만도 많아질 것이네.

글라우콘 바로 그렇습니다.

소크라테스 그러나 이와 달리, 어떤 사람이 체육에는 힘을 쏟고 먹기도 잘 하지만 음악과 철학에는 무관심하다고 해 보세. 그는 처음에는 신체적으로 좋은 상태가 되고 기개로 충만해져 본디보다 용감해질 것이네. 그런데 그가 다른 건 아무것도 하지 않고 또한 무사[31] 여신들과도 전혀 사귀지 않는다면, 그는 그런 면에서 무디어지며 눈멀어지지 않겠는가? 이런 사람은 논의를 싫어하고 음악을 모르

31) mousa: 음악의 아홉 여신. '뮤즈'라고도 한다. 그 기원은 불확실하고 이름도 구분되지 않았지만, 헤시오도스가 처음 이름을 붙여 구분했다. 헤시오도스에 따르면, 뮤즈는 음악뿐 아니라 학문과도 관련이 있다. 뮤즈들의 어머니는 기억의 신 므네모시네Mnemosyne이고 아버지는 제우스이다.

는 사람이 되겠지? 그리하여 설득보다는 힘과 사나움에 의존하면서 무지와 졸렬함 속에서 살아갈 것 같네.

글라우콘 전적으로 그렇습니다.

소크라테스 신이 음악과 체육이라는 교과목을 인간에게 주었다면, 바로 이 두 가지 즉 기개의 측면과 지혜를 사랑하는 측면을 위한 것이라고 말할 수 있지 않을까? 영혼과 육신을 위해서라기보다는 기개와 애지의 조화를 위해서라고 말이야.

글라우콘 정말 그런 것 같습니다.

소크라테스 그렇다면 음악과 체육을 가장 훌륭하게 혼합시켜 이를 영혼에 제공해 주는 사람이야말로 가장 조화로운 사람이라고 할 수 있겠군?

글라우콘 정말 그렇습니다, 소크라테스 선생님.

소크라테스 그러면 글라우콘, 우리가 수립하려는 이 나라도 그 체제를 보존하려면 이러한 감독자가 필요하지 않을까?

글라우콘 물론 그런 사람이 반드시 필요할 것입니다.

소크라테스 이것들이 교육과 양육의 규범이라 하겠네.

이 논의에 이어 나는 "다음으로 우리가 결정해야 할 것은 무엇일까?"라면서 "이들 수호자 가운데 누가 다스리고 누가 다스림을 받을 것인가 하는 문제가 아닐까?" 하고 질문했네. 이에 글라우콘은 "물론입니다."라고 대답했고 내가 말을 이어갔네.

소크라테스 통치자들은 연장자들이어야 하며, 다스림을 받는 사람들은 연소자들이어야 하겠지? 통치자들은 그 가운데에서도 가장 훌륭한 사람들이어야 하겠고?

글라우콘 분명 그러합니다.

소크라테스 그렇다면 농부들 가운데 가장 훌륭한 사람은 농사에 가장 능숙한 사람이듯이, 통치자들은 수호자들 가운데 가장 훌륭한 사람 즉 나라를 가장 잘 지키는 사람이어야 되지 않을까? 다시 말해 그들은 이 문제에 있어서 슬기롭고 유능한 사람이며, 나라에 대해 마음 쓰는 사람들이어야겠지?

글라우콘 그렇습니다.

소크라테스 그렇다면 수호자들 가운데 그러한 사람들을 선발해야 하겠지. 이들은 나라에 유익하다 생각되는 것이면 열의를 다해 수행하려고 하는 반면에 그렇지 못한 것이면 할 생각이 전혀 없는 사람들이라네.

글라우콘 정말 그들이야말로 적격입니다.

소크라테스 우리는 이들이 나라를 위해 최선의 것들을 해야겠다는 소신을 잊거나 내팽개치는 일이 없는지 지켜보아야 될 것이네. 무엇엔가 유혹을 당해서 또는 강제에 의해 그런 일이 생겨날 수 있으니 말이네.

글라우콘 그렇군요.

소크라테스 이런 까닭에 나라를 위해 무엇인가 할 일을 해야 한다는 소신을 가장 훌륭하게 지킬 수호자가 누구인지 우리는 찾아야 할 것이네. 그리고는 그들로 하여금 그 소신을 쉽게 잊거나 쉽게 속아 넘어갈 일들을 어릴 적부터 하도록 하는 상황을 만든 뒤 그들을 지켜보아야 할 것이네. 그래서 소신을 명심하여 좀처럼 속지 않는 사람을 뽑아 들이고 그렇지 못한 사람은 제외시켜야만 하네. 안 그런가?

글라우콘 그렇습니다.

소크라테스 우리는 또 그들에게 온갖 힘든 일과 고통을 겪도록 한 뒤 그들을 지켜보아야 할 것이네. 경합도 시켜 보고 말이야. 젊은 그들에게 공포와 환락 속에 빠져 보도록 시험하는 것이지. 그래서 누군가가 좀처럼 유혹에 빠지지 않고 의젓하며, 자신과 스스로 배운 음악의 훌륭한 수호자로 보이며, 단정하고 조화로운 모습을 잃지 않는다면, 그야말로 자신을 위해서나 나라를 위해서 가장 유용한 사람일 것일세. 이렇듯 시험을 거치면서도 더럽혀지지 않은 것으로 판명된 사람을 우리는 나라의 통치자나 수호자로 임명해야 한다네.

글라우콘, 여태껏 논의한 것이 통치자와 수호자의 선출 및 임명 방법이라 생각되네.

글라우콘 제가 보기에도 그런 것 같습니다.

소크라테스 이들이야말로 외부의 적에 대해서나 내부의 동료들에 대해서나 완벽한 수호자라 할 수 있겠네. 이들은 외부의 적들이든 내부의 동료들이든 나라를 해칠 엄두도 내지 못하게 하겠지. 하지만 이 젊은이들은 통치자의 신념을 위한 보조자나 협력자라 하는 것이 적절하지 않겠나?

글라우콘 그렇게 생각되는군요.

소크라테스 그렇다면 이제 필요한 경우 한 가지 훌륭한 거짓말을 함으로써 통치자들이나 적어도 시민들을 곧이듣도록 할 방도가 있을 수 있을까?

글라우콘 어떤 것을 말씀하시는지요?

소크라테스 먼저 통치자들과 수호자들을, 그런 뒤에 시민들을 설득해야 할 내용이라네. 그것은 그들이 땅 속에서 만들어지고 양육됐으며, 그들의 어머니인 대지大地가 그들을 지상에 올려 보냈다는 이야기이고. 그래서 누군가가 그들의 고장을 공격해 오면, 그들이 마치 어머니를 위하듯 자기네 고장을 위해, 그리고 마치 같은 흙에서 태어난 형제들을 위하듯 시민들을 위해 적을 막아 내도록 설득하려는 것이지. 우리는 이들에게 이렇게 이야기해 줄 거라네.

"이 나라의 여러분은 모두 형제입니다. 신이 여러분을 만들면서, 여러분 가운데 다스림의 기능을 수행할 사람에게는 태어날 때 황금을 섞고 보조자들에게는 은을 섞었습니다. 한편 농부나 다른 장인들에게는 쇠와 구리를 섞었습니다. 여러분은 대개 자신을 닮은 자손을 낳겠지만, 때로는 황금의 자손한테서 은의 자손이 태어날 수도 있고 은의 자손한테서 황금의 자손이 태어날 수도 있습니다. 이 까닭에 신은 통치자에게 무엇보다도 자기네 자손의 성분을 지켜보라고 지시를 하면서, 자손의 성향에 적합한 지위를 주라고 하였습니다. 쇠나 청동의 성분을 지닌 수호자가 나라를 지키게 되면 나라가 멸망하리라는 신탁의 말씀이 있기 때문입니다."라고 말이야.

그러니 이런 이야기를 그들이 곧이듣도록 만들 방안이 자네에게는 좀 없을까?

글라우콘 이 사람들 자신에게 곧이듣도록 할 방안은 없을 듯합니다. 다만 그 후손들에게라면 혹 방안이 있지 않겠습니까?

소크라테스 그렇겠군. 아무튼 우리는 흙에서 태어난 자들을 무장시켜 통치자들의 지도를 받도록 하여야 할 것이네.

이제 이들이 주둔하기 가장 좋은 곳은 어딜까? 이를테면 내국인이 국법을 어길 경우 이들을 잘 통제할 수 있는 반면 외적의 침입도 막아 낼 수 있는 거점 말이야. 이들이 이 거점에 주둔하게 되면 먼저 신들에게 제물을 바친 뒤 스스로 숙영 막사를 짓도록 해야겠지?

글라우콘 그렇게 해야지요.

소크라테스 그런데 양치기 목동들을 보자고. 그들에게 가장 두렵고도 창피한 일은 양 떼를 지키는 보조자인 개들이 무절제나 굶주림 또는 다른 나쁜 버릇으로 인해 양들을 해치려 들 때 아니겠는가? 마찬가지로, 우리의 보조자들이 시민들에게 그런 짓을 하지 못하도록, 그리고 사나운 주인들을 닮는 일이 없도록 갖은 방법을 다 동원해 감시해야 하지 않을까?

글라우콘 감시해야만 합니다.

소크라테스 그리고 이들이 자신들끼리는 물론 이들의 보호를 받는 사람들에 대해 온순한 성품을 갖추려면, 이들은 바른 교육을 받아야 할 것이네. 이들의 거처나 다른 자산 또한 그들로 하여금 가장 훌륭한 수호자이기를 그만두게 만들거나 다른 시민들을 해코지하도록 유발하는 그러한 것이 되어서는 안 될 것이네.

글라우콘 옳은 말씀입니다.

소크라테스 그러기 위해서 이들이 삼가야 할 삶의 방식이나 거주생활은 어떤 것인지 살펴보기로 하자고.

첫째, 그들은 꼭 필요한 경우 아니면 어떠한 사유재산도 가져서는 안 되며, 아무나 출입할 수 없는 집이나 곳간을 갖고 있어서도 안 될 것이네. 생활필수품은 필요한 정도만을 시민들로부터 보수로서 받아야 할 것이야. 또한 이들은 야영하는 군인들처럼 공동으로 생활을 해야 한다네. 나아가 이들은 세속적인 금은이 전혀 필요하지 않으며 금은을 다루거나 만지지 말아야 하며 금은을 몸에 걸쳐도 안 된다네. 이렇게 함으로써 이들은 자신도 구하고 나라도 구할 수 있지만, 그렇지 않고 이들이 땅과 집과 돈을 소유하게 되면 이들은 수호자가 되지 못하고 시민에 대해 협력자가 아닌 적대적인 주인이 될 것이야. 그리 되면 그들은 결국 음모를 꾸미기도 하고 음모의 대상이 되기도 하며, 외부의 적보다 내부의 적을 더 무서워하게 될 것이네. 그리하여 다른 시민들도 파멸을 향해 달려갈 것이고.

그러므로 우리는 수호자들의 거처나 그 밖의 것들과 관련해서 이렇게 법제화해야 하지 않겠는가?

글라우콘 물론입니다.

제4권

3권에 이어, 수호자가 사유를 금지당하면 불행해지지 않겠느냐는 아데이만토스의 질문에 소크라테스는 국가 수립의 목적, 나라의 올바름, 개인 영혼의 세 가지 성향, 올바름 자체, 올바르지 못함, 좋은 정치체제 따위에 대한 견해를 펼친다.

국가는 한 집단의 행복이 아닌 "시민 전체의 최대한 행복"을 추구한다. 이를 위해 수호자도 자신의 행복보다 나라 전체의 행복을 위해 수호자다운 일꾼이 되어야 한다. 다른 일꾼들도 마찬가지이다. 이것이 바로 나라의 올바름이다.

올바름의 첫째 덕목은 지혜이다. 지혜는 분별과 앎이 있음을 말하며, 나랏일을 숙의하는 통치자에게 필요하다. 또 용기는 전쟁을 치르는 수호자에게 필요하다. 용기는 법과 교육을 통해 생긴 소신所信을 지키는 것이다. 절제는 화음 같은 일종의 질서이자 욕망의 억제이다. 모두에게 필요한 덕목이다.

올바름은 이들 덕목을 생기게 만들고 보전시켜 주는 힘인 동시에 각 덕목이 제 역할을 하는 좋은 상태, 다시 말해 "제 것을 소유하고 제 일을 하는 것"이다.

개인에게도 나라와 똑같은 성향·덕목이 있다. 이성은 지혜를 낳고 기개는 용기를 낳으며 욕구에는 절제가 필요하다. 이 세 가지 성향은 독립되어 작동한다. 동일한 것이 상반되는 일을 동시에 할 수 없기 때문이다. 예컨대 욕구의 절제는 욕구와는 다른 이성이 작동된 것이다.

올바름이란 바로 이들 각 성향이 제 역할을 하는 것이며, 이들 성향이 서로 간섭하거나 모반을 하면 혼란과 무절제가 초래되어 올바르지 못한 상태가 된다.

소크라테스는 끝으로 올바르지 못한 상태에 대해 언급한다. 다섯 가지 정치체제와 다섯 유형의 영혼이 있는데, 좋은 정치체제로 군주 정치체제와 귀족 정치체제가 있다. 이들은 하나로 친다.

그러나 나머지는 8권에서 이어서 하게 된다.

.... 이때 아데이만토스가 물었네. 사람들이 "선생님은 그 사람들을 행복하게 만들지 않습니다. 그들은 나라를 위해 좋은 일 하면서도 혜택 입는 것이 아무것도 없습니다. 남들은 농토와 아름답고 큰 집을 갖고 있으며, 신들에게는 제물을 바치고 손님들을 환대할 뿐 아니라, 금은도 소유하고 있습니다."라고 물을 때 뭐라 변명할 것이냐는 말이었네. 그는 또 이렇게도 말했네.

아데이만토스 그들은 마치 용병들처럼 파수꾼 노릇만 하는 사람에 지나지 않는 것으로 보인다는 말이 나올 법도 합니다.

소크라테스 당연하네. 이들은 여느 용병들처럼 끼니를 메울 것 이외의 보수는 받는 것이 없어서 여행도 못하고 사랑하는 이에게 선물을 줄 수도 없으며 행복을 위해 이러저러한 데에 돈을 쓰는 것도 불가능하다네. 그 밖에도 비난거리는 많겠지. 그러니까 자네는 우리가 어떻게 변명할지 궁금하겠군?

아데이만토스 그렇습니다.

소크라테스 우리는 다음과 같이 말하겠지.

"우리가 나라를 수립한다 할 때 가장 유념해야 할 것은 어느 한 집단이 행복하게 되도록 하는 것이 아니라 시민 전체가 최대한 행복해지도록 하는 것입니다. 올바름은 그런 나라에서 가장 잘 찾아볼 수 있는 반면, 나쁘게 경영되는 나라에서는 올바르지 못함만 보게 될 터이니 말입니다."라고 말이야.

다시 말해 행복한 나라란 소수의 사람들만 행복하게 만드는 나라가 아니라 온 나라를 행복하게 만드는 나라라고 하겠네.

우리가 사람 조각상에 색칠을 하는데 누군가가 와서 "왜 가장 아름다운 부위에 가장 아름다운 물감을 칠하지 않느냐?"고 우리를 나무란다고 가정해 보자고. 가장 아름다운 부위인 눈을 왜 보라색으로 칠하지 않고 검정으로 칠하느냐는 식이지. 이럴 경우, 우리는 이렇게 변명하는 것이 적절하다고 여겨진다네.

"눈을 아름답게 칠해야 한다고 해서 눈이 눈답지 않아 보이게 그려서는 안 되지 않겠습니까? 그러기보다는 각 부분에 알맞은 색을 칠함으로써 전체를 아름답게 만드는가 여부가 중요하겠지요. 마찬가지로 수호자를 전혀 딴판으로 만들 그런 행복을 수호자에게 부여하라고 강요하지는 마십시오. 그리한다면 나라는 이루어질 수 없을 것이기 때문입니다. 법률과 나라를 수호할 사람들이 거짓된 사람들이라면, 이들은 나라를 송두리째 파멸시킬 것입니다. 나라를 잘 경영하고 행복하게 만들 수 있는 사람들도 결국은 이들 수호자뿐임을 당신도 알겠지요."라고 말이야.

우리는 여태껏 나라에 조금도 해를 끼치지 않을 진짜 수호자들에 대해 논의해 왔네. 앞에서처럼 비난을 하는 사람이 나라를 수립하는 일에 농부를 내세운다면, 그것은 나라가 아닌 다른 무엇인가를 수립하는 것일 뿐이지. 우리가 수호자들을 임명할 때 유념해야 할 것은 수호자들이 자신에게 행복을 가져다주도록 할지, 아니면 나라 전체에 행복을 가져다줄지를 지켜보면서 이들 보조자와 수호자들이 자신의 기능을 수행할 때 가장 훌륭한 일꾼이 되도록 만들고 설득하는 일이네. 그리고 이들뿐 아니라 다른 모든 사람들도 그리 되도록 만들고 설득함으로써, 나라 전체가 강대해지고 훌륭하게 기반이 잡힐 것이네.

아데이만토스 선생님께서 훌륭한 말씀을 하시는 것으로 여겨집니다.

소크라테스 이와 관련하여 더 말해도 되겠군, 그렇지?

아데이만토스 어떤 것을 말씀하시는지요?

소크라테스 부와 빈곤의 문제라네. 이를테면 도공이 부유해져도 자기 기술에 여전히 마음을 쓸 것 같은가? 아니면 이전보다 게으르고 무관심해질까?

아데이만토스 마음은 쓰지 않고 더 게을러질 것이 분명합니다.

소크라테스 이번엔 거꾸로 그가 가난해진다면, 자기 기술에 필요한 도구 같은 것들을 마련할 수 없고 그리하여 제품을 더 볼품없게 만들며 자신이 가르치는 다른 사람들도 한결 뒤떨어진 장인들로 기르지 않겠나?

아데이만토스 왜 그렇지 않겠습니까?

소크라테스 바로 이 두 가지 즉 부와 빈곤 때문에 기술의 산물도 나빠지고 장인들 자신도 나빠진다네.

아데이만토스 그러겠군요.

소크라테스 이렇듯 수호자들 또한 부와 빈곤 때문에 나빠지지 않도록 감시해야 할 것이네. 부는 사치와 게으름과 변혁을 초래하고, 빈곤은 변혁도 가져오지만 노예 근성을 낳고 기량을 떨어뜨리기 때문이지.

아데이만토스 정말 그렇습니다. 하지만 소크라테스 선생님, 우리의 이

나라가 빈곤할 경우, 크고 부유한 나라를 상대로 해서는 어떻게 싸울 수 있겠습니까?

소크라테스 한 나라와 싸울 때는 힘겹겠지만, 그러한 나라가 둘이라면 오히려 싸우기가 한결 쉬워질 것이 분명하네.

아데이만토스 무슨 말씀이신지요?

소크라테스 그 경우, 우리의 수호자들은 전사戰士가 되어 부자들과 싸우는 형국이 되지 않겠나? 최선으로 훈련받은 선수가 권투를 하는데 상대방은 선수가 아닌 부유하고 살찐 사람 둘이면 싸우기가 쉽지 않을까?

아데이만토스 두 사람을 상대로 하는데, 쉬운 일이겠습니까?

소크라테스 한 사람씩 상대로 하여 치고 빠지는 수법을 쓴다면 어떨까? 더구나 땡볕 아래에서라면? 최선의 선수는 그런 사람들 여럿이라도 제압할 수 있지 않을까? 우리의 전사들도 마찬가지고 말이야.

아데이만토스 듣고 보니 그럴 수도 있겠습니다.

소크라테스 또 어느 한 나라에 사절을 보내 "우리에게는 금은도 없고 금은 사용 자체도 불법입니다. 그러니 우리와 한편이 되어 싸우고, 상대편의 것들을 가지십시오."라고 말한다고 해 보세. 그럴 때, 그 나라는 개처럼 튼튼하고 강한 우리와 한편이 되어 양처럼 살찌고 연약한 그들 나라와 싸우지 않고 우리를 상대로 싸우려 할까?

아데이만토스 그리하지는 않겠지요. 하지만 상대편 나라의 재화가 그 '한 나라'에 몰려들면 그 나라는 부유하지 못한 우리에게 위험이 되지 않겠는지요?

아데이만토스의 이 말에 나는 그에게 "우리가 수립하려던 나라 이외의 나라를 '한 나라'라 부를 가치가 있겠느냐?"고 물었네. 다른 나라들은 더 커다란 이름 즉 '수많은 나라'로 불려야 한다는 말이었지. 이들 나라 가운데 어느 한쪽의 재물과 세력과 인력을 다른 쪽에 넘겨준다면 동맹군은 늘어나고 적은 줄어들 것이며, 반면 우리의 나라를 절제 있게 경영하면 이 나라는 진실로 가장 강대한 나라가 된다는 것이 내 생각이었네. 나라의 방위를 위해 싸우는 사람의 수가 1천 명뿐이라도 말이야. 그래서 이 논의는 자연스레 나라의 크기에 관한 논의로 넘어갔네. 내가 말했지.

소크라테스 이것은 우리 통치자들에게 가장 훌륭한 기준이 된다고 보네. 즉 나라의 규모를 어느 정도로 해야 하는지 일러주고, 영토의 크기는 규모에 맞추어 경계를 긋되 다른 땅에 대해서는 상관하지 않도록 해주는 기준 말이야.

아데이만토스 그 기준이라는 것이 무엇인지요?

소크라테스 나라를 키운다고 해도 어느 한도는 넘기지 않고 그 이상으로는 키우지 말라는 기준이지. 나라를 하나로 머물러 있게 하기 위해서라네. 그래서 수호자들에게 나라를 크게도, 작게도 만들지 말고 충분하면서도 하나인 것이 되도록 수호하라고 지시해야 한다네.

아데이만토스 훌륭한 말씀입니다. 수호자들에게는 좀 가벼운 지시가 되리라 여겨집니다.

소크라테스 그렇다네. 하지만 더 가벼운 지시가 있으니, 그것은 앞서 말한 바 있듯이 수호자들한테서 좀 부족한 자손이 생길 경우 그를 다른 사람들 사이로 보내야 하는 반면 다른 집단 사람들한테서 우수한 자손이 생긴다면 그를 수호자들 사이로 보내야 한다는 바로 그것이지. 그러나 이 속에 담긴 본뜻은 모든 시민이 저마다 타고난 성향에 따라 한 가지 기능에 맞게 배치되어야 한다는 것이네. 이를 통해 각자는 여러 사람이 아니라 한 사람처럼 되고 나라 전체 또한 '한 나라'로 되는 것이라네.

누구나 그리 생각할 수 있듯이 이런 지시 사항은 모두 가벼운 것들이라네. 크고 충분한 하나를 지키는 것에 비하면 말이야.

아데이만토스 그게 무엇인가요?

소크라테스 교육과 양육이라네. 훌륭한 교육을 받으면 절도 있는 사람이 되어 모든 것을 쉽게 파악할 것이기 때문이네. 그 밖에 아내의 소유나 혼인과 출산의 문제 등을 말이야.

아데이만토스 정말 그렇겠습니다.

소크라테스 그뿐 아니라, 나라의 정치체제는 출발이 좋으면 선순환을 이루며 성장할 것이네. 양육과 교육이 건전하게 유지됨으로써 훌륭한 성향이 생겨나고, 이들 훌륭한 성향의 사람은 다시 건전한 교육을 통해 선배들보다 나은 사람으로 자랄 것이기 때문이지.

아데이만토스 정말 그럴 것 같습니다.

소크라테스 그러고 보니, 수호자들은 음악을 지키기 위해 위병소를 지어야 할 것 같군?

아데이만토스 예, 가락이나 법의 위반은 모르는 사이에 행해져 성격과 관행을 슬그머니 바꾸지만, 갈수록 법률과 나라의 정치체제에도 영향을 미쳐 마침내는 모든 것을 뒤집기에 이를 것이기 때문입니다.

소크라테스 그렇다면 아이들의 놀이도 법을 따르는 것이 되어야 하겠군? 그 놀이 자체가 위법적이고 아이들도 그렇다면, 준법적인 사람들이 자라난다는 것은 불가능할 터이니 말이야. 거꾸로 아이들이 놀이를 할 때 음악을 통해 훌륭한 법질서를 받아들이게 된다면 앞의 경우와는 반대로 모든 면에서 훌륭한 법질서가 배양될 것이고 말이야.

아데이만토스 참으로 진실한 말씀입니다.

소크라테스 이들은 조상들이 망쳐 놓은 자질구레한 관습들도 모두 찾아낼 것이네. 이를테면 연소자가 연장자들 앞에서 행하는 침묵과 자리 양보를 비롯한 전반적인 몸가짐에 관한 것들 말이야. 하지만 이것들을 입법화한다는 것은 어리석은 일이지. 좋은 것은 스스로 좋은 것들을 끌어들여 더 커다란 무엇인가를 만들어 내리라 생각하기 때문이지.

아데이만토스 합당한 말씀입니다.

소크라테스 그러면 시장 상거래에 관한 자세한 규칙들은 어쩌면 좋을까? 실제로 시장조례나 치안조례, 항만조례 따위가 있을 텐데, 이런 것들을 입법화할 필요가 있을까?

아데이만토스 훌륭한 사람들에게는 그러한 것들을 지시할 필요는 없겠지요. 스스로 잘 해결해 갈 터이니 말입니다. 그렇지 않다면, 사람들은 그런 조례들을 제정하고 개정하는 일에 평생을 보낼 것입니다.

소크라테스 이들이 마치 병이 들었는데도 나쁜 일상생활에서 벗어나지 않으려는 사람들인 것처럼 말하는군, 자네. 어떤가? 이런 사람들한테 가장 미운 사람은 술이나 음식이나 쾌락이나 나태함을 버리기 전에는 약이든 수술이든 아무 소용이 없다고 말해 주는 사람일 테니 재미난 일 아닌가?

아데이만토스 재미난 일은 전혀 아니지요. 좋은 말을 해 주는 사람에게 화를 낸다는 것은 호감을 살 수 없는 일일 테니까요.

소크라테스 그럼 자네는 그렇듯 화를 내는 사람들을 칭찬할 리가 없겠군.

아데이만토스 결코 그럴 리 없습니다.

소크라테스 그렇다면, 나라 전체가 그리할 경우에도 자네는 칭찬을 하지 않겠군? 이를테면 나라가 나쁘게 다스려져 시민들이 정치질서를 바꾸려 할 때 이를 엄금하는 경우 말이지.

아데이만토스 어떤 경우든 저는 칭찬할 리가 없습니다.

소크라테스 그러면 이런 나라들을 보살피고자 애를 쓰는 사람들의 용기는 자네가 칭송하지 않겠나?

아데이만토스 칭송해야지요. 다만 그들에게 속아서 그리하는 사람이나 남들이 칭찬한다고 따라서 칭찬하는 사람들은 예외입니다.

소크라테스 자네는 그런 사람을 이해할 수 없겠나? 이런 사람은 계약상의 협잡이라든가 여러 타락상들을 법으로 막을 수 있다고 생각한다네. 그런 타락상들은 히드라hydra의 머리처럼 잘라 내고 또 잘라 내도 끊임없이 새로 생겨난다는 것을 모르고 하는 꼴이지.

아데이만토스 정말 그렇습니다.

소크라테스 그래서 나는 나쁘게 다스려지는 나라에서든 훌륭하게 다스려지는 나라에서든 참된 입법가가 그리 수고를 할 필요가 없다는 생각이라네. 나쁘게 다스려지는 나라에서는 입법이 소용없는 반면, 훌륭하게 다스려지는 나라에서는 누구나 그런 법을 찾아낼 수 있을 뿐 아니라 관행들이 이미 있기 때문이지.

아데이만토스 그렇다면 이제 입법에 관해 더 논의할 것이 무엇일까요?

소크라테스 우리로서는 아무것도 없지만, 델피[32)]의 신 아폴론이 보기에는 가장 중요하고도 으뜸가는 것들이 남아 있겠지.

아데이만토스 그것이 무엇인가요?

소크라테스 신전의 건립과 제물, 신이나 수호신 또는 영웅에 대한 섬김에 관한 것들이 있네. 또 죽은 자의 매장에 관한 것이나 죽은 자에 대한 봉사와 관련된 것들이 있겠지. 하지만 이런 것들은 우리가 알지도 못하거니와 전통적인 해설자가 있으니 그를 따르면 될 것이네.

아데이만토스 훌륭하신 말씀입니다.

나는 아리스톤의 아들에게 "나라 수립에 관한 논의는 웬만큼 된 것 같다."면서 이제 그의 아우 글라우콘과 폴레마르코스를 비롯한 여러 사람의 도움을 받아 어디에 올바름과 올바르지 못함이 존재하는지, 둘은 서로 어떻게 다른지, 앞으로 행복하게 되려면 어느 것을 지녀야 하는지에 대해 살펴보라고 제의했네. 그러자 글라우콘이 나서서 "올바름에 대해 선생님께서는 몸소 찾으시기로 약속하셨지 않습니까?"라면서 나를 재촉했네. 나는 "사실을 상기시켜 주었네. 물론 그래야지. 하지만 여러분도 합세해야겠습니다."라면서 말을 이어갔네.

32) Delphi: 델포이Delphoi의 옛말로, 신탁信託이 이루어지던 곳이다.

소크라테스 우리의 이 나라가 올바르게 수립되었다면, 이 나라는 완벽하게 훌륭한 나라일 것이라고 생각한다네. 그것은 이 나라가 분명 지혜롭고 용기 있으며 절도 있고 또 올바르다는 것을 뜻하겠지.

글라우콘 분명 그러합니다.

소크라테스 내 생각에 바로 위에서 말한 지혜와 용기와 절제와 올바름 네 가지 가운데 이 나라에서 명백하게 첫째가는 것은 지혜인 것 같네. 그런데 지혜와 관련해서 무엇인가 이상한 것이 있는 듯하네.

글라우콘 그것이 무엇인가요?

소크라테스 이 나라가 지혜롭다는 것은 이 나라가 분별 있다는 뜻 아니겠는가? 그런데 분별이라는 것은 일종의 앎knowledge이라 할 수 있겠지. 사람들이 분별이 있게 되는 것은 무지가 아니라 앎 때문이니 말이야.

글라우콘 그 또한 분명합니다.

소크라테스 그런데 이 나라가 지혜롭고 분별 있는 나라로 불리는 까닭은 무엇일까? 목수의 지식이나 청동에 관한 지식 또는 토지 생산물에 대한 지식 때문일까?

글라우콘 결코 그렇지 않습니다.

소크라테스 그럼 이 나라 전체와 관련된 여러 방안들을 심사숙고하여 결정해 주는 그런 지식을 지닌 사람들이 시민들 가운데 있을까?

글라우콘 물론 있습니다. 그 지식은 나라를 수호하는 기능으로, 앞서 우리가 완벽한 수호자들로 불렀던 그 통치자들이 바로 그런 지식을 지니고 있는 것이지요.

소크라테스 그러니까 이 나라 전체가 지혜로울 수 있는 것은 이들 지도자와 통치자들의 지식 덕분이겠군? 무엇보다도 모든 지식 가운데 유일하게 지혜로 불릴 수 있는 바로 그런 지식과 어울리는 것도 이들일 것이고 말이야.

글라우콘 더없이 진실한 말씀입니다.

소크라테스 그러고 보니, 우리는 앞서 말한 4가지 가운데 하나인 지혜를 찾아냈고 그것이 어디에 자리 잡고 있는지도 찾아낸 셈이네. 어떤 방법으로 찾아냈는지, 내 자신도 얼떨떨하지만 말이야.

글라우콘 제가 보기에도 만족스럽게 찾아낸 것 같습니다.

소크라테스 그렇지만 용기의 본성에 관해서 알아보기란 그리 힘든 일이 아니네. 용기 그 자체와 그것이 이 나라 어느 부분에 있는지 그리고 그 덕분에 이 나라가 어떻게 용기 있는 나라로 불리는지에 관한 것 말이야.

글라우콘 어떻게 해서 그렇습니까?

소크라테스 나라를 위해 전쟁을 치르고 군인으로 복무하는 부분 말고 어떤 부분을 보고 이 나라를 비겁한 나라라느니 또는 용감한 나라라느니 하겠는가?

글라우콘 달리 뭐가 있겠습니까?

소크라테스 이렇듯 여느 시민 말고 어떤 하나의 부분이 이 나라의 용기 있는 성격을 좌우한다고 하는 이유가 또 있다네. 그것은 이 부분이 진정으로 두려워해야 할 것들에 대한 소신을 늘 보전하게 해주는 능력이 있다는 점 때문이라네. 이때 두려워해야 할 것들이란 입법자가 교육을 통해 지시한 것들을 말하지.

글라우콘 선생님, 무슨 말씀인지 잘 이해되지 않는군요.

소크라테스 내가 말하는 용기는 보전을 뜻한다네. 법에 의한 교육을 통해 두려워해야 할 것이 무엇인지, 그리고 이와 관련해 생긴 소신을 유지하는 것 말이야. 또 이때 유지란 고통과 즐거움 또는 욕망과 공포, 그 어떤 경우에도 이 소신을 버리지 않는 것을 말하네. 예를 들어 볼까?

글라우콘 그래 주시지요.

소크라테스 우리가 군인들을 선발해 음악과 체육을 교육시킬 때, 우리는 이들이 법률을 최대한 받아들이도록 최선을 다해 노력하지. 이렇게 하는 것은 적절한 성향을 지닌 이들이 적절한 교육을 받은 덕분에 강한 쾌락과 고통과 공포와 욕망으로도 이들을 탈색시키지 못하도록 하기 위해서라네. 두려워해야 할 것과 그렇지 않은 것들에 관한 소신을 계속 유지하는 것 또는 그런 능력을 용기라고 보는 것이지.

글라우콘 선생님께서는 바르기는 하지만 교육을 통하지 않고 생긴 것은 전혀 지속적일 수도 없고 이를 용기라고 부를 수도 없다고 생각하시는 것 같습니다.

소크라테스 바로 그렇다네.

글라우콘 저는 그것도 용기라고 생각합니다만…….

소크라테스 그것은 '시민적 용기'라고 하는 것이 옳을 것이야.

나는 용기와 관련해 더 다룰 수 있겠지만, 여기서는 올바름을 찾고 있던 터이니 용기에 관한 논의는 충분하지 않느냐고 글라우콘에게 말해 주었다네. 글라우콘도 이에 동의했기에, 나는 말을 이어갔지. 지혜와 용기 다음으로 찾아볼 것으로서 절제에 관한 것이었네. 그다음으로는 우리가 최종적으로 찾아보아야 할 올바름에 관한 것을 논의해야겠지만 말이야.

소크라테스 우리가 어떻게 하면 올바름을 찾을 수 있을까? 그렇게 되면 절제와 관련된 논의를 절약할 수 있지 않을까?

글라우콘 저는 올바름을 잘 알지도 못하지만, 그것을 먼저 밝히는 것도 바라지 않습니다. 선생님께서는 올바름보다 절제를 먼저 고찰해 주시기를 바랍니다.

소크라테스 실은 나도 그랬으면 했다네.

글라우콘 말씀해 주십시오.

소크라테스 절제는 지혜나 용기보다 화음에 더 가깝다고 할 수 있겠네. 절제란 일종의 질서이며 쾌락과 욕망의 억제이기 때문이지. 절제를 두고 "자기 자신을 이긴다."고 표현하지 않던가?

글라우콘 확실히 그렇습니다.

소크라테스 그런데 "자기 자신을 이긴다."는 표현은 좀 우습지 않나? 이기든 지든 결국 동일인일 터이니 말이야. 그러니 이 표현은 달리 해석하여야 할 것 같네. 즉 마음속에 한결 나은 것과 한결 못한 것이 있을 때, 한결 나은 것이 한결 못한 부분을 제압할 때 "자기 자신을 이긴다."라고 표현한다고 말이야. 아무튼 이럴 경우 우리는 이를 칭찬하지. 반면 나쁜 교육 등의 결과 그 반대의 경우가 될 때 우리는 이를 "자기 자신에게 진" 무절제한 것이라면서 꾸짖게 된다네.

글라우콘 정말 그런 것 같습니다.

소크라테스 나라 안에도 마찬가지로 한결 나은 것이나 한결 못한 것이 있는데, 어떤 분야에서 한결 나은 부분이 한결 못한 부분을 지배한다면 이를 가리켜 절제 있다고 하지 않겠는가?

글라우콘 선생님 말씀이 맞습니다.

소크라테스 그런데 아이들이나 여인들 또는 하인이나 그밖에 수많은 미천한 사람들에게서는 온갖 욕구와 쾌락과 고통을 찾아볼 수 있을 것이네. 반면 지성과 바른 소신에 의해 이끌어지는 단순하며 절도 있는 욕구는 성향도 훌륭하고 교육도 훌륭하게 받은 사람들에게서 찾아볼 수 있을 것이고.

글라우콘 옳으신 말씀입니다.

소크라테스 그리고 우리가 수립하려는 나라 안에도 이런 것들이 있다는 것을, 즉 다수의 미천한 사람들의 욕구가 소수의 한결 더 훌륭한 사람들의 욕구와 지혜에 의해 제압당한다는 것을 자네는 볼 수 있겠지?

글라우콘 물론 볼 수 있습니다.

소크라테스 그렇다면, 이 나라도 쾌락과 욕구를 이겨내고 자기 자신을 이기는 나라, 즉 절제 있는 나라라 불러도 마땅하겠군?

글라우콘 물론입니다.

소크라테스 나아가, 이 나라에서는 또 누가 나라를 다스려야 할지에 대해서도 다스리는 자들과 다스림 받는 자들 사이에 합의가 이루어져 있다고 생각되지 않는가?

글라우콘 물론 그렇다고 봅니다.

소크라테스 그렇다면, 절제는 다스리는 자들에게 있을까, 아니면 다스림을 받는 자들에게 있을까?

글라우콘 양쪽 모두에게 있을 것 같습니다.

소크라테스 그러니 절제란 일종의 화음을 닮았다고 한 말은 적절한 것이라 할 수 있겠군?

글라우콘 왜 그런가요?

소크라테스 용기나 지혜는 나라의 어느 한 부분에만 있어도 나라 전체를 용기나 지혜가 있는 나라로 만들지만, 절제는 가장 약한 소리를 내는 사람과 가장 강한 소리를 내는 사람 그리고 중간 소리를 내는 사람들이 같은 노래를 합창해서 내는 화음과 같다네.

글라우콘 동의합니다.

소크라테스 우리는 여태껏 이 나라에서 지혜와 용기와 절제를 모두 관찰했네. 그러면 이제 이 나라를 훌륭한 상태로 만드는 나머지 하나는 무엇이겠는가? 그것은 올바름이 될 것이 분명하네.

글라우콘 분명합니다.

소크라테스 그러면 글라우콘, 사냥감이 달아나지 않도록 주의하는 사냥꾼처럼 우리도 올바름이 빠져 달아나지 않도록 주의해야 하지 않겠나? 그 올바름이 이 나라 어딘가에 있는 게 분명하니 말이야. 그러니 잘 살펴보면서 열의를 갖고 이를 찾아보세.

글라우콘 선생님께서 앞장서 주십시오.

나는 글라우콘에게 "이곳은 어둠침침해서 무언가를 찾기 힘든 곳."이라 하면서도 앞으로 나아가자고 제안했네. 그러나 나는 곧 올바름의 발자국을 찾은 듯했고 이를 글라우콘에게 말해 주었네. 그는 "반가운 말씀"이라고 했지만, 나는 우리의 상태가 바보스럽다고 했네. 올바름이 오래전부터 우리 발 앞에 있는데도 이를 목격하지 못하고 엉뚱하게 먼 데서 찾고 있었기 때문이지. 글라우콘은 듣고 싶어 안달이었네. 내가 말했네.

소크라테스 내 생각에, 우리가 나라를 수립하자고 하면서부터 늘 준수해야 한다고 말했던 바로 그것, 그것이 바로 올바름이었네. 그것은 각자가 나라와 관련된 일들 가운데 자기 성향에 가장 적합한 한 가지 일에 종사해야 한다는 것이었네.

글라우콘 정말 우리는 그런 말을 했었지요.

소크라테스 나아가 자신의 일은 하되 남의 일에는 참견하지 않는 것이 올바름이라는 말도 많이 해 왔고 또 다른 사람들한테 많이 듣기도 했네. 그런데 내가 이런 말을 하는 근거가 무엇인지 알겠는가?

글라우콘 모르겠습니다. 말씀해 주십시오.

소크라테스 우리는 이미 절제와 용기와 지혜에 대해 검토했네. 이것들 말고 이제 남은 것은 그 세 가지를 모두 이 나라에 생기도록 만들고 그것들을 보전시켜 주는 것이네. 바로 올바름이지.

글라우콘 필연적입니다.

소크라테스 그런데 이들 가운데 무엇이 이 나라를 훌륭한 나라로 만드는 데 가장 많이 기여하느냐는 문제가 되면, 우리는 이를 판정 내리기 쉽지 않을 것이네. 다스리는 자와 다스림 받는 자 사이의 의견 일치인지, 두려워해야 할 것과 두려워하지 않아야 할 것에 관한 군인들의 준법적인 소신인지, 다스리는 자들의 지혜와 수호의 기술인지, 저마다 제 일은 하되 남의 일에 참견하지 않는 것인지 말이야.

글라우콘 판정 내리기 어려운 문제군요.

소크라테스 그런 만큼, 이 나라에 사는 사람으로서 각자 제 일을 하는 것이 나라의 훌륭함에 지혜와 절제와 용기 못지않게 이바지할 것으로 여겨지는군. 다시 말해 올바름이 이 나라의 훌륭함에 이바지하는 무게가 이것들에 필적한다고 볼 수 있지 않겠나?

글라우콘 전적으로 그렇습니다.

소크라테스 또 이를테면 소송사건의 판결을 통치자에게 위임할 때 그 목표는 각자가 남의 것을 취하지 않도록 하는 한편 자신의 것을 남에게 빼앗기지 않도록 하는 것 아닐까? 다른 것이 있겠나?

글라우콘 아닙니다. 바로 그것입니다.

소크라테스 그것이 올바른 일이기 때문이겠지?

글라우콘 예.

소크라테스 그렇다면 우리는 '자신의 것을 소유하는 것'과 '자신의 일을 하는 것'이 올바름이라는 데에 합의를 한 셈이군?

글라우콘 그렇습니다.

소크라테스 그런데 자네 생각은 어떤가? 목수와 제화공이 서로 도구나 직분 또는 일을 바꾼다면, 그것이 나라를 크게 해칠 것 같은가?

글라우콘 그다지 그럴 것 같지 않습니다.

소크라테스 그렇지만, 장인이나 상인이 재화와 같은 것의 힘을 빌려 수호자가 되거나 또는 수호자가 그럴 자격도 없으면서 통치자가 된다면, 그것이 나라에 파멸을 가져올 것으로 여겨지지 않는가?

글라우콘 전적으로 그렇습니다.

소크라테스 그렇다면, 이들 세 계급의 사람이 서로 참견하거나 일을 바꾸는 것은 이 나라에 해악이자 악행이 된다고 할 수 있겠군? 그리고 그렇다면, 그것은 올바르지 못함이 될 터이고?

글라우콘 왜 안 그렇겠습니까?

소크라테스 그래, 그것이 올바르지 못함이지? 거꾸로, 이들 세 계급의 사람이 각각 자신에게 맞는 자신의 일을 한다면, 이는 방금 전과 달리 올바름이라 하겠고 또한 나라를 올바르도록 만들지 않겠는가?

글라우콘 제게도 그리 생각되는군요.

나는 우리가 이제 나라의 올바름에 대해 어느 정도 논의가 되었으니 이를 개개 인간에게 적용해 보아야 하지 않느냐고 말했네. 그래야만 올바름이 인정받을 수 있지 않느냐는 것이었지. 우리가 나라의 올바름을 논의하려던 것도 실은 개개 인간의 올바름을 한결 쉽게 알아내기 위한 것이었다는 이유도 있고 말이야. 이에 글라우콘은 "마땅하다."고 동의했으며, 내가 논의를 이어갔네.

소크라테스 그런데 같은 이름으로 불리는 것이라면, 그것이 크든 작든 닮았다고 할 수 있겠지? 그래서 올바른 사람도 올바른 나라와 닮을 것이고?

글라우콘 닮았다고 해야겠지요.

소크라테스 그런데 나라가 올바르다고 여겨지는 것은 앞서 말한 그 세

계급이 각각 자신의 일을 하기 때문이며, 또 이 나라가 절제와 용기와 지혜를 갖추었다면 그것은 이들 계급이 처한 상이한 처지와 상이한 습성 때문이라 할 수 있겠지?

글라우콘 정말입니다.

소크라테스 개인의 경우도 마찬가지네. 나라에서와 똑같이 세 가지 성향principle이 그의 영혼 속에 있다면, 그것들은 또한 나라에 있을 때와 똑같은 이름으로 불려야 하겠지. 그렇다면 이제 우리는 영혼이 정말 그 안에 그들 세 가지 성향을 지니고 있는지 살펴보아야 할 것이네.

글라우콘 아주 당연한 일입니다.

소크라테스 그런데 글라우콘, 나는 지금까지와 같은 방법으로는 이 문제를 정확하게 이해할 수 없으리라고 판단되는군. 이 문제의 고찰에 이르는 길은 훨씬 길고도 먼 길이라는 말이지. 그렇지만 그래도 앞서 고찰했던 것에 상응하게 할 수는 있지 않을까?

글라우콘 그러시면 논의를 계속해 나가시지요.

소크라테스 그러지. 아무튼 우리 각자 안에는 나라에 있는 것들과 똑같은 종류의 성향들이 있다고 할 수밖에 없을 것이야. 나라에 있는 것들이 우리들 각자한테서 오지 않고 다른 데서 올 수는 없을 테니 말이야. 이를테면, 격정이나 기개를 지닌 계급의 사람들은 트라케나 스키타이 지방의 사람들로부터 유래되었다고 할 수 있고, 배움을 좋아하는 계급은 우리 고장인 아테네로부터, 그리고 돈을 좋아하는 계급은 페니키아나 이집트 사람으로부터 유래되었다고 할 수 있겠지. 사실 그렇지 않나? 그리고 이를 알기란 어려운 일이 아니고 말이야.

글라우콘 분명 그렇습니다. 물론 어려운 일도 아니고요.

소크라테스 그러나 이번 것은 알기가 어렵네. 이들 성향이 셋인지 하나인지 하는 문제 말이야. 이를테면, 우리가 이들 성향의 하나로는 배우고 다른 것으로는 분노하며 세 번째 것으로는 식욕 따위를 채우기를 바라는지, 그게 아니면 전체 영혼이 하나가 되어 그런 여러 행위들을 하는지 하는 문제를 정하는 것이 어렵단 말이지.

글라우콘 어렵긴 하네요.

소크라테스 그러니, 이 성향들이 같은 것인지 다른 것인지를 먼저 정해야겠네.

[첫째] 하나의 어떤 사물은 서로 반대되는 일을 동시에 행하거나 겪을 수 없네. 그러니 겉으로는 같은 하나로 보이는 사물이라도 그 사이에 이런 모순[33]이 자꾸 생겨나면, 우리는 그것에 대해 같은 하나가 아니라 여럿이라고 말해야 하네. 이를테면 하나의 어떤 사물이 서 있으면서 동시에 운동할 수는 없네. 어떤 사람이 서 있으면서 손이나 머리를 움직일 경우, 누군가는 그에 대하여 서 있으면서 동시에 움직인다고 할지도 모르지만 우리는 그에 대하여 일부는 [즉 몸은] 정지해 있고 일부는 [즉 손이나 머리는] 운동한다고 말해야 하네.

글라우콘 그렇게 해야겠지요.

33) contradiction: 박종현 선생은 이것이 모순율law of contradiction에 대한 서양 철학사상 최초의 언급이라고 보았다. 일반적으로 모순율은 아리스토텔레스가 확립했다고 할 수 있다. 모순율은 "모든 명제 p에 대해 p와 p 아닌 것이 동시에 참일 수 없다."는 원리이다. 보통은 "'A는 A가 아니다.'라고 말할 수 없다."고 표현된다. 모순율은 동일률·배중율과 함께 논리학의 세 가지 기본법칙.

소크라테스 [둘째] 동의와 이의, 욕구와 혐오, 이끌림과 멀리함 따위는 서로 반대되는 부류네. 이를테면 욕구들이나 기꺼이 함willing이나 소망함은 같은 어떤 부류인가에 속하는 반면 거리낌unwillingness이나 싫어함 또는 무욕無慾은 멀리 하는 것이라고 할 수 있어서 그와 반대되는 다른 어떤 부류에 속한다고 여겨야 하네.

글라우콘 그렇습니다.

소크라테스 [셋째] 이런 욕구들 가운데 가장 두드러진 목마름과 배고픔 자체에 대해 말해 볼까?

중요한 점인데, 목마른 자가 갈구하는 것은 그 대상인 음료수에 대한 갈구이며 다른 어떤 것이 아닌 오직 그것에 대한 갈구일 뿐이라는 것이네. 춥거나 더우면서 목마를 때 따뜻하거나 시원한 음료수를 욕구하지만 순전한 목마름은 순전히 음료수 자체를 욕구하네. 배고픔의 경우도 마찬가지고.

글라우콘 그렇습니다. 각각의 욕구 자체는 그 대상 자체에 대한 것이며, 이러저러한 욕구가 추가될 뿐입니다.

소크라테스 [넷째] 어떤 성질은 다른 어떤 성질과 상대적 관계에 놓이고 사물 자체는 다른 어떤 사물 자체와 상대적 관계에 놓인다고 보아야 하네.

글라우콘 무슨 말씀이신지요.

소크라테스 어떤 것에 대해 한층 크다고 말한다면, 이는 그것이 다른 어떤 것보다 크다는 의미라는 것이네. 한층 작은 것보다 크다는 것이지. 그리고 과거의 것은 과거의 것과 대비시키고, 미래의 것은 미래의 것과 대비시켜야 하네. 마찬가지로, 많고 적음은 그런 것끼리 대비시키고 무겁고 가벼움이나 빠르고 느림도 그리해야 하네. 다른 것들 역시 그렇고.

글라우콘 물론 그렇습니다.

소크라테스 지식의 경우도 마찬가지 아닐까? 지식이란 어떤 대상에 대한 지식이라고 할 수 있지. 그러면서도 어떤 특정 종류의 지식은 어떤 특정 종류의 대상에 대한 지식일 터이고.

글라우콘 당연히 그렇지요.

소크라테스 어떤 것에 대한 지식이 곧 그런 종류나 성질을 갖고 있다는 말은 아니라는 거지. 이를테면 건강에 관한 지식 자체가 건강하다거나 병에 대한 지식 자체가 병약하다고 말하는 것은 아니란 말이지. 선에 대한 지식이 선한 것이 아니고, 악에 대한 지식이 악한 것이 아닌 것처럼 말이야.

글라우콘 알겠습니다.

소크라테스 앞서 논의했지만, 목마른 자의 마음은 오직 마시기만을 갈구하겠지? 그런데 목말라 하는 마음을 반대쪽으로 끌어당기는 어떤 것이 혹시 있다면 이는 마음속에 다른 어떤 것이 있음을 나타내는 것 아닐까? 동일한 것이 상반되는 것을 행하지 못하니까 말이야. 사람 마음속에, 마시도록 시키는 것과 마시는 것을 막고 제압하는 것이 따로 있다고 해야 하지 않겠느냐는 거지.

글라우콘 그렇게 생각되는군요.

소크라테스 그런데 그쪽으로 이끌고 당기는 것은 어떤 느낌이나 감정일 테고, 이런 것들을 막는 것은 이성reason에 의한 것이 아닐까?

글라우콘 그런 것 같습니다.

소크라테스 그런 만큼 우리가 이것들을 서로 다른 것으로 본다고 해서 불합리하지는 않을 것이야. 즉 어떤 사람이 추론을 할 때 이를 영혼의 이성적rational 성향이라고 부르는 반면 목마름과 같은 욕구들과 관련해서 흥분 상태에 있을 때 이를 비이성적이며 욕구적인 성향이라 부른다고 해서 불합리하다고 할 수는 없다는 것이지.

글라우콘 우리가 그렇게 생각하는 것이 오히려 합당할 것입니다.

소크라테스 이들 두 성향이 우리의 영혼 안에 서로 독립되어 존재한다는 것에 우리는 동의한 것이지? 그렇다면 우리를 격하게 만드는 격정이나 기개의 부분은 제3의 것일까, 아니면 이들 두 부분 가운데 어느 하나와 같은 것일까?

글라우콘 욕구적인 부분과 같지 않겠습니까?

소크라테스 내가 언젠가 들은 이야기인데, 레온티오스란 사람이 사형 집행자 옆에 시체들이 누워 있는 것을 목격했다더군. 그는 이를 보고 싶기도 했지만, 다른 한편으로는 언짢은 마음에 이를 외면하려 했다지. 한동안 마음속으로 싸우며 얼굴을 가리고 있었지만 보고 싶은 욕구에 압도당해 그는 마침내 두 눈 부릅뜨고 "보라, 고약한 두 눈아! 저 좋은 구경거리를 실컷 보라고!"라고 외쳤다더군.

글라우콘 저도 그 이야기는 들었습니다.

소크라테스 이 이야기는 사실 분노가 욕구와는 별개의 것임을 암시하고 있네. 격정 또는 분노가 욕구에 대항해 다투고 있지 않던가? 또 이를테면 욕구가 어떤 사람에게 헤아림을 거스르도록 강요하는데 그 사람이 스스로를 꾸짖으면서 그런 강요에 대해 분개한다면, 이 사람의 기개는 이성과 한편이 되었다고 할 수 있겠지. 그런데 거슬러서는 안 된다고 이성이 판단하는데도 기개가 욕구와 협력하는 일이 있을까?

글라우콘 그런 경우를 본 적은 결코 없습니다.

소크라테스 자기는 올바르지 못한 짓을 했다고 생각하는 어떤 사람이 다른 사람의 올바른 행위 때문에 굶주림과 같은 고통을 겪었다면 이 경우, 그는 화를 낼 수도 없고 또 그 사람에 대해 분노가 일지 않아. 어때 내 말이 틀렸나?

글라우콘 아니오, 옳습니다.

소크라테스 반면 어떤 사람이 스스로 올바르지 못한 짓을 당했다고 생각하는 경우, 그는 분노가 끓어올라 사나워질 테고 올바르다고 생각되는 것과 한편이 되어 싸우지 않을까? 고통을 겪더라도 이를 이겨내면서 말이야. 그리하여 개가 목동에 의해 진정되듯 이성이 진정시키기 전까지는, 그 고귀한 행동을 멈추지 않지 않을까?

글라우콘 선생님 말씀과 비슷하게 돌아가겠지요. 우리는 목동에게 개가 복종하듯 나라의 보조자들을 통치자에게 순종하는 자들로 간주했으니까 말입니다.

소크라테스 자네는 내 말을 아주 잘 알아들었군. 하지만 이런 점도 생각해야 하지 않을까? 격정이나 기개와 관련해서 우리는 아까 했던 말과는 정반대로 되었다는 것이지. 아까는 기개를 욕구적인 것으로 생각했지만 지금은 오히려 이성적인 부분을 위해 무장한다고 말하고 있으니 말이야.

글라우콘 정말 그렇군요.

소크라테스 하지만 또 새로운 의문이 드는군. 격정은 이성과 다른 것일까 아니면 이성의 일종일까, 이성의 일종이라면 영혼에는 세 가지가 아닌 두 가지 성향 즉 이성적 성향과 탐욕적 성향만 있는 것일까? 그것도 아니면 그것이 이성적 성향과 다른 것이어서, 영혼에도 셋째의 것 즉 격정 또는 기개의 성향이 따로 있는 것일까?

글라우콘 셋째 것이 반드시 있습니다.

소크라테스 그렇겠지. 그것이 욕구적인 성향과도 그리고 이성적인 성향과도 다르다는 것이 밝혀진다면 말이야.

글라우콘 그것이 밝혀지기는 어려운 일이 아닙니다. 아이들도 태어나자마자 격정으로 가득 차 있기 때문입니다.

소크라테스 아무튼 그러고 보니, 나라 안에 있는 것들과 똑같은 성향의 것들이 개개인의 영혼 안에도 같은 수 즉 셋씩 있다는 것에 대해 우리가 훌륭하게 의견 일치를 보게 되었군.

글라우콘 그렇습니다.

소크라테스 그러니까 나라를 지혜롭게 만드는 계급과 같은 성향이 개인도 지혜롭게 만든다는 것이군? 이런 식으로 개인을 용기 있게 만드는 성향과 나라를 용기 있게 만드는 계급도 같은 부류이며, 개인을 올바르게 만드는 성향과 나라를 올바르게 만드는 계급도 같은 부류라고 할 수 있겠군?

글라우콘 반드시 그러합니다.

이리하여 나라와 개인에게 똑같이 세 가지 성향이 있고, 각 성향이 제 기능을 할 때 나라든 개인이든 올바르게 된다는 논의를 계속할 수 있었네. 이를 위해 음악 교육과 체육 교육이 필요하다는 논의와 함께 말이야.

내가 말을 이어갔네.

소크라테스 그런데 나라가 올바르게 되었던 것은 그 안의 세 계급이 각각 '자신의 일'을 함으로써 그리되었다는 점을 잊지는 않았겠지? 그런 까닭에, 개인의 경우에도 자신 안의 성향들이 각각 자신의 일을 한다면 그 사람은 올바른 사람이 된다는 점도?

글라우콘 물론 기억하고 있습니다.

소크라테스 그러므로 지혜로우며 영혼 전체를 위해 선견지명을 지니고 있는 이성적 성향에게는 지배하는 일이 적합하고, 격정 또는 기개의 성향에게는 이성적 성향에 복종하며 이에 협력하는 일이 적합하겠지?

글라우콘 물론입니다.

소크라테스 그렇다면, 음악과 체육 교육이 이 둘을 조화롭게 만들지 않을까? 이성적 성향은 훌륭한 말과 학문으로 키워 주며, 격정 또는 기개의 성향은 달래는 말로써 이완시키며 화음과 리듬으로 순화시키는 것이지.

글라우콘 바로 그렇습니다.

소크라테스 그래서 이 두 성향이 자신의 할 일들을 잘 교육 받으면, 이들이 욕구 성향도 잘 지도할 수 있을 거네. 본디 욕구 성향은 영혼의 대부분을 차지하면서 재물에 대한 만족을 모르지. 그래서 육체의 쾌락을 추구하는 한편 자신이 할 일을 하기는커녕 앞서의 두 성향을 오히려 지배하려 들게 되고 말이야. 그러니 이 성향이 삶 전체를 뒤집어엎는 일이 없도록 감시를 해야 한다네.

글라우콘 정말 그러합니다.

소크라테스 이들 두 성향은 영혼과 신체를 외부의 적들로부터 가장 훌륭하게 막아내려고 하지 않겠나? 한쪽이 심사숙고해서 결정을 내리면, 다른 쪽은 싸움을 하되 지배하는 쪽을 따르며 결정된 사항들을 용기 있게 완수하겠지?

글라우콘 옳은 말씀입니다.

소크라테스 우리가 어떤 개인을 용기 있는 사람이라고 부르는 것은 이성이 지시한 두려워해야 할 것과 두려워하지 않아야 할 것을 기개를 통해 끝끝내 보전하는 경우라고 할 수 있네.

반면 어떤 개인을 지혜로운 사람이라고 부르는 것은 지배하고 지시를 내리는 이성적 부분이 세 부분을 각각 위하기도 하지만 세 부분으로 이루어진 공동체 전체를 위해 유익한 것에 대한 앎이나 지식을 지니고 있는 경우라고 할 수 있겠네.

또, 어떤 개인을 절제 있는 사람이라고 부르는 것은 세 요소가 서로 화합하며, 지배하는 이성적 성향과 지배받는 기개와 욕구의 각 성향 사이의 역할 분담에 대해 의견의 일치를 보면서, 두 지배받는 쪽이 반목하지 않는 경우라 할 수 있을 것이네.

글라우콘 모두 옳으신 말씀입니다.

소크라테스 하지만 개인의 올바름이 모호하여 나라의 올바름과 다르다고 여겨지는 것은 혹시 아닌가?

글라우콘 저는 그렇게 생각되지 않는군요.

소크라테스 우리 영혼 속에 조금이라도 이의가 있다면, 비슷한 사례에 그것을 적용함으로써 이를 완벽하게 확인할 수 있을 것 같군.

글라우콘 어떤 예들인가요?

소크라테스 우리가 수립하려는 나라와 성향을 닮은 예를 드는 것이지. 이를테면 그 나라의 성향을 닮았으며 또 그렇게 닮도록 교육을 받은 사람이 금은을 맡았을 때 그 사람이 이를 착복할 것인지 아닌지에 대해 우리가 의견의 일치를 보아야 한다는 것이지. 그 사람이 그렇지 못한 사람보다 더 그런 짓을 저지를 것으로 생각되나?

글라우콘 그렇게 생각할 사람은 아무도 없습니다.

소크라테스 그 올바른 사람은 신전 약탈이나 도둑질, 친구에 대한 배반이나 나라에 대한 반역, 서약이나 계약에서의 신의 없는 행동, 간통, 어버이에 대한 불효, 신에 대한 불경 등과는 무관하지 않겠는가?

글라우콘 관련될 리가 있겠습니까?

소크라테스 그리할 수 있는 원인은 그 사람 안에 있는 세 부분이 각각 지배와 피지배라는 저마다의 일을 하는 데에 있는 것 아니겠나?

글라우콘 바로 그것입니다.

소크라테스 그렇다면 이 사람이나 앞서 우리가 세우려던 나라를 그런 모습이 되도록 만드는 힘과 올바름이 다른 것이라 여기는가?

글라우콘 결코 그렇지 않습니다.

소크라테스 그러고 보니, 이제 우리가 꾼 꿈이 완전히 실현되었네. 올바름의 기원을 찾고 그 윤곽을 잡으려던 꿈 말이야. 글라우콘, 올바름에 대한 우리의 관념에 따르면 제화공은 구두 만드는 일을 하면서 다른 일은 결코 하지 않아야 하네. 목공이나 다른 기능을 가진 사람들도 마찬가지이고.

글라우콘 그런 것 같습니다.

소크라테스 확실히 올바름이 그런 것이기는 하네. 하지만 그것은 외적으로 자신의 일을 수행하는 것이라기보다 내적으로 참된 자신을 만들고 참된 자신의 일을 수행하는 것과 관련이 있다고 할 수 있겠지. 자기 영혼 속의 각 부분이 남의 일을 하거나 참견하지 않도록, 그리고 자신의 것들을 잘 조절하고 스스로를 지배할 수 있도록 만드는 것 말이야. 그것은 마치 음계의 세 음정 즉 높은 음과 중간 음과 낮은 음이 전체적으로 조화를 이루는 것과 마찬가지라네.

그런데 이 부분들의 하나이면서도 다른 부분들을 결합시켜 이 사람을 절제 있고 조화된 사람이 되도록 만들고 나아가 그렇게 된 뒤에야 비로소 행동하도록 만드는 부분이 있다네. 이렇듯 전체를 관할하는 앎을 지혜라고 부르지 않는가?

글라우콘 소크라테스 선생님, 진정으로 진실한 말씀입니다.

글라우콘의 이 말로써 나는 이제 됐다면서 우리가 "올바른 사람과 올바른 나라와 올바름 자체가 무엇인지를 찾아냈다고 해도 거짓말이라 하지는 않을 것 같다."고 말했네. 글라우콘도 이에 동의했지. 그래서 나는 "다음으로 올바르지 못함에 대해 생각해 보아야겠다."면서 말을 이어갔네.

소크라테스 그렇다면 '올바르지 못함'은 이와 달리 세 성향 사이에 일종의 내분과 참견과 간섭이 있는 것이라 할 수 있겠군? 영혼 전체에 대한 일부의 모반도 있을 것이고? 이때 모반이란 물론 복종하는 것이 어울리는 성향이 오히려 지배하려 드는 것을 말하는 것이지. 이렇듯 세 부분이 혼란과 방황에 빠져든다면 이를 올바르지 못함이나 무절제 또는 비겁과 무지라고 말할 수 있지 않겠나? 한마디로 나쁜 상태인 것이지.

글라우콘 바로 그렇습니다.

소크라테스 이제 올바르지 못함과 올바름이 분명히 밝혀졌으니, 올바르지 못한 짓을 행하는 것과 올바르지 못하게 되는 것 그리고 올바른 일을 하는 것이 각각 어떤 것인지 밝혀졌다고 할 수 있겠군? 올바름이나 올바르지 못함은 몸에 있어서 건강한 것이나 병든 것이 영혼에 나타난 것이나 마찬가지이기 때문이라네.

글라우콘 어떻게 해서 그런가요?

소크라테스 건강한 것들은 건강을 생기게 만들고 병든 것들은 질병을 생기게 만들 듯이, 올바른 것들을 행하면 올바름이 생기고 올바르지 못한 것들을 행하면 올바르지 못함이 생기지 않겠는가?

글라우콘 반드시 그렇게 되겠지요.

소크라테스 그런데 건강하다는 것은 신체의 여러 부분이 지배하고 지배받는 관계를 각각의 성향에 맞추어 확립한다는 것이고, 질병이 생긴다는 것은 그 관계가 성향에 어긋난다는 것이겠지. 마찬가지로, 올바름은 영혼의 여러 부분이 지배하며 지배받는 관계를 각각의 성향에 맞추어 확립한다는 것이고, 올바르지 못함은 그 관계가 성향에 어긋난다는 것을 말하는 것 아니겠는가?

글라우콘 바로 그렇습니다.

소크라테스 그러고 보면 훌륭함virtue이란 영혼의 건강과 아름다움과 좋은 상태를 말하는 반면, 나쁨이란 영혼의 질병과 추함과 허약함을 말한다고 할 수 있겠군? 나아가 훌륭한 생활습관은 훌륭함을 얻게 만들지만 부끄러운 생활습관은 나쁨을 얻게 만들고 말이야.

글라우콘 반드시 그렇습니다.

소크라테스 하지만 앞서 제기된 의문은 아직 풀리지 않았네. 올바르게 되는 것과 올바른 일을 하는 것 또는 훌륭함을 실천하는 것이 더 이익이 되는지, 그렇지 않으면 올바르지 못하게 되거나 올바르지 못한 짓을 저지르는 것이 더 이익이 되는지 여부 말이야.

글라우콘 하지만 소크라테스 선생님, 이 문제는 이미 우습게 결론이 난 것처럼 여겨지는군요. 몸이 망가지면 온갖 음식이나 부와 권력이 보람 없게 생각되는데, 하물며 영혼이 혼란하고 타락했다면 사는 보람이 있겠습니까? 나쁨과 올바르지 못함에서 벗어나게 해 주고 올바름과 훌륭함을 얻게 해 주지 않는 것이라면, 원하는 것은 무엇이든 할 수 있다는 것이 무슨 소용이겠습니까?

소크라테스 그렇겠지? 자, 이제 나를 따라오면서 나쁨의 종류가 얼마나 많은지 살펴보자고. 훌륭함의 종류는 한 가지일 뿐이지만 나쁨의 종류는 무척 많은 듯한데, 그중에도 네 가지가 언급할 만한 것들이라네.

글라우콘 어떻게 해서 그렇습니까?

소크라테스 나라가 여러 형태이듯이, 영혼의 유형도 그만큼 있는 것이지. 말하자면 나라의 형태도 다섯 가지이고 영혼의 유형도 다섯 가지네.

글라우콘 어떤 것들인지 말씀해 주십시오.

소크라테스 첫째로는 우리가 이미 언급했던 것으로 두 가지 형태가 있네. 뛰어난 한 사람이 통치하는 경우의 군주 정치체제와 여럿이 통치하는 경우의 귀족 정치체제가 그것이지. 나는 이를 같은 종류로 여긴다네. 여러 사람이든 한 사람이든 그들이 양육과 교육을 제대로 한다면, 이 나라의 중요한 법률을 바꾸지는 않을 터이기 때문이네.

글라우콘 정말 그러지 않을 것 같습니다.

제5권

4권의 정치체제 논의가 잠시 중단되고 3권으로 돌아가, 처자식의 공유에 대한 논의가 펼쳐진다. 글라우콘이 "그런 정치체제가 가능하냐?"고 질문하자 소크라테스는 철인정치를 주장한다.

소크라테스는 나쁜 정치체제로 네 가지가 있다면서 4권의 논의를 이어가려 한다. 이때 아데이만토스가 "처자식의 공유 방식에 대한 설명을 빠뜨렸으니 이제 해달라"고 요구한다. 소크라테스는 그에 앞서 공동의 일 먼저 논의해야 한다고 주장한다. 의사에 남녀가 없듯이 여자도 성향이 맞고 자질을 갖춘다면 수호자가 될 수 있다는 것이다. 그럴 경우, 남자와 똑같이 교육·훈련을 받고 똑같이 일에 동참해야 한다.

처자식의 공유는 가능성부터 까다로운 문제지만 그렇게 되는 것이 옳다. 유익하기 때문이다. 첫째는 최선의 2세를 낳기 위해서다. 둘째는 '내 것'과 '네 것'의 구분을 없앰으로써 나라의 단결을 가져오기 위해서이다. 집이나 처자식의 사적 소유는 사적인 감정을 낳고 나라를 분열시킨다.

이에 이르러 글라우콘이 "그런 정치체제가 만들어질 수 있는지, 그럴 수 있다면 어떤 방식일지" 해답을 얻고 싶다고 하자 소크라테스는 "가장 어려운 문제"라면서 올바름에 대한 논의는 본paradigm을 얻기 위한 것이라고 말한다. 실현의 가능성 여부를 떠나, 최선을 찾는 일이라는 것이다.

소크라테스가 내보인 최선의 정치체제는 철학자가 군주로 나서거나 군주가 철학하는 체제이다. 즉 정치권력과 철학이 합쳐지는 체제이다.

하지만 이때 철학자란 누구인지, 그 개념부터 규정되어야 한다. 철학자란 지혜를 사랑하고 배움과 진리를 반기며 아름다움 자체를 볼 수 있으며 앎이 있는 사람이다. 앎이란 완벽한 존재 즉 실재idea에 대한 인식이다.

논의는 6권으로 이어진다.

···· 나는 앞의 논의를 이어가려 했네. "그런 나라와 정치체제를 좋고 참된 나라로 일컬으며 또 그런 사람도 마찬가지라고 말할 수 있다."면서 "이런 경우를 옳다고 하고 다른 경우를 그르다고 하는데, 이렇듯 잘못된 것들로는 네 종류가 있다."고 했지. 이에 글라우콘이 그것들이 어떤 것이냐고 묻더군. 그래서 내가 차례로 언급하려 했는데, 폴레마르코스와 아데이만토스가 귓속말로 속삭이는 모습이 보였네. "왜 그러느냐."고 내가 묻자, 아데이만토스가 말했네.

아데이만토스 저희가 보기에 선생님께서는 무엇인가 회피하며 논의에서 빼먹으신 게 있습니다. "친구들의 것은 공동의 것"이라는 말에 따르면 처자식도 그리되어야 하지 않을까 하는 논제입니다.

소크라테스 아데이만토스, 그것이 옳지 않나?

아데이만토스 그렇기는 합니다. 하지만 이 경우에 옳다고 하는 바로 그것에 대한 설명이 필요한 듯합니다. 공유community에는 여러 방식이 있으니, 선생님께서 말씀하시는 방식이 어떤 것인지 말해 주십시오. 특히 아이들의 출산과 양육, 그리고 처자 공유의 문제 전반에 관해 말입니다. 저희는 이들 문제가 옳게 이루어지는지 아닌지에 따라 나라의 조직 형태가 큰 영향을 미치리라 봅니다. 그런데 선생님께서는 이 문제를 충분히 검토하지도 않으시고 다른 정치체제에 대해 다루려 하시더군요. 그러니 선생님께서는 이것들을 모두 언급해 주시기 바랍니다.

글라우콘 저도 형님과 같은 의견입니다.

트라시마코스 소크라테스 선생, 저도 마찬가지입니다.

소크라테스 정치체제에 대해 나는 이미 상세히 말했다고 생각했는데…… 여러분은 그 요구가 얼마나 많은 논의를 필요로 하는지, 얼마나 성가신 일인지 모르나 봅니다.

글라우콘 소크라테스 선생님, 저희 걱정일랑 마시고 선생님 생각을 자세히 말씀해 주세요.

소크라테스 자네는 나를 격려하는 것 같지만 오히려 그 반대네. 나는 이에 대해 의심을 하면서 찾고 있을 뿐이어서, 두렵고 불안한 일이라네. 더구나 진실에서 빗나가기라도 한다면, 내 자신뿐 아니라 친구들까지 망쳐 놓을지 모르니 말이야. 하지만 글라우콘, 그래도 내가 말하려는 것을 위해 나는 누구하고든 모험을 감행하려 하네.

글라우콘 선생님, 용기를 내셔서 말씀해 주십시오.

소크라테스 그러지. 처자식을 얻고 이용하는 법에 대해 논의할 텐데 처음 논의에서 우리는 수호자들을 남자로 임명하려 했던 기억이 나는군.

글라우콘 그랬습니다.

소크라테스 그러니 출생과 양육에 관한 규정을 만들고 일관성을 유지하면서 그것이 적합한지 여부를 고찰해 보세. 이를테면 감시견의 암컷들은 수컷들과 똑같이 수호나 사냥의 역할을 해야 하는가? 아니면 출산과 양육 때문에 그런 일들은 할 수 없고 집에만 머물러야 하는가?

글라우콘 모든 것은 공동으로 해야 합니다. 힘의 강약이 크게 문제되는 분야를 빼고 말입니다.

소크라테스 여자들을 남자와 같은 목적에 이용하려면 여자에게도 같은 것을 가르쳐야 할 텐데? 음악이나 체육 또는 전쟁과 관련되는 것들도?

글라우콘 예.

소크라테스 그렇게 한다면 많은 것이 관습에 어긋나게 될 터이고, 따라서 사람들이 우습게 여길 텐데? 그 가운데 무엇이 가장 우스울까? 여자들이 도장에서 옷을 벗고 남자들과 함께 운동하는 것 아닐까?

글라우콘 그렇겠지요.

소크라테스 물론 여성에 대한 체육 교육이나 음악 교육이 가져다줄 여러 변화라든가 무기의 소지와 승마에 관한 일들을 놓고 사람들이 놀린다고 해도 이를 두려워해서는 안 되겠지. 법을 새로 개척하는 일도 두려워해서는 안 되고 말이야.

글라우콘 옳은 말씀입니다.

소크라테스 그러면 먼저 다음 같은 논쟁을 놓고 합의해야 할 것 같네. 즉 여성이 남성과 모든 일에 동참할 수 있는지, 아니면 한 가지에도 동참할 수 없는지, 또는 일부만 동참할 수 있는지, 특히 전쟁과 관련해서는 어떠한지에 대한 논쟁 말이야. 이를 허용해야 하지 않을까?

글라우콘 그래야겠지요.

소크라테스 우리에게 논쟁 상대가 있다고 가정하고 그들 입장에서 묻고 대답해 보면 어떨까? 그런다면 그들은 이렇게 말할 것이네.

"소크라테스 선생, 그리고 글라우콘 선생, 당신들은 이 나라를 수립하는 시작 단계부터 개개인의 성향에 따라 자신의 일을 해야 한다는 원칙principle에 합의하지 않았습니까?" 내가 틀리지 않았다면, 우리는 분명 합의했네. 그들은 다시 묻겠지.

"그런데 여자의 성향과 남자의 성향은 정말 다르지 않습니까?" 그러면 우리는 또 다르다고 대답할 것이네. 그들은 또 물을 것이네.

"그렇다면 그 성향에 따라 각자에게 다른 일을 부여하는 것이 적절하지 않겠습니까?"라고 말이야. 우리는 맞는다고 대답할 것이며 그들은 이렇게 말하겠지.

"그렇다면, 남자와 여자가 서로 크게 구별되는 성향을 지니고 있는데도 당신들은 같은 일을 해야 된다고 주장합니다. 자가당착적인 말 아닙니까?"

글라우콘, 이런 말에 어떻게 답변할 터인가?

글라우콘 이런 대화가 쉬운 일은 아니군요. 아무튼 그 대답을 선생님께서 해주시기를 간청합니다.

소크라테스 글라우콘, 나도 이 문제가 두려웠었네. 그래서 이 문제를 건드리기를 망설였던 것이고. 하지만 어차피 작은 수영장에 빠지든 큰 바다에 빠지든 헤엄쳐야 하는 법이니, 출구를 찾아보자고.

다른 성향은 다른 일에 종사해야 한다는 것과 여자의 성향은 남자와 다르다는 데에 동의하고 있네. 그러면서도 우리는 다른 성향의 [남녀] 사람들이 같은 일에 종사해야 한다고 말하고 있지. 우리가 비난을 받는다면 바로 이 점에서일 것이네.

글라우콘 바로 그렇습니다.

소크라테스 그런데 글라우콘, 우리가 본의 아니게 반박에 말려든 것 같네. 우리는 같은 성향에는 같은 일을, 다른 성향에는 다른 일을 배정했었지. 그러나 이때 우리는 그 성향이 어떤 종류의 것인지, 또 그 구분 기준은 무엇인지에 대해서는 검토한 바가 없지 않은가?

글라우콘 검토하지 않았었지요.

소크라테스 이를테면 우리는 대머리와 털보의 성향이 같은 것인지 또는 반대의 것인지 의문을 가질 수 있겠지. 그래서 성향이 반대라면, 대머리가 제화공이 될 때는 털보에게 그 일을 못하게 하고 털보가 제화공 노릇을 할 때는 대머리에게 그 일을 못하게 해야겠지?

글라우콘 논의가 좀 우습게 돌아가는군요.

소크라테스 우스운 이유가 무엇일까? 성향의 같고 다름을 모든 면에서 검토하지 않고 그 종류를 일에 적용하는 데만 유념했기 때문이 아닐까? 이를테면 남자 의사나 여자 의사나 정신적으로는 같은 성향을 지녔다고 말하지 않았던가?

글라우콘 그랬다고 생각되는군요.

소크라테스 하지만 의사와 목수는 다른 성향을 지녔겠지?

글라우콘 분명 다릅니다.

소크라테스 이렇듯, 어떤 남성과 어떤 여성이 기술이나 일의 측면에서 서로 다르다면, 각각에 맞는 일을 배정해야겠지. 그런데 단지 여성은 아이를 낳고 남성은 아이를 생기게 한다는 차이를 말한다면, 이는 여성이 남성과 다르며 따라서 서로 다른 일에 배정되어야 한다는 점에 대한 설명이 결코 될 수 없다고 해야 할 것이네. 오히려 우리는 남자 수호자들과 함께 그 아내들도 같은 일에 종사해야 한다고 해야 하지 않을까?

글라우콘 옳습니다.

소크라테스 그러니 우리는 우리를 반박하는 사람에게 나라의 조직과 관련된 어떤 기술이나 일에서 여자와 남자의 성향이 다른지 설명하라고 해야겠지? 그보다는, 여자에게 고유한 일이란 아무것도 없다는 것을 제시해 보라고 요구하는 것은 어떨까?

글라우콘 분명 정당한 요구입니다.

소크라테스 우리는 그에게 이렇게 말하며 대답을 요구할 수 있겠지.

"무엇인가와 관련해 성향이 맞는 사람이란 그것에 관한 것을 쉽게 배우거나, 잠시 배우고도 많을 것을 알아내거나, 신체적 기능이 그 사람의 생각에 충분히 봉사하는 경우를 말합니까? 성향이 맞지 않는 사람이란 그 반대고요? 아니면 다른 기준이 있는지요?"라고 말이야.

글라우콘 다른 기준이 있지는 않겠지요.

소크라테스 나라를 경영하는 일에서는, 남녀가 따로 없이 성향만 맞는다면 어떠한 일에든 관여할 수 있는 법이라네. 여성이 남성보다 힘이 약하기는 하지만, 그렇다고 남성에게는 모든 일을 배정하면서 여성에게는 아무것도 배정하지 말아야 할까?

글라우콘 어떻게 그러겠습니까?

소크라테스 여성도 성향에 따라, 의술이나 음악 또는 체육이나 전쟁에 능숙한 사람이 있고 그렇지 못한 사람이 있지 않겠는가? 지혜를 사랑하는 여성이 있는가 하면 격정적인 여성도 있고 소심한 여성도 있는 법이고?

글라우콘 그 또한 그러합니다.

소크라테스 그러니까 수호자 기질temper을 갖춘 여성도 있고 그렇지 못한 여성도 있을 것이네. 우리가 수호자로 선발한 남성처럼 말이야.

글라우콘 분명 그렇습니다.

소크라테스 그러므로 나라의 수호와 관련해서는 남녀가 자질quality이 다르지 않네. 더 약하다거나 강하다는 점은 있지만 말이야. 이 때문에, 이런 자질의 여성은 같은 자질을 지닌 남성과 함께 살면서 함께 나라를 수호하도록 선발되어야 하네. 성향이 같으므로 같은 일이 배정되어야 하는 것이지.

글라우콘 물론 그래야 합니다.

소크라테스 그러니 앞서 우리가 말했듯이, 여성 수호자들[34)]에게 음악과 체육 교육을 받도록 하는 것은 본성에 어긋나는 것이 아니네. 결국 우리가 본성에 따라 법을 정한 만큼, 우리는 결코 불가능한 것들을 입법한 것이 아니라는 것이지.

글라우콘 전적으로 그렇습니다.

소크라테스 우리는 먼저 이런 우리의 제안이 가능한지 검토하고, 그 뒤에 그것이 최선인지를 검토해야겠지? 그런데 우리는 방금 가능하다는 데에 동의를 했으니, 이제 그것이 최선인지 동의를 할 단계군?

글라우콘 분명합니다.

소크라테스 이제 수호자의 성향을 가진 사람을 교육할 때, 남성을 수호자로 만드는 교육과 여성을 수호자로 만드는 교육이 다른 것일까?

---

34) wives of the guardians: 글의 흐름으로 보아 '수호자의 아내들'이 아닌 '여성 수호자들'로 옮긴다.

글라우콘 다르지 않습니다.

소크라테스 그런데 자네는 모든 사람이 똑같다고 보는가, 아니면 더 나은 사람도 있고 더 못한 사람도 있다고 보는가?

글라우콘 후자라고 생각합니다.

소크라테스 그렇다면 우리가 세우려는 이 나라에서 우리가 보기에 더 나은 사람은 여태껏 논의한 교육을 받은 수호자들일까, 아니면 제화 기술을 교육 받은 제화공들일까?

글라우콘 우스운 것을 물으시는군요.

소크라테스 그렇지? 시민들 가운데 이들이 가장 훌륭한 사람들이지? 그렇다면 여성 가운데 가장 훌륭한 사람들 또한 여성 수호자들이지 않을까?

글라우콘 단연코 그러합니다.

소크라테스 그런데 최선의 남녀가 생겨나는 것보다 나라를 위해서 더 좋은 것이 있을까?

글라우콘 없습니다.

소크라테스 이제 우리는 나라를 위해 가능하면서도 최선의 것인 법규를 정한 셈이 되는군?

글라우콘 그렇습니다.

소크라테스 이에 따르면, 여성 수호자들은 옷을 걸치는 대신 훌륭함을 걸쳐야 하며 전쟁을 비롯해 나라의 수호에도 관여해야 하지만, 다른 일을 해서는 안 되네. 그런데 최선을 다하기 위해 옷을 벗고 체육 훈련을 받는 여자들을 비웃는 사람이 있다면, 그것은 설익은 웃음일 뿐이네.

글라우콘 그렇습니다.

소크라테스 이제 우리는 남성 수호자와 여성 수호자가 모든 것을 공동으로 수행해야 한다고 정함으로써 하나의 파도를 피한 셈이 되는군? 하지만 더 큰 파도가 남아 있다네.

글라우콘 무엇입니까?

나는 이제까지 여성도 그 성향이 맞고 자질만 된다면 수호자가 될 수 있다는 데에 남녀가 따로 없다고 주장했네. 하지만 여성의 공유에 대해서는 말하기 쉽지 않았네. 그래도 나는 말을 이어갔네.

소크라테스 모든 남자의 모든 여자는 공유해야 하네. 어떤 여자도 개인적으로 남자와 동거해서는 안 되고 말이야. 또 아이들도 공유하며 어떤 부모도 자기 자식을 알아서는 안 되네. 아이도 부모를 알아서는 안 되고 말이야.

글라우콘 그것의 가능성이나 유익성에 관해 불신이 커서 반박의 파도는 아까의 파도보다 훨씬 클 것 같습니다.

소크라테스 여성과 아이들의 공유가 가능하다면 그것이 최선의 것이 되리라 생각되지만, 그것이 가능한지 여부는 여전히 최대의 논쟁거리가 될 것이라 생각되네.

글라우콘 두 가지 모두 논쟁거리일 것 같습니다만…… 두 가지 모두에 대해 말씀해 주십시오.

소크라테스 나도 축제일을 즐기게 해 주게나. 게으른 사람이 상상을 만끽하듯 말이야. 아무튼 지금은 여성과 아이의 공유 문제가 가능한 것이라 치고, 그것들이 실현되었을 때 통치자들이 이 문제를 어떻게 정리할지 여부와 그 실현이 나라와 수호자들에게 정말 유익할지 여부를 검토해 보아야겠네.

글라우콘 그리 하시지요.

소크라테스 통치자들이, 그리고 이들을 보조하는 사람들이 제 이름값을 하려면 한쪽은 지시를 내리고 다른 한쪽은 지시 받은 것들을 이행해야겠지만, 우리가 그들에게 재량권을 준다 해도 결국 모든 것은 법을 본받아 지시되어야 하리라 생각하네.

글라우콘 그렇겠지요.

소크라테스 우리가 수립하려는 나라에서 입법자 역할을 자임한 자네는 남자들과 마찬가지로 여성들도 되도록 유사한 성향의 사람들로 선발할 것이라 생각되네. 그러나 그들은 공동 식사를 하며 공동의 주거에서 함께 생활하겠지? 체육 훈련이나 양육도 함께 하며 본성이 요구하는 바에 따라 성적 관계도 맺게 되겠지. 만일 무질서하게 성적 관계를 맺는다면 이는 경건하지도 못하지만 통치자들로부터 허용되지도 않을 것이야.

글라우콘 그것이 허용되어서는 안 되지요.

소크라테스 우리는 또 혼인을 최대한 성스러운 것으로 만들어야 하겠지. 성스러운 혼인이 가장 유익할 터이니 말이야.

글라우콘 정말 그렇습니다.

소크라테스 그런데 어떻게 해야 가장 유익한 혼인이 될까? 글라우콘, 우선 자네 집에 있는 혈통 좋은 사냥개와 새들로부터 논의를 시작해 보겠네. 먼저, 그것들이 혈통 좋기는 하지만 그 가운데에서도 최선의 것들이 있겠지? 그렇다면 자네는 모두한테서 똑같이 새끼를 얻는가, 아니면 최선의 것들한테서 최대한 새끼를 얻으려 열심인가?

글라우콘 최선의 것들한테서 얻으려 할 것입니다.

소크라테스 그렇다면 그것들은 가장 어린 것들인가, 아니면 가장 늙은 것들인가, 그도 아니면 최대한 절정기의 것들인가?

글라우콘 절정기의 것들로부터입니다.

소크라테스 이렇게 새끼를 얻지 못하면 자네 집 새와 개들은 혈통이 갈수록 나빠지지 않을까?

글라우콘 그렇게 생각되는군요.

소크라테스 그럼 인간의 경우도 마찬가지일 테고 그렇다면 통치자들이 최상급이어야만 할 필요성은 엄청 크겠군?

글라우콘 그렇겠군요. 하지만 왜 그럴까요?

소크라테스 통치자는 많은 약을 써야 하기 때문이지. 통치자들은 다스림 받는 사람들의 이로움을 위해 많은 거짓말과 속임수를 써야 할 것 같아서 말이야. 우리는 이런 것들이 약의 형태로 유용하다고 말한 바 있지.

글라우콘 그랬습니다. 정당한 말이기도 하고요.

소크라테스 혼인과 출산 문제를 규제하는 데에 그런 것들이 법의 이름으로 많이 필요할 것 같아서 말이야.

글라우콘 어떻게요?

소크라테스 최선의 남자들은 최선의 여자들과 되도록 자주 성적 관계를 가져야 하며, 그 자식들은 잘 양육되어야 하네. 또 이런 일이 어떤 분쟁 없이 이루어지려면, 통치자는 이를 아무도 모르게 행해야 하지 않겠어? 혼인의 수 또한 통치자 재량에 맡겨야 하는데, 이는 전쟁과 질병 등의 문제를 고려할 때 남자의 수를 최대한 일정하게 유지해야 하기 때문이지.

그렇게 된다면, 역시 우리가 수립하려는 이 나라는 커지지도 않고 작아지지도 않을 것이고 말이야.

글라우콘 옳은 말씀입니다.

소크라테스 또 젊은이들 가운데에서도 전쟁이나 여타의 분야에서 빼어난 사람은 명예와 포상뿐 아니라 여성과 자주 동침할 편의가 주어져야 하네. 용기 있는 이런 사람들로부터 최대한의 아이들을 얻어 내기 위해서지.

그리고 이런 아이들은 관리들에게 맡겨져야 하는데, 그들은 아이들을 받아 양육자들이 있는 보호구역으로 데려가야 할 것이네. 열등한 부모의 자식들은 은밀한 곳에 숨겨 두고 말이야. 관리들은 또 젖이 많은 산모들을 보호구역으로 안내하되, 어떤 산모도 자기 자식을 알아보지 못하도록 하는 등 양육 또한 감독을 해야 하네.

글라우콘 선생님 말씀에 따르면, 수호자들의 아내는 엄청 편하게 출산을 할 수 있겠네요?

소크라테스 그게 적절하기 때문이지.

이제 앞서 제기되었던 다른 문제로 넘어가 보자고. 우리는 적령기 사람들한테서 자식들이 태어나야 한다고 말했었지? 그런데 여자 적령기는 20년이고 남자의 적령기는 30년이라 보는데, 자네 생각은 어떤가?

글라우콘 어떤 적령기 말씀인가요?

소크라테스 여자는 20살에서 40살 될 때까지 나라를 위해 자식들을 낳는 반면, 남자는 절정기인 이때 즉 25살에서 55살이 될 때까지 나라를 위해 자식을 낳는다네.

글라우콘 아무튼 신체적으로나 지혜로 보나 양쪽 모두 이때가 절정기입니다.

소크라테스 이들보다 나이가 많거나 어린 사람이 출산에 가담하는 것은 경건하지도 않고 올바르지도 못한 일이네. 이때 태어나는 아이는 무서운 무절제의 산물이니까 말이야. 한편, 적령기 남자라도 통치자가 짝을 지어 주지 않았는데 여자를 건드린다면, 이들은 사생아나 불경한 아이를 나라에 떠맡기는 꼴이 될 거네. 또 남녀가 아이 낳을 적령기를 벗어나면 자유롭게 성적 관계를 맺도록 내버려두게 되겠지만, 직계 아들딸이나 손자 손녀 또는 직계의 부모나 할머니 할아버지와의 성적 관계는 금지되어야 하겠지.

글라우콘 적절한 말씀입니다. 하지만 직계 자식이나 직계 어른을 어떻게 구별할 수 있겠습니까?

소크라테스 구별할 길은 없네. 하지만 결혼한 기준으로 7개월에서 10개월 사이에 태어나는 모든 아이들을 너나없이 자식으로 삼고 아이들은 이들을 부모로 삼으며, 마찬가지로 손자 손녀와 할머니 할아버지도 이런 식으로 부르게 될 것이네. 또 같은 시기에 태어난 아이들은 모두 서로 형제자매로 부르며, 서로 건드리지 않게 되겠지.

글라우콘 지당하신 말씀입니다.

소크라테스 글라우콘, 수호자들이 처자식을 공유한다는 것은 이러한 것을 말한다네. 다만 이것이 최선임은 논의를 통해 확인할 필요가 있겠지.

글라우콘 단연코 그래야 합니다.

소크라테스 이에 대해 합의하기 위해서는 법을 제정하고 나라를 수립할 때 무엇을 주된 목적으로 삼아야 하는지를 자문함으로써 공통의 기반을 찾을 필요가 있네. 먼저, 무엇이 최대의 선이고 무엇이 최대의 악인지 묻고 그다음에 우리가 앞서 말한 것들이 좋음과 합치되는지 또는 나쁨과 합치되는지 여부를 검토할 필요가 있다는 것이지.

글라우콘 무엇보다 그렇습니다.

소크라테스 그러면 나라를 분열시켜 여럿으로 쪼개는 것보다 나쁜 것이 있을까? 또 나라를 단결시켜 하나로 만드는 것보다 더 좋은 것은?

글라우콘 없습니다.

소크라테스 그러니까 같은 즐거움이나 슬픔을 놓고 모든 시민이 같이 기뻐하거나 괴로워할 때 나라가 단결되겠지? 또 '내 것'이나 '내 것이 아닌 것'에 대한 생각을 최대 다수가 공통으로 갖는 나라가 가장 훌륭하게 경영되는 것이겠고?

글라우콘 그렇습니다.

소크라테스 반면, 나라에든 시민에게든 같은 일이 벌어졌는데 일부는 의기양양하고 일부는 슬픔에 빠질 때, 즉 그런 감정을 서로 달리 사적으로 갖게 될 때, 그런 상황은 나라를 해체시키겠군? '내 것'과 '내 것이 아닌 것'에 대한 생각이 서로 다른 경우도 그러하겠고?

글라우콘 바로 그렇습니다.

소크라테스 그렇다면 마치 한 사람인 것처럼 서로 가까운 상태에 있는 나라야말로 그런 나라라고 할 수 있겠군. 이를테면 누군가가 손가락을 다쳤을 때 [신경 같은] 주도적인 조직이 그것을 지각해서 아프다고 느끼지만 또한 동시에 공동 관계에 있는 [몸] 전체가 손가락 통증을 느끼는 것과 같이 말이야. 즐거움을 느낄 때도 마찬가지고…….

글라우콘 사실 그러합니다. 선생님 말씀대로, 가장 훌륭하게 다스려지는 나라는 바로 그런 한 사람의 상태와 가깝습니다. 적어도 훌륭한 법질서를 갖춘 나라라면 말입니다.

소크라테스 이제 우리의 나라로 되돌아가서, 우리가 논의를 통해 합의했던 사항들을 이 나라가 가장 많이 갖추고 있는가 아니면 다른 나라가 더 갖추고 있는가를 살펴보자고.

글라우콘 그래야겠지요.

소크라테스 그런데 다른 나라와 마찬가지로 이 나라에도 통치자와 국민subject이 있겠지? 그리고 다들 서로를 시민이라 부르겠고? 그런데 다른 나라에는 국민이 통치자를 부르는 호칭이 따로 있던가?

글라우콘 그렇습니다. 군주master라고 부르지요. 민주적으로 다스려지는 나라에서는 그대로 통치자로 부르지만 말입니다.

소크라테스 그러면 우리의 이 나라에서 평민people은 통치자들을 뭐라고 부르지? 또 이들이 평민을 부르는 호칭은?

글라우콘 평민은 통치자를 구원자savior나 보조자helper라 부르며 통치자는 평민을 보수를 주는 자maintainer 또는 부양자foster father

라 부릅니다. 다른 나라에서는 통치자들이 국민을 노예라고 부르기도 합니다.

소크라테스 그런데 다른 나라의 통치자들은 동료 통치자 가운데 누군가를 친척으로 부르고 다른 누군가를 남으로 부르는가? 또 이 나라의 수호자들은 어떤가?

글라우콘 다른 나라의 경우, 친척으로 부르기도 하고 남이라 하기도 합니다. 하지만 이 나라의 경우는 결코 그러지 않고 자기가 만나는 모든 사람을 형제자매 또는 부모나 자식 아니면 조부모나 조손祖孫이라고 부릅니다.

소크라테스 훌륭한 일이네. 하지만 그렇듯 명칭만 법으로 정할 뿐 그 명칭에 걸맞게 행동하라는 것은 법으로 정하지 않을 것인가? 어른을 공경하고 어른 말에 순종할 것이며, 그것을 어기는 행동은 경건하지도 않고 올바르지도 못한 짓이 된다고 알려줄 법규 말이야.

글라우콘 맞습니다. 행동 없이 말로만 하면 우스꽝스럽겠지요.

소크라테스 앞서 말했듯이 이렇게 생각과 표현이 공유되면 즐거움과 고통도 공유되지 않을까? 또 사람들은 같은 일에 같은 관심을 갖게 되고, 공통의 관심은 즐거움과 고통에 대한 공통의 감정을 낳고 말이야. 여기에는 수호자들의 처자식 공유가 큰 몫을 할 것이지만…….

글라우콘 큰 몫을 하겠지요.

소크라테스 우리는 또 이런 감정의 공유가 최대선이 된다는 것에 동의했네. 그래서 훌륭하게 경영되는 나라를 신체에, 특히 고통과 즐거움에 처한 신체에 비유하기도 했고 말이야.

글라우콘 옳은 말씀입니다.

소크라테스 따라서 우리가 수립하려는 나라의 최대선이 시민들의 처자식 공유에서 비롯된다는 게 분명해졌네. 또 우리는 앞서 이들 수호자들에게 사유私有 주택이나 토지 또는 소유물이 있어서는 안 된다고 말했던 것 같네. 이들이 참된 수호자라면 생활비를 수호에 대한 보수로서 다른 사람들에게 받아서, 공동으로 사용해야 한다고도 했지.

글라우콘 옳습니다.

소크라테스 또한 이들 참된 수호자들은 남들과 따로 가질 수 있는 어떤 것을 '내 것'이라면서 자신의 집으로 가져간다거나, 아내나 자식들도 따로 갖는다거나, 사적인 즐거움이나 고통을 생기게 함으로써 나라를 분열시키는 그런 일은 없도록 해야 할 것이네. 오히려 이들은 한 가지 신념과 동일한 목표를 바탕으로 즐거움과 고통에 대해 최대한 공감하도록 해야 하지 않겠나?

글라우콘 바로 그렇습니다.

소크라테스 그렇다면 이들은 몸을 빼고는 사유하는 것 없이 모든 것을 공유하는 만큼, 이들 사이에는 소송이니 고소니 하는 것들이 사라지지 않겠나? 재물이나 아이들 또는 친족들의 소유로 인한 분쟁이 없어지지 않겠느냐는 말이지.

글라우콘 이들이 그런 분쟁에서 벗어나는 것은 필연적입니다.

소크라테스 나아가 이들 사이에는 강제 행위나 폭행으로 인한 소송도 없을 것이네. 서로 조신하게 행동하면서 서로를 지켜 준다는 것은 훌륭하고 올바른 일이기 때문이지. 그렇게 되면 설혹 어떤 사람이

발끈하더라도 그 분노를 삭이게 되어 더 큰 분쟁으로 가지 않을 것이고 말이야.

글라우콘 확실히 옳은 말씀입니다.

소크라테스 연장자에게는 연소자들을 다스리고 벌 주도록 하겠지만, 연소자는 연장자에게 난폭한 짓을 하거나 때리거나 모욕을 주는 일이 없을 것이네. 두려움과 공경이 그를 말릴 터이니 말이야.

글라우콘 사실 그렇게 될 것입니다.

소크라테스 결국 이 법으로 인해서, 모든 면에서 사람들이 서로 평화로운 관계를 유지할 수 있을 것이네. 또 이런 분쟁이 없어지는 만큼, 수호자들이나 시민들이 서로 갈라질 위험도 없고 말이야.

글라우콘 분명 그런 일은 없을 것입니다.

소크라테스 이제 나쁜 것에 대해 언급해야 할 텐데, 자질구레하고 부적절해서 언급하기조차 망설여지는군. 이를테면 가난한 사람이 부자들에 대해 하는 아첨, 아이들 양육과 부양을 위한 돈벌이, 빚, 가계를 꾸려 나가느라 겪는 어려움과 고통 등이 그것이네. 우리의 수호자들은 이런 것들에서 벗어나야 되겠지. 앞서 누군가가 수호자에 대해 말하기를, 그들은 시민에 비해 아무것도 갖지 못하게 되어 불행하다며 우리를 나무란 적이 있었지 않나? 하지만 우리는 수호자들을 수호자답게 만들면서 모든 시민을 가장 행복하도록 만들고 있지. 어느 한 집단만을 행복하게 만드는 것이 아니라 말이야.

글라우콘 기억이 납니다.

소크라테스 그러나 만일 수호자가 이런 행복을 꾀한다면, 그는 더 이상 수호자가 아니게 되고 우리가 말하는 최선의 삶이 그에게 아무 만족도 주지 못할 것이네. 그는 또한 행복에 대한 어리석은 생각에 사로잡힌 나머지 나라의 모든 것을 힘으로 제 것으로 만들려 할 것이네.

글라우콘 우리의 충고를 받아들인다면 그는 수호자 본연의 생활에 충실하겠지요.

소크라테스 그러면 자네는 아이들 교육이나 시민의 수호와 관련해서 남성과 여성이 공동으로 관여하는 문제에 찬성하는가? 나라 안에 있을 때나 싸움터에 있을 때는 물론 사냥을 할 때를 비롯해 모든 것에 관여하여야 한다는 데에 찬성하는가 말이야. 물론 여성 본인의 성향에 어긋나지 않아야겠지.

글라우콘 찬성합니다.

소크라테스 그렇다면 이제 공동 관여가 정말 성립될 수 있는지, 성립될 수 있다면 어떤 방식일지에 대해 논의해야겠군. 전쟁의 경우는 좀 분명하다고 여겨지지만 말이야.

글라우콘 어떻게 말씀입니까?

소크라테스 함께 출진을 하는 것이지. 또 건장한 아이들도 데리고 가고 말이야. 이는 그들 자신이 성장해서 해야 할 일을 미리 보도록 하는 한편, 전쟁과 관련된 갖가지 봉사와 보조 활동과 부모 봉양을 하도록 하기 위한 것이지. 도공의 자제들이 도기 만드는 일을 시작하기 전에 오랫동안 봉사하며 관찰하는 것을 목격하지 않았는가?

글라우콘 물론 목격했지요.

소크라테스 그런데 이들이 수호자들보다 더 신중하게 자식들을 경험시키고 관찰시키면서 교육을 해야 한다고 보는가?

글라우콘 그러면 분명 우스운 일일 것입니다. 그런데 소크라테스 선생님, 전쟁에서 패배할 경우에는 위험이 적지 않은데, 자신들뿐 아니라 아이들까지 잃는다면 나머지 시민들은 재기 불능이 되지 않을까요?

소크라테스 참된 말이네. 하지만 모험을 할 필요도 있지 않을까? 위험을 무릅쓸 일이 있을 때 그것을 성공적으로 수행한다면, 이들은 더 나은 사람이 되지 않을까? 특히 아이들의 경우, 전쟁에 능숙한 사람이 되려면 전쟁과 관련된 일들을 관찰하고 모험을 해야 한다고 생각지 않는가?

글라우콘 선생님 말씀이 옳습니다.

소크라테스 그렇겠지? 아이들을 전쟁의 관찰자로 만드는 일부터 시작해야겠지? 다만 이들을 위한 안전대책은 마련되어야지.

글라우콘 그렇습니다.

소크라테스 이들의 아버지는 대체로 어떤 출정이 위태롭고 어떤 출정은 위태롭지 않은지 판단할 수 있을 것이네. 그리하여 어떤 출정에는 아이들을 데리고 나가고 어떤 출정에는 조심하겠지. 또한 그들은 이들의 지휘관을 임명할 때 지극히 평범한 사람이 아니라 경험과 연령에 있어서 유능한 지도자이자 교사가 될 수 있는 사람을 임명하지 않겠나?

글라우콘 그것이 적절하니까요.

소크라테스 그러나 인간사란 생각 밖으로 많은 일이 일어나는 법이지. 따라서 이에 대비해, 어릴 때부터 이들에게 날개를 달아 주어야 할 것이네. 필요할 경우에 날아서 도망갈 수 있도록 말이야. 그것은 이를테면 승마를 배우게 하는 것이네. 또한 경우에 따라서는 나이 많은 인도자를 따라감으로써 안전하게 보호를 받을 수도 있게 만들고 말이야.

글라우콘 선생님 말씀이 옳습니다.

소크라테스 군인들은 서로에 대해서는 어떤 태도를 취하고 또 적에 대해서는 어떤 태도를 취해야 할까? 이를테면 비겁함 때문에 대오를 이탈하거나 무기를 버린 자가 있다면, 그를 장인이나 농부로 강등시켜야 할까?

글라우콘 그렇습니다.

소크라테스 적에게 생포된 자는 그 적에게 선물이나 노획물로 이용되겠지? 반면에 최고의 무공을 세우거나 평판을 떨친 자는 화관도 받고 오른손 인사도 받을 테고 말이야. 또 앞서 말했지만 훌륭한 사람에게는 혼인의 기회를 더 많이 주어 자식들이 최대로 태어나도록 해야겠지.

글라우콘 그렇게 말했었지요.

소크라테스 호메로스도 훌륭한 젊은이 누구에게나 이런 식의 영광을 주는 것이 올바른 일이라고 했네. 싸움에서 평판을 얻은 [살라미스의 왕자] 아이아스Aias가 [영예로운 대접을 위해 사용되는] 등심 고기를 받았다고 하지 않았던가? 적어도 이 점에서는 우리가 호메로스를 따라야겠지. 고기는 몸을 단련시키는 데도 좋으니까 말이네.

글라우콘 매우 훌륭한 말씀입니다.

소크라테스 그리고 출전 중에 전사했어도 그가 평판을 떨쳤다면, 우리는 그를 명예로운 자라고 말하지 않을까? 헤시오도스가 말했듯이 그런 사람이 죽으면 '성스러운 수호신'이 된다는 것을 믿어야겠지. 또한 그들의 무덤 앞에 엎드려 경배를 해야겠고 말이야.

글라우콘 왜 안 그러겠습니까? 그것은 또 올바른 일이기도 합니다.

소크라테스 그렇다면 적군에 대해 우리의 군인들은 어떻게 대해야 할까?

글라우콘 어떤 점을 말씀하시는 것인지요?

소크라테스 먼저 노예를 만드는 일부터 말해 보세. [우리] 헬라스 나라들이 헬라스 사람들을 노예로 만드는 것은 올바른 일일까? 아니면 헬라스 종족을 관대하게 대하는 것을 관습으로 굳히는 것이 올바른 일일까?

글라우콘 관대하게 대하는 것이 훨씬 낫습니다. 그렇게 되면, 이들은 자신들끼리는 그런 일을 삼가면서 방향을 이방인들 쪽으로 돌릴 것입니다.

소크라테스 자 그러면 적의 전사자한테서 무장 이외의 것까지 벗기는 것이 올바른 일일까? 이 때문에 혹시 비겁한 자들이 적과 싸우지 않는 핑계를 대게 되지 않을까? 또 이런 약탈이 많은 군대를 파멸시킨 일은 이미 숱하게 많지 않았던가?

글라우콘 정말 그랬습니다.

소크라테스 또 적의 무기를 제물로 신전에 바치는 일은 없어야겠지? 특히 헬라스 사람들의 것을 그리해서는 안 되겠지? 동족에게서 빼앗은 것을 신전으로 갖고 간다는 것은 신전을 더럽히는 짓이 아닐까?

글라우콘 지당하신 말씀입니다.

소크라테스 헬라스 땅을 유린하고 가옥을 방화하는 짓은 어떻게 생각하는가? 우리의 전사들은 이런 짓은 하지 않고 그해의 수확물만 빼앗지 않을까? 그 이유까지 말해 주면 좋겠지?

글라우콘 물론입니다.

소크라테스 내가 보기에, 불화는 두 가지가 있네. 동족에 대한 것은 내분이라 하고, 이민족에 대한 것은 전쟁이라 하지. 그래서 헬라스 사람들과 이민족 사람들이 싸우면 이를 전쟁이라 하고, 헬라스 사람끼리 싸우면 이를 내분이라 해야겠지.

글라우콘 그리 하는 것에 저는 찬성입니다.

소크라테스 그러면 나라가 분열되어 한쪽이 다른 한쪽 들판을 유린하고 가옥을 불태우면, 이 내분은 가증스럽고 나라를 사랑하지 않는 것으로 볼 수 있지 않을까? 그것은 자신의 보모와 어머니를 유린하는 짓과 마찬가지 아닐까? 반면에 승자로서 패자의 수확물을 빼앗는 것은 절도 있는 행위이며, 앞으로 화해하고 전쟁을 하지 않겠다는 마음가짐이 아닐까?

글라우콘 그런 마음가짐은 앞의 경우보다 훨씬 온순한 것이라 할 수 있겠습니다.

소크라테스 그런 행위는 선의로써 제정신이 들게 해 주려는 것이지. 예속시키거나 파멸시키려는 것은 아니지 않겠는가? 그런 만큼, 같은 헬라스 사람끼리 불화가 생기더라도 서로를 적으로 삼는 일은 없겠고…… 다만, 불화의 원인이 되는 소수의 적이 있다고는 인정하겠지만 말이야.

글라우콘 그렇습니다.

이에 대해 나는 "국토를 유린하지 말며 가옥을 불태우지 말도록 하는 법"도 제정해야 하지 않겠느냐고 물었고, 글라우콘은 "제정해 주어야지요." 하고 대답했네. 그는 그러면서 정치체제의 문제를 제기하고 나서더군.

글라우콘 하지만 소크라테스 선생님, 선생님께서 이 모든 것을 말씀하시느라 앞서 제쳐 두었던 것을 기억하시지 못할까 염려되는군요. 그것은 우리가 수립하려던 정치체제가 정말 생길 수 있을까, 생길 수 있다면 어떤 방식일까 하는 문제입니다. 그것이 정작 생긴다면, 모든 것이 훌륭하다고 할 수 있는 이 나라에서는 서로를 형제와 부자라고 부르면서 힘을 합할 터이니 적군과도 가장 잘 싸울 것이며, 여성도 함께 출진한다면 모든 면에서 무적이 되리라고 생각됩니다. 아무튼 이 정치체제가 가능한지 여부와 어떻게 가능한지의 문제에 스스로 납득하도록 노력해야겠지요.

소크라테스 자네는 나에게 기습을 하듯 내가 멈칫거리는 것을 봐주지 않는군. 나는 이미 두 차례의 파도를 겨우 피해 왔건만, 자네는 내게 가장 힘든 세 번째 파도를 몰고 오고 있으니 말이야.

글라우콘 그런 말씀을 하신다고 저희가 놓아 드리지는 않을 것이니, 시간 낭비 마시고 어서 말씀해 주십시오.

소크라테스 알겠네. 먼저 이걸 기억하게. 우리가 올바름과 올바르지 못함이 어떤 것인지 찾다가 여기까지 오게 되었다는 사실을 말이야.

글라우콘 그러겠습니다만, 왜 그런 것인지요?

소크라테스 우리는 올바른 사람이 올바름 자체absolute justice와 완벽하게 같기를 요구해야 할까, 아니면 최대한 가깝다면 만족할 수 있을까?

글라우콘 후자이겠습니다.

소크라테스 올바름 자체의 본질은 무엇인지, 그리고 완벽하게 올바른 사람이 생길 수 있을지, 또 그런 사람은 어떤 사람인지, 나아가 올바르지 못함은 무엇이고 가장 올바르지 못한 사람은 누구인지 등을 우리가 탐구한 것은 본ideal을 찾기 위해서였네. 이 사람들의 모습을 본보기를 삼아 우리의 삶을 비추어 보기 위해서였지, 그것들이 실제 존재할 수 있는지 여부를 입증하려 했던 것은 아니라는 말이네.

글라우콘 진실한 말씀입니다.

소크라테스 어떤 화가가 가장 아름다운 인간의 본을 충분히 표현했지만 그런 인물이 실제로 생길지 여부를 실증할 수 없다고 할 때, 자네는 그를 훌륭하지 못한 화가로 생각하겠는가? 또 우리는 논의를 통해 훌륭한 나라의 본을 수립해 왔지만 그렇게 말한 그대로 나라를 수립할 수 있을지 여부를 입증하지 못한다고 해서 우리가 훌륭하지 못한 말을 한 것으로 생각하겠는가?

글라우콘 분명 그러지는 않을 것입니다.

소크라테스 그래도 굳이 이런 나라의 실현성 여부를 입증해야 한다면, 다음 같은 것들에 합의가 되어야 하네.

글라우콘 어떤 것들인가요?

소크라테스 어떤 것이든 말대로 실천될 수 있는가, 아니면 실천은 말보다 진실에 덜 미치는가?

글라우콘 덜 미친다는 데에 동의합니다.

소크라테스 그러니 자네는 우리가 논의했던 바들이 완전히 실현되는 것을 보여주어야 한다고 강요하지 말게나. 오히려 한 나라가 어떻게 하면 앞서 언급된 바에 가장 가깝게 다스려질 것인지를 우리가 발견하는 것만으로도 만족하면 어떻겠나?

글라우콘 저도 실은 만족할 것입니다.

소크라테스 그렇다면 이제 우리가 보여주어야 할 것은 오늘날 여러 나라에서 잘못되고 있는 것이 무엇인지, 또 그리되는 까닭은 무엇인지, 그리고 최소한 어떠한 변혁을 하면 이런 형태의 정치체제로 옮아갈 수 있는지 등의 문제인 것 같네. 이때 변혁은 물론 최소한의 것이어야겠지만 말이야.

글라우콘 전적으로 그렇습니다.

소크라테스 그런데 내 생각으로는 한 가지 변혁을 통해서도 나라가 바뀌는 것을 우리가 보여줄 수 있을 것 같네. 그것은 우리가 가장 큰 파도에 비유했던 바로 그 문제이지.

글라우콘 말씀하시지요.

소크라테스 지혜를 사랑하는 철학자들이 나라의 군왕king이 되어 다스리거나 아니면 현재의 군왕이나 군주prince들이 충분히 철학을 하지 않는 한, 그리하여 정치권력과 철학이 한데 합쳐지지 않고 다양한 성향들이 따로따로 향해 가는 한, 나쁜 것들의 종식은 있을 수 없다네. 또 그렇게 되기 전에는 우리가 여태껏 논의했던 그 정치체제는 결코 햇빛도 보지 못하고 번영도 못할 것이고 말이야.

글라우콘 소크라테스 선생님, 선생님께서 그런 말씀 하셨으니 각오하셔야겠습니다. 결코 만만치 않은 사람들이 저마다 무기 들고 선생님께 달려들 것이니 말입니다. 이들을 이론으로써 막으셔야 되겠네요. 저 같은 조력자가 있으니, 선생님 말씀이 옳다는 것을 보여주시기 바랍니다.

소크라테스 그래야지. 먼저 철학자들이 통치해야 한다고 할 때의 철학자란 누구인지 그들에게 정의定義를 내려 주어야 할 것 같네. 그래서 철학자가 어떤 사람들인지 분명해지면, 누군가는 철학에 종사하면서 동시에 나라의 지도자가 되는 것이 성향에 맞지만 누군가는 철학에 종사하기보다는 지도자를 따르는 것이 성향에 맞는다는 것을 보여주면 되지 않을까?

글라우콘 지금이 그 정의를 내릴 적절한 시점으로 여겨지는군요.

소크라테스 아무렴. 그런데 누군가가 무엇인가를 사랑한다고 할 때, 그는 그 일부만을 사랑하는 것일까 아니면 전부를 사랑하는 것일까?

글라우콘 생각이 거기까지 미치지 않는군요.

소크라테스 글라우콘, 자네는 사랑에 민감한 사람이면서 그런 말을 하다니!

글라우콘 저를 예로 들면서 말씀하시지만, 아무튼 동의합니다.

소크라테스 포도주를 좋아하는 사람은 온갖 핑계를 대며 모든 포도주를 반기고, 명예를 좋아하는 사람들은 장군 노릇을 할 수 없으면 하급 지휘관 노릇이라도 할 것이네. 이들은 고귀한 사람한테 존경을 받지 못하면 미천한 사람한테라도 존경을 받으면서 만족해 하지. 안 그런가?

글라우콘 바로 그렇습니다.

소크라테스 그렇다면 누군가가 무엇인가를 욕구한다 할 때, 이 사람은 그 종류의 모든 것을 욕구한다는 것인가 아니면 일부만 욕구한다는 것인가?

글라우콘 모든 것이라 해야 하겠지요.

소크라테스 그러니만큼, 우리는 철학자도 지혜를 욕구하는 사람으로서 어떤 일부의 지혜만 욕구하는 것이 아니라 모든 지혜를 욕구한다고 보아야 하지 않겠는가? 반면, 학문과 관련해서 무엇인가를 가리는 사람에 대해, 특히 무엇이 유용하고 무엇이 그렇지 못한지를 설명할 수 없는 사람에 대해 우리는 그가 배움이나 지혜를 사랑하는 사람이라고 말하지는 않을 것이네.

글라우콘 당연하고도 옳은 말씀일 것입니다.

소크라테스 반면에, 우리는 배움에 선뜻 나서거나 배우는 일을 반기며 또 만족할 줄 모르는 사람을 두고 지혜를 사랑하는 사람이라고 말하겠지?

글라우콘 선생님께서 말씀하시는 참된 철학자란 어떤 사람인가요?

소크라테스 진리를 보기 좋아하는 사람들이지. 하지만 이를 남들에게 설명하기란 결코 쉬운 일이 아니네. 그래도 자네는 동의하겠지?

글라우콘 어떤 것인지 말씀해 주시지요.

소크라테스 아름다움은 추함에 반대되는 것이므로, 이들은 두 가지이지? 그리고 그것들이 두 가지인 이상 그 각각은 따로따로 하나의 것이고?

글라우콘 왜 그렇지 않겠습니까?

소크라테스 올바름과 올바르지 못함도 그렇고, 좋음과 나쁨도 그러하며, 또 기타 모든 부류의 경우에도 마찬가지네. 각각이 하나이면서도 여러 행위나 물체와의 결합으로 말미암아 여럿으로 보이기는 하지만 말이야.

글라우콘 옳은 말씀이십니다.

소크라테스 이렇듯 나는 양쪽으로 나눈다네. 한쪽은 구경을 좋아하거나 전문적인 기술을 좋아하는 사람들이고 다른 한쪽은 우리가 말하는 진정한 철학자들이지.

글라우콘 어떤 뜻에서 하시는 말씀인지요?

소크라테스 듣기를 좋아하거나 구경을 좋아하는 사람들은 아름다운 소리나 빛깔 또는 모양 등만을 반길 뿐이지, 아름다움 자체absolute beauty의 본성은 알아볼 수도 없고 반길 수도 없을 것이네. 아름다움 자체에 다가가서 그 자체로서 볼 수 있는 사람은 적지 않을까?

글라우콘 분명 그럴 것입니다.

소크라테스 그럼 아름다운 사물들은 믿으면서도 아름다움 자체는 믿지 않고 또 누군가가 그것에 대한 인식에 이르도록 이끌어도 이를 따라갈 수 없는 사람이라면, 자네는 그를 꿈꾸고 있다고 하겠는가 아니면 깨어 있다고 하겠는가? 물론 꿈꾸고 있다는 말은 실제로 잠든 상태가 아니라 무엇인가를 닮은 것을 놓고 닮았다고 하지 않고 닮은 대상 바로 그것이라고 하는 경우를 말하는 것이겠지.

글라우콘 저도 그런 사람을 꿈꾸고 있다 할 것입니다.

소크라테스 반면, 아름다움 자체를 믿을 뿐 아니라 아름다움과 그것에 관여하고 있는 것들을 구분할 줄 아는 사람이 있다면, 이 사람을 자네는 깬 상태로 생각하는가 아니면 꿈꾸는 상태로 생각하는가?

글라우콘 물론 깨어 있다고 봅니다.

소크라테스 그러면 우리는 이 사람에 대해 앎知識이 있는 사람이라 하겠지? 반면에 앞의 경우는 의견opinion을 갖고 있는 사람이라 할 테고?

글라우콘 물론 그렇습니다.

소크라테스 그런데 의견만 있고 알지는 못하는 사람이 우리에게 진실을 말하지 않는다면서 우리를 공박하면 어찌해야 할까? 그를 건전하지 못한 영혼 상태라고 탓하기보다 그를 달래서 납득시켜야 하지 않을까?

글라우콘 아무튼 그래야 하겠지요.

소크라테스 그러면 그에게 무엇이라고 해야 할까? 그에게 이렇게 물어보면 어떨까? 그가 무엇인가를 알고 있다는 것을 우리가 기껍게 생각한다면서, "우리에게 대답해 주시기를 바랍니다. 알고 있는 자란 무엇인가를 알고 있는 것인지, 아무것도 알지 못하고 있는 것인지?"라고 말이야. 자네가 그 사람 대신 대답해 보게.

글라우콘 무엇인가를 알고 있다고 대답하겠습니다.

소크라테스 그러면 그 무엇인가는 존재하는 것인가, 존재하지 않는 것인가?

글라우콘 존재하는 것입니다. 존재하지도 않는 것이 알려질 수는 없는 노릇이지요.

소크라테스 그렇지? 완벽하게 있는 것은 완벽하게 인식될 수 있지만, 어떤 식으로도 있지 않은 것은 어떠한 방법으로도 인식될 수 없겠지?

글라우콘 더할 나위가 없습니다.

소크라테스 그렇지만 무엇인가가 있으면서도 있지 않는 상태의 것이라면, 그것은 순수하게 있는 것과 어떤 식으로도 있지 않은 것의 중간에 위치하는 것이지 않을까?

글라우콘 그 중간에 위치하는 것입니다.

소크라테스 그러면 있는 것에는 앎이 상관하고 반면에 있지 않은 것에는 반드시 무지가 상관하는 만큼, 그것들 사이의 것은 앎과 무지 사이의 어떤 것이 상관하겠군?

글라우콘 확실히 그렇습니다.

소크라테스 그런데 우리가 의견이라고 말하는 것도 있지 않은가? 그것은 인식과 다른 능력 아니겠어? 그러니까 의견과 앎은 각각 자체의 능력에 따라 서로 다른 대상에 관계하지 않는가?

글라우콘 그렇습니다.

소크라테스 그래서 인식은 본성상 있는 것에 관계하여, 있는 것을 있는 그대로 알게 되지 않을까? 그런데 그보다 먼저 다음과 같이 구별할 필요가 있다고 생각되네.

글라우콘 어떻게요?

소크라테스 우리는 능력이라는 것을 있는 것의 한 부류로 말하고 있지. 이를테면 시각이나 청각 따위처럼 말이야. 그런데 능력 자체는 빛깔도 모양도 없는 것이지. 나는 능력을 그것이 관계하는 대상과 그것이 해내는 작용만을 주목할 뿐이네. 즉 동일한 대상에 관계하며 동일한 작용을 해내는 것은 동일한 능력이라고 부르고, 다른 대상에 관계해 다른 작용을 해내는 것은 다른 능력이라고 부른다네. 자네는 어떤가?

글라우콘 저도 그렇게 할 것입니다.

소크라테스 그러면, 앞의 논의로 되돌아가서 자네는 앎을 능력의 일종이라고 하는가, 아니면 능력과 다른 어떤 부류로 보는가?

글라우콘 모든 능력 가운데에서도 가장 강력한 능력으로 여깁니다.

소크라테스 그렇다면 의견은 능력이라 보는가, 아니면 다른 부류의 것으로 여기는가?

글라우콘 그것도 능력의 일종이지, 결코 다른 부류의 것으로 여길 수는 없습니다.

소크라테스 그렇지만 조금 전에 자네는 인식과 의견이 같은 것이 아니라는 데에 동의하지 않았던가?

글라우콘 지각이 있는 사람이라면 어찌 '잘못할 수 없는 것'을 '잘못할 수 없는 것이 아닌 것'과 같은 것으로 간주할 수 있겠습니까?

소크라테스 그러니까 의견과 인식이 모두 능력의 일종이지만 다른 종류의 능력이라는 데에 우리가 동의한 것이 분명하군?

글라우콘 분명 다른 것이지요.

소크라테스 그렇다면 의견과 인식은 그 본성상 다른 일을 할 수 있으며 각각 다른 대상에 관계하겠네?

글라우콘 반드시 그러합니다.

소크라테스 말하자면 인식은 있는 것being에 관계하며 있는 것을 있는 그대로 아는 거겠지? 반면에 판단opinion은 의견을 갖기 위한 것이겠고?

글라우콘 그렇습니다.

소크라테스 그런데 의견은 인식이 알게 되는 것과 같은 대상에 대한 것인가? 그래서 인식의 대상과 의견의 대상이 동일한 것이 되는가? 아니면 불가능한가?

글라우콘 불가능합니다. 별개의 능력은 별개의 대상에 관계한다는 데에 우리는 합의한 바 있지 않습니까? 또 의견과 인식이 일종의 능력이지만 서로 다른 능력이므로, 인식의 대상과 의견의 대상이 동일한 것이라는 추론은 나올 수가 없습니다.

소크라테스 그러니까 있는 것이 인식의 대상이므로, 의견의 대상은 있는 것과는 다른 어떤 것이겠군?

글라우콘 다른 것이지요.

소크라테스 그렇다면 있는 것과는 다른 것, 즉 있지 않은 것에 대해 의견을 갖게 될 수 있을까? 아니면 있지 않은 것에 대해서는 의견을 갖는 것조차 불가능할까? 사람이 의견을 가질 때에는 무엇인가에 관련시키지 않을까? 아니면 의견을 가지면서도 아무것에 대해서도 의견을 갖지 않는다는 것이 가능할까?

글라우콘 불가능합니다.

소크라테스 그렇지만 의견을 갖는다는 것은 '어떤 하나의 것'에 대해 의견을 갖는다는 말이겠지? 그런데 '있지 않은 것'은 '어떤 하나의 것'이 아니라 '아무것도 아닌 것'이겠지?

글라우콘 물론 그렇습니다.

소크라테스 우리가 앞서 '있지 않은 것'에는 무지를 대응시켰고 '있는 것'에는 인식 또는 앎을 대응시켰던 것은 필연적이었군?

글라우콘 옳습니다.

소크라테스 그렇다면 의견의 대상은 '있는 것'도 또 '있지 않은 것'도 아닐 터이고, 나아가 의견은 무지도 아니고 인식도 아니겠군?

글라우콘 아닌 것이 확실합니다.

소크라테스 그럼 의견은 인식보다 더 명확하거나, 무지보다 더 불분명할 수 있을까?

글라우콘 그 어느 쪽도 아닙니다.

소크라테스 그렇다면 의견은 인식보다는 어둡고 무지보다는 밝다는 것이로군? 그래서 의견은 그 둘 사이에 있다고 보는 것이고?

글라우콘 바로 그렇습니다.

소크라테스 그런데 우리는 앞서 이런 말을 했지. 어떤 것이 있으면서 동시에 있지 않는 그런 것처럼 보인다면 그것은 '순수하게 있는 것'과 '전적으로 있지 않은 것'의 중간에 위치할 것이고, 따라서 이에 관계하는 것은 인식도 무지도 아닌 그 중간 것이 될 것이라고 말이야.

글라우콘 그랬었지요.

소크라테스 그런데 이들 둘 중간에 의견이라는 것이 나타난 것이지?

글라우콘 그렇습니다.

소크라테스 나는 이제 가상의 누군가에게 질문을 하고 답변을 요구하려 하네. 그 사람은 '아름다움 자체'나 '한결같은 상태로 있는' 아름다움 자체의 이데아[35]도 믿지 않으면서 수많은 아름다운 사물들

---

35) idea: 그림자를 있게 만드는 것이 현실의 실물이듯이, 현실의 실물을 있게 만드는 원형이자 영원불멸한 실재. 감각으로는 볼 수 없고 지성을 통해서만 알 수 있는 존재이다. 여러 이데아 가운데 최상위에 있는 이데아는 '좋음의 이데아'이다. 6권 각주 37) 참조.
소크라테스는 이데아를 찾아가는 인식과정을 태양의 비유, 선분의 비유, 동굴의 비유로 설명한다. idea를 '형상形相'으로 번역하는 경우가 있는데 플라톤의 '이데아'를 비판한 아리스토텔레스의 개념과는 다른 일반적 형상을 뜻한다. 아리스토텔레스의 '형상'은 동종의 사물을 이루는 공통된 속성에 지나지 않을 뿐 독립적으로 존재하는 것이 아니다.

은 믿는 사람이지. 그는 아름다움도 하나이고 올바름도 하나이며 다른 것들도 그러하다고 말하면 이를 참지 못하는 사람이기도 하고 말이야. 이 사람에게 이렇게 묻고자 하네.

"수많은 아름다운 사물 가운데 추해 보이지 않을 그런 것이 있습니까? 또 올바른 것들 중에 올바르지 않은 것으로 보이지 않을 그런 것이나, 신성한 것들 중에 신성하지 않은 것으로 보이지 않을 그런 것 말이오?"라고.

글라우콘 그런 것은 없습니다. 모든 것이 한편으로는 아름답지만, 다른 한편으로는 추하게 보이기도 하는 법이지요. 선생님께서 물으신 다른 것들에 대해서도 마찬가지입니다.

소크라테스 그러면 두 배의 것이 반으로 보이는 경우도 있겠군?

글라우콘 그렇지요.

소크라테스 또 큰 것들이나 작은 것들 또는 가벼운 것들이나 무거운 것들이 그 반대의 것으로 불릴 수도 있다는 것이고?

글라우콘 그렇습니다. 그것들은 늘 양쪽 모두에 관계합니다.

소크라테스 그리고 많은 것이라고 말한다는 것은 그것이 어떤 무엇이 아니기보다는 어떤 무엇이라고 하는 편이 맞는가?

글라우콘 그것은 흔히 하는 수수께끼 같습니다. [남자 아닌 남자 즉] 거세된 남자가 [나무 아닌 나무 즉 갈대에 앉은, 새 아닌 새 즉] 박쥐에게 [돌 아닌 돌 즉] 속돌을 던졌는데, 그것이 맞았느냐 하는 것이지요. 이때 이것들 어느 것도 "어느 쪽이다" 또는 "어느 쪽이 아니다" 또는 "양쪽 다이다" 또는 "양쪽 다 아니다"라고 단정적으로 생각할 수 없는 것이지요.

소크라테스 그러면 자네는 이것들을 어떻게 대해야 할지, 존재와 존재하지 않음의 중간보다 더 나은 어디에 위치 지워야 할지 알고 있는가? 존재하지 않음의 극에는 비존재가 있고, 존재함의 극에는 실재가 있다고 할 수 있으니 말이야.

글라우콘 더없이 참된 말씀입니다.

소크라테스 그러고 보니, 우리는 아름다움이나 기타의 것들이 순전히 있지 않음과 순수하게 있음 중간의 어딘가에서 맴돌고 있음을 발견한 것 같군.

글라우콘 그렇습니다.

소크라테스 우리는 또 중간에 맴도는 어떤 것을 발견하면 이에 대해 의견의 대상이지 인식의 대상이라고 말해서는 안 되며, 중간에서 헤매는 것은 중간의 능력에 의해 포착되는 것이라는 데에 동의한 바 있지, 아마?

글라우콘 예, 동의한 바 있습니다.

소크라테스 그렇다면 많은 아름다운 사물을 보면서도 아름다움 자체는 못 보며, 많은 올바른 것들을 보면서도 올바름 자체는 못 보는, 이런 유의 사람들을 가리켜 우리는 그들이 스스로 의견을 갖는 것들에 대해 아무것도 인식하지 못한다고 말해야 하지 않을까?

글라우콘 반드시 그리해야겠지요.

소크라테스 반면, 어떤 것 자체의 것들 즉 '늘 한결같은 상태로 있는 것들'을 보는 사람들은 인식을 하지 의견을 갖는 게 아니라고 말하지 않겠나?

글라우콘 그것도 필연적입니다.

소크라테스 그러니까 이 후자의 사람들은 인식이 관계하는 대상들을 반기며 사랑하지만, 전자의 사람들은 의견이 관계하는 대상들을 반기며 사랑한다고 말할 수 있겠지? 혹시 우리는 이들이 아름다운 소리나 빛깔 또는 이와 같은 것들을 사랑하며 바라보지만, 아름다움 자체의 존재를 인정하지 않을 것이라고 말한 적이 있지 않던가?

글라우콘 기억납니다.

소크라테스 그렇다면 우리는 그들을 지혜를 사랑하는 사람이 아닌 의견을 사랑하는 사람이라고 불러도 되겠지? 우리가 이렇게 말한다고 그들이 화를 내지는 않겠지?

글라우콘 그러지는 않겠지요. 진실에 대해 화를 내는 것은 온당하지 못하니 말입니다.

소크라테스 그러니까, 진실을 사랑하는 사람들은 지혜를 사랑하는 사람이라고 불러야지 의견을 사랑하는 사람으로 불러서는 안 되겠네?

글라우콘 전적으로 그렇습니다.

제6권

5권의 철인정치 논의가 이어진다. 철학자를 비판하는 목소리가 소개되고 소크라테스는 반론을 편다. 참된 철학과 최선의 정치체제, 수호자가 배울 좋음의 이데아가 함께 논의된다. 이데아를 찾아가는 길이 태양·선분의 비유를 통해 설명된다.

수호자는 지혜·실재實在·진리를 사랑하고 절제가 있어 재물·욕구를 멀리하며, 법·관행을 수호하고 죽음을 두려워하지 않는 사람. 바로 철학자다. 이들이 참교육을 받고 연륜이 쌓이면 나라를 맡길 수 있다. 철인정치가 되는 것이다.

아데이만토스는 "훌륭한 사람이 철학을 하면 쓸모없게 된다."는 세간의 비방을 전한다. 이에 소크라테스는 참된 키잡이가 계절·천체운동·바람 따위를 알아야 하듯이 참된 철학자는 실재와 본질을 파악해 앎에 이르려는 사람이라고 말한다.

최선의 정치체제는 이런 철학자가 나라의 밑그림과 정치체제의 윤곽을 그릴 때 수립된다. 수호자에게 배움이 중요하다고 하는 이유이다. 최상의 배울 거리는 좋음의 이데아이다.

또다시 아데이만토스가 "좋음이란 앎인가, 즐거움인가?" 묻는다. 소크라테스는 "나도 모른다."면서도, 이데아란 아름다움이나 좋음 자체 또는 실재하는 것 자체라고 말한다. 눈에는 보이지 않으나 지성으로는 알 수 있는 것이다.

태양의 비유: 사물의 인식단계를 어둠 속 사물을 보는 단계, 태양빛 아래 사물을 보는 단계, 생성·소멸하는 실물을 보는 단계, 진리를 인식하는 단계로 나눈다. 이때 태양은 좋음의 이데아를 비유한 것이다. 사물에 실재성을 부여하면서 그 자체 최고의 진리로서 인식이 대상이 되기도 한다.

선분의 비유: 역시 인식단계를 둘씩 둘로 나뉜 선분으로 표시한다. 감각계에는 모상과 실물이 있고, 또 예지계에는 기하학적 원리들과 이데아가 있다. 이것들을 인식하는 방식은 각각 상상과 확신, 추론적 사고와 지성이다.

이러한 비유는 7권에 다시 나타난다. 동굴의 비유이다.

……내가 글라우콘에게 말했지. 길고 자세한 논의를 통해 지혜를 사랑하는 사람과 그렇지 않은 사람들은 각각 어떤 사람들인지 밝혔다고 말이야. 하지만 올바른 삶과 올바르지 못한 삶의 차이점 또한 알아보아야 한다고 했네. 그러자 글라우콘이 우리의 다음 논의거리는 무엇이냐고 묻더군. 그래서 내가 순서에 따라야 하지 않겠느냐면서 다음과 같이 말을 이어 나갔다네.

소크라테스 한결같은 상태의 것을 파악할 수 있는 사람은 지혜를 사랑하는 사람이고, 그것을 파악하지 못하는 사람은 지혜를 사랑하는 사람이 아니라고 할 것이니, 대체 어느 쪽이 나라의 지도자가 되어야겠는가?

글라우콘 어떻게 답하는 것이 온당한 것일는지요?

소크라테스 어느 쪽이든 나라의 법률과 관행을 수호할 수 있는 사람이 수호자로 임명되어야겠지.

글라우콘 옳습니다.

소크라테스 하지만 수호자는 눈먼 사람이 아니라 날카롭게 보는 사람이어야 한다는 것은 분명하겠지?

글라우콘 분명 그렇습니다.

소크라테스 그러면 실재true being를 제대로 인식하지 못하는 사람들, 영혼 속에 아무런 뚜렷한 본[36]도 지니지 못하는 사람들, 올바른

36) pattern: 'paradigm'과 같은 의미를 갖는다고 보아, 이를 '본'으로 옮긴다.

것들 등에 관련된 법규들을 정하거나 기존 법규를 보존해야 할 때 그러지 못하는 사람들, 이런 사람들이 눈먼 사람들과 어떤 차이가 있는 것일까?

글라우콘 크게 다를 것이 없습니다.

소크라테스 그런데도 그런 사람들을 수호자로 임명해야 할까?

글라우콘 아닙니다. 여러 부문에서 훌륭한 사람들 대신 다른 사람을 선택하는 것이 오히려 이상한 일이겠지요.

소크라테스 이제 그런 사람들이 어떻게 그런 면들을 지니게 되는지, 그들의 성향은 무엇인지를 우리가 알고 말해야 하지 않을까? 반면 다른 사람들이 나라의 지도자가 되어서는 안 된다는 점에 대해서도 말이야.

글라우콘 어떻게 말씀인가요?

소크라테스 지혜를 사랑하는 사람의 성향은 늘 존재하며 생성·소멸하지 않는 것, 즉 본질에 대한 배움을 사랑한다는 데에 우리는 합의한 바 있지 않은가? 뿐만 아니라, 이 사람들은 존재 전체를 사랑하는 까닭에, 그 작고 큰 부분과 귀하고 하찮은 부분들을 하나도 포기하지 않는다는 데에도 합의했고?

글라우콘 그랬지요.

소크라테스 이제 그런 사람이 되려면 무엇을 더 갖추어야 하는지 생각해야 하지 않을까?

글라우콘 어떤 것인가요?

소크라테스 진실함이네. 거짓을 증오하고 진리를 좋아하여야 하네.

글라우콘 옳은 말씀입니다.

소크라테스 그런데 진리보다 더 지혜에 가까운 것이 있을까?

글라우콘 없지요.

소크라테스 또 진실로 배움을 좋아하는 사람은 진리에 최대한 이르고자 하겠지?

글라우콘 전적으로 그렇습니다.

소크라테스 그런데 욕구가 학문과 같은 것들에 너무 기울면 육신을 통한 즐거움은 점점 시들지 않을까? 그리고 그런 사람은 절제가 있어 재물을 좋아하지 않으며, 낭비나 돈에의 열의와는 거리가 멀지 않겠나?

글라우콘 그렇습니다.

소크라테스 또 철학적 자질은 저속함과도 거리가 멀어야겠지? 반면, 고매한 사람이나 본질에 대한 관념을 갖는 영혼을 지닌 사람은 세속적 삶도 대단하게 여기지 않을 것이고 죽음도 무섭게 생각하지 않겠지?

글라우콘 그렇습니다.

소크라테스 어떤 사람이 철학적인지 아닌지를 검토하려면 그가 젊어서부터 올바르며 온순한지 아니면 상종하기 어렵고 거친지를 살펴야겠지?

글라우콘 물론입니다.

소크라테스 또 사람이 무엇인가를 쉽게 배우는지 힘들게 배우는지도 문제이지 않을까? 특히 배워도 남는 것이 없다면 그의 지식은 텅 빈 상태가 되지 않을까?

글라우콘 당연히 그렇겠습니다.

소크라테스 그러니 잘 잊는 사람보다 기억력 좋은 사람을 지혜를 사랑하는 사람들 부류에 넣어야 하겠지? 또 이렇듯 균형 잡힌 성향과 호의적 사고를 지닌 사람은 실재true being로 쉽게 인도되지 않을까?

글라우콘 물론입니다.

소크라테스 이런 사람들이 교육과 연륜을 통해 원숙해졌을 경우에만 나라를 맡길 수 있겠지?

이때 아데이만토스가 끼어들었네. 나의 말에 아무도 반론을 펼 수는 없겠지만 나의 말을 듣다 보니 이상한 느낌이 든다는 것이었네. 그것은 사람들이 문답법問答法에 익숙지 않은 까닭에 논의가 전개될 때마다 그 자신이 오도되어 마지막에는 처음 주장과 완전히 반대되는 주장을 펼치게 되는 느낌이라는 것이었지. 그는 심지어 "선생님께서 말씀하시는 것이 다 진실은 아니다."라고까지 주장하더군. 더구나 철학을 하는 사람들이 나라에 쓸모없게 된다고도 하더군. 그의 말을 들어보게.

아데이만토스 제가 이런 말을 하는 것은 현재 상황을 눈여겨보았기 때문입니다. 지금은 선생님 말씀을 하나하나 반박할 수 없습니다. 하지만 철학을 하기 시작한 많은 사람들이 중도에 그만두지 못한 채 아주 이상하게 되기도 하고, 가장 훌륭하다고 여겨지던 사람일지라도 선생님이 칭찬하시는 철학하는 일로 인해 나라에 쓸모없게 되는 경우가 있다고 말들 합니다.

소크라테스 그러면 자네는 이런 말을 하는 사람들이 거짓말을 한다고 생각하나?

아데이만토스 저는 잘 모르겠고, 선생님 의견을 듣고자 합니다.

소크라테스 그들이 진실을 논한다는 말을 자네는 들을 것이야.

아데이만토스 그렇다면 나라에 쓸모가 없다는 철학자들이 나라를 다스리기 전에는 그 나라에 나쁜 일들이 끊임없이 일어날 것이라는 말이 옳을 수 있을까요?

소크라테스 비유를 통해 말할 수밖에 없겠군. 훌륭한 사람들은 나라와의 관계에서 너무 어려운 처지에 놓여 있으니까 말일세.

이를테면 어떤 배의 선주가 있는데 덩치나 힘은 남들보다 우월하지만 항해술이 신통치 않은 반면에 선원들은 서로 키를 잡겠다고 다툰다고 해 보세. 그들은 선주에게 키를 맡겨 달라면서 다른 사람이 성공하면 죽여 버린다네. 그들은 선주에게 최면제 같은 것을 먹여 꼼짝 못하게 한 뒤 배를 지휘하지. 그러나 그들은 참된 키잡이와 관련된 것들은 알지도 못한다네. 계절이나 천체의 운동, 바람의 움직임 등뿐 아니라 관련된 기술도 익히 알고 있어야 하는데 말이야. 키잡이 기술은 꼭 필요하며 배우고 익힐 수 있는 기술인데, 이런 생각조차 그들은 못하고 있지.

이 경우, 정작 키잡이 기술에 능숙한 사람은 다른 선원들로부터 천체 관측자라느니, 수다쟁이라느니, 쓸모없는 사람이라느니 하고 불리지 않겠나?

아데이만토스 물론 그렇겠지요.

소크라테스 그렇다면 철학자들이 존경받지 못하고 있다는 것에 놀라는 사람들에게 이 비유를 알려주고, 그들이 존경을 받게 되면 훨씬 더 놀라운 일들이 생기리라는 것도 납득시켜야겠지?

아데이만토스 그리해야겠지요.

소크라테스 훌륭한 철학자들이 대중에게 쓸모없다는 말이 아주 틀린 말은 아니지. 하지만 그것은 대중이 그들을 이용하지 않아 생기는 일일 뿐이라네. 키잡이가 선원들에게 "나의 지휘를 받아 주십시오."라고 부탁하는 일이나 현자가 부자의 문전으로 찾아가는 일은 어색하기 짝이 없기 때문이지. 반면 부유하든 가난하든 아픈 사람이 의사를 찾아가는 것이나 다스림을 요하는 사람들이 다스릴 수 있는 사람을 찾아가는 일은 꼭 필요한 일이라네.

아데이만토스 지당하신 말씀입니다.

소크라테스 철학을 하는 일은 이와 반대의 일에 종사하는 사람으로부터 좋지 않은 평판을 듣기 십상이네. 하지만 더 큰 비방은 바로 그 철학하는 사람들로부터 나오고 있네. 그렇지 않은가?

아데이만토스 그렇습니다.

소크라테스 그러면 이제 사람들이 타락하게 되는 필연성을 논하고 또 그것이 철학의 탓이 아님도 밝혔으면 하는데, 자네는 어떤가?

아데이만토스 물론 좋습니다.

소크라테스 그럼 가장 훌륭한 사람의 성향이나 자질에 대해 앞서 언급했던 대목을 상기하면서 논의를 전개시켜 보세나.

먼저, 그 사람을 이끈 것이 진리였다고 말한 점은 자네도 기억할 테지? 이때 그 사람은 이를 전적으로 따르는 사람이거나 아니면 참된 철학에는 관여하지 않는 허풍선이일 것이라 했고 말이야.

아데이만토스 기억납니다.

소크라테스 그런데 그것은 그런 사람에 대해 요즈음 사람들이 갖는 의견과 매우 다르지 않나?

아데이만토스 몹시 다릅니다.

소크라테스 그렇다면 이렇게 말하는 것이 적절하지 않을까 싶네. 즉 참으로 배움을 좋아하는 사람은 본성이 실재實在에 이르는 데에 열심이며, 존재한다고 여겨지는 많은 개개의 것보다는 그것들 자체의 본질을 파악하려 하되, 이를 파악하기에 적합한 영혼의 부분을 통해 하는데, 이를 파악하기까지는 그것에 대한 사랑이 마를 날이 없을 것이라고 말이야. 또 그의 영혼은 '참으로 있는 것'에 접근해서 그것과 만나 지성과 진리를 낳고 또 앎에 이르게 되는데, 그 과정의 진통은 앎에 이른 뒤에야 멈추게 된다고 말이야.

아데이만토스 적절한 표현 같습니다.

소크라테스 그런데 이 사람은 거짓을 좋아할까, 아니면 미워할까?

아데이만토스 미워할 것입니다.

소크라테스 진리가 앞에서 이끌 때는 나쁜 것들의 무리가 진리를 뒤따를 리 만무하겠지? 반면 올바름과 건강한 마음이 어깨를 나란히 할 때 절제가 뒤를 따르겠고?

아데이만토스 옳습니다.

소크라테스 이제 용기와 고매함과 쉽게 배우는 능력과 높은 기억력 따위가 철학자의 훌륭함을 이루는 본질적 자질임을 더 언급할 필요가 있을까?

그런데 자네는 이런 사람들 가운데 일부는 쓸모없는 사람들이고 또한 많은 사람들이 나쁜 사람이라는 비방을 듣는다고 했지. 그래서 우리가 그 비방의 이유를 찾게 되었고 결국 지혜를 사랑하는 사람들의 성향을 다시 규정하게 되었던 것 아닌가?

아데이만토스 그렇습니다.

소크라테스 그럼 이제 그런 철학적 성향이 전락했다는 말에 대해 살펴보세. 다수의 사람들에게서 그런 성향이 어떻게 전락되는지, 쓸모없다고 여겨지는 소수의 사람들이 어떻게 여기에서 벗어나는지, 그리고 철학적 성향을 흉내 내는 엉터리들이 철학적 활동에 참여함으로써 철학 자체가 어떻게 그런 비방을 받게 되는지, 따위를 말이야.

아데이만토스 전락이라니, 무슨 뜻인지요?

소크라테스 완벽한 철학자의 성향을 갖춘 사람은 아주 소수겠지?

아데이만토스 당연히 그렇겠지요.

소크라테스 그러면 이들 소수를 파멸시키는 요소들이 얼마나 많은지 생각해 보세나. 무엇보다 놀라운 것은, 우리가 그런 성향과 연계시키면서 칭찬했던 여러 요소들이 오히려 그 영혼을 파괴하고 철학으로부터 떼어 놓는다는 것이지. 이를테면 용기와 절제 등이 그리 한다는 것이야.

아데이만토스 이상한 일이기는 합니다.

소크라테스 좋은 것이라 여겨져 왔으면서도 그런 성향을 타락시키고 철학으로부터 떼어 놓는 요소들은 그 밖에도 많다네. 인물의 준수함이나 부유함, 체력, 또는 세도가문 등등 말이야.

이를 전체적으로 파악해 논의해 보세. 식물이든 동물이든 모든 씨는 나름 적합한 영양이나 계절이나 장소가 제공되어야 할 것이야. 그런데 그것이 기운찬 것이면 기운찬 것일수록 더 적절한 영양이 필요할 테고, 영양이 결핍되면 결핍되는 정도가 심한 것이 되겠지.

마찬가지로 최선의 성향은 이에 맞지 않는 양육 상태에 있게 되면 평범한 성향보다도 더 못하게 되리라는 것이 내 생각이라네.

아데이만토스 당연히 그렇겠지요.

소크라테스 그러니 가장 훌륭한 성향을 지닌 영혼도 못된 지도를 받게 되면 유달리 못되게 되지 않겠나? 철학자의 성향도 마찬가지 아닐까? 이를테면 소피스트에 의해 타락된 젊은이들처럼 말이야. 소피스트들은 막강해서 남녀노소를 불문하고 자신들이 원하는 사람으로 만들어 내지 않던가?

아데이만토스 언제 그리한다는 말씀이신지요?

소크라테스 민회民會나 법정, 극장 또는 기타 대중 집회에서 그리하지. 그들은 사람들 발언이나 행동을 비난하거나 칭찬하려고 늘 고함을 치거나 박수를 쳐 댄다네. 이런 상황에서 젊은이들이 어찌 되겠는가? 어떤 교육이 그로 하여금 비난이나 칭찬에 휩쓸리지 않게 해 주고 그들을 닮은 사람이 되지 않게 해 줄 수 있겠는가?

아데이만토스 그리 되기가 너무 어려울 것입니다, 선생님.

소크라테스 하지만 더 큰 문제가 있으니, 그것은 강제성이네. 교육자들이며 소피스트인 이들은 말로 설득하지 못할 경우에는 행동으로 강제적 제재를 가한다네. 시민권을 박탈하거나 벌금을 물리거나 심지어 사형으로 처벌하지.

아데이만토스 분명 그런 심한 짓들을 합니다.

소크라테스 그렇다면 그런 불공평한 상황에서 다른 어떤 소피스트나 개인이 이들 소피스트에 맞서 싸워 이들을 제압할 수 있을까?

아데이만토스 아무도 그럴 수 없을 것 같습니다.

소크라테스 그럴 수도 없지만, 그리하는 것 자체가 [필요 없는] 어리석은 짓이라네. 소피스트나 여론이 말하는 인간의 훌륭함 말고는 달리 교육받은 게 없는 그런 사람은 과거에도, 현재에도, 미래에도 생겨나지 않을 것이기 때문이네.

또 다른 문제가 있는데, 이들이 소피스트로 부르는 저 개인교사들은 다중의 신념과 똑같은 것을 가르치면서 이를 지혜라 부르기도 한다는 점이네. 그의 신념 속에는 아름다움과 추함, 좋음과 나쁨, 올바름과 올바르지 못함 따위에 대한 이해는 없다네. 하지만 그는 이런 것들과 관련해서 아무것도 설명할 수 없으며, 불가피한 것과 좋은 것의 본성이 얼마나 다른지 스스로 본 적도 없고 남에게 보여줄 수도 없다네. 그러니 자네 눈에 이런 사람은 이상한 교육자로 보이지 않는가?

아데이만토스 그렇게 생각되는군요.

소크라테스 또 대중의 기분과 즐거움을 안다 해서 이를 지혜라고 생각하는 사람과 그 이상한 교육자가 어떻게 다르다고 생각되는가? 또 누군가가 대중을 주인으로 삼고는 그들에게 지나치게 복종할 경우, 그 사람은 대중이 칭찬하는 일들을 하게 되지 않을까? 이런 것들이 진정 좋고 아름답다는 주장을 진솔하게 펼치는 적이 있는가?

아데이만토스 그런 적은 전에도 없었지만 앞으로도 없을 것 같습니다.

소크라테스 그럼 대중은 아름다움 자체나 개별적인 것 자체가 있다고 믿을 수가 있을까?

아데이만토스 불가능할 것입니다.

소크라테스 그럼 대중이 지혜를 사랑하게 되는 것도 불가능하겠군?

아데이만토스 그렇지요.

소크라테스 그러니 철학하는 사람들이 이들한테서 비난을 받는 것도 당연한 일 아니겠는가? 또 대중의 마음에 들려고 했던 아까의 그 이상한 교육자로부터도 비난을 받을 터이고?

아데이만토스 분명 그러합니다.

소크라테스 상황이 이러하니, 철학적 성향을 존속하게 해줄 구원의 힘이 무엇이 있을까? 기억력이나 용기 또는 고매함이 그런 철학적 성향임을 우리는 동의한 바 있지만 말이야.

아데이만토스 그랬었지요.

소크라테스 그런데 그런 사람은 어릴 적부터 모든 것에서 다른 아이들보다 월등하게 우수하지 않을까? 게다가 그가 출신도 좋고 집안도 좋은 데에다 인물까지 좋다고 해보자고. 그는 무슨 짓을 하겠나? 제 능력을 과대평가하고, 지성知性은 갖추지 못했으면서 공허한 자만심으로 충만하지 않겠어?

아데이만토스 정말 그렇게 되겠지요.

소크라테스 또 누군가가 그에게 다가가 진실을 말해 준다고 해보세. 그에게는 있어야 할 지성이 없고, 무진 애를 쓰지 않고서는 얻을 수 없다고 말이야. 그는 이 말을 귀담아 들으려 할까?

아데이만토스 그럴 리가 없지요.

소크라테스 그가 천성이 훌륭해서 그런 말에 이끌린다면, 그를 잃을까

봐 두려워하는 사람은 무슨 짓을 하겠는가? 그가 설득당하지 않도록 별짓 다할 것이며 그를 설득하려는 사람에게는 음모를 꾸며 송사를 벌이기까지 하지 않을까?

아데이만토스 반드시 그럴 것입니다.

소크라테스 철학적 성향들이 나쁜 양육 상태에 놓이면 그 자체가 그러한 철학적 활동을 막는 원인이 된다는 내 말이 이제 이해되겠는가?

아데이만토스 옳은 말씀입니다.

소크라테스 이렇듯 최선의 성향이 파멸하고 몰락한 결과는 엄청나다네. 바로 이런 사람들 가운데서 나라와 개인들에게 가장 큰 해를 입히는 사람도 생기고 가장 좋은 일들을 해주는 사람도 생기는 법이지. 반면, 하찮은 성향의 사람은 아무 영향도 미치지 못하고 말이야.

아데이만토스 옳으신 말씀입니다.

소크라테스 반면에 철학에 어울리는 사람이 철학에서 이탈해 진실하지 않은 삶을 살고, 엉뚱한 사람들이 철학에 접근해서 철학을 망쳐 놓기도 한다네. 그래서 비난도 받게 되지. 철학과 교류하는 사람들은 아무 쓸모도 없고, 대부분 나쁜 일을 당해 마땅하다는 비난 말이야.

아데이만토스 그러게요, 그렇게들 비난하더군요.

소크라테스 그런데 그 말이 맞기도 하다네. 철학의 분야가 비어 있는 모습을 보고 철학으로 풀쩍 뛰어드는 인간들이 있기 때문이네. 자질구레한 기술은 매우 능란하지만, 그 분야를 벗어나는 것이지.

아데이만토스 당연히 그렇겠지요.

소크라테스 이렇듯 철학 교육을 받을 자격이 없는 자들이 철학에 접근하지만 이와 제대로 교류하지 못할 경우, 그들은 어떤 생각과 의견을 갖게 될까? 전혀 순수하지도 못하고 참된 지혜와 아무 관계도 없는 궤변들을 갖게 되지 않겠어?

아데이만토스 전적으로 맞는 말씀입니다.

소크라테스 철학 교육을 받은 자들 가운데는 소수지만 다음 같은 부류도 있다네. 훌륭하게 양육되어 그 성향에 따라서 철학에 남은 경우와, 위대한 영혼을 지녔지만 자신이 태어난 나라가 작아 국사國事를 경시하고 철학에 남은 경우와, 훌륭한 성향을 지녔으면서 다른 분야의 기술을 경시하여 철학에 남은 경우들이지. 이 소수자들은 철학이 얼마나 즐겁고 축복받은 소유물인지 맛보게 되기는 하겠지.

하지만 그들은 대중의 광기狂氣도 충분히 목격함으로써 국사와 관련해서 건전하고 올바른 일을 할 수도 없고 그럴 만한 동지도 없으며 오히려 남에게 이롭게 하기도 전에 먼저 스스로 파멸할 수도 있다는 것을 깨달을지도 모른다네. 그리하여 그는 폭풍우를 피해 담벼락 아래에 대피한 꼴을 하고는 남들의 무법을 보면서 스스로는 깨끗한 삶을 살고 있다고 만족해 할 것이네.

아데이만토스 그래도 그가 작은 일만 하지는 않을 텐데요.

소크라테스 그렇다고 그가 큰일을 성취하는 것도 아니네. 자신에게 어울리는 정치체제를 만나지 못할 것이니 말이야.

이제 철학이 비방을 받는 이유에 대해, 그렇지만 그 비방이 옳지 않다는 것에 대해, 웬만큼은 논의가 된 것 같네. 더 할 말이 있는가?

내 말에 아데이만토스는 "더 말할 게 없다."면서, 그러면 철학과 어울리는 정치체제가 무엇이냐고 묻더군. 이에 나는 그런 것이 없으며 나 또한 그것이 불만인데, 아데이만토스에게 최선의 정치체제가 어떤 것인지 궁금하냐고 물었네.

아데이만토스 아닙니다. 제가 여쭈려 한 것은 그 정치체제와 우리가 수립하려던 나라의 것이 같은가 하는 것입니다.

소크라테스 많은 점에서 그렇지. 하지만 중요한 것은 자네처럼 입법자가 정치체제에 대한 나름의 이론적 근거가 늘 있어야 한다는 것이네. 다만 그것이 제대로 설명되지 못했을 뿐. 하지만 앞으로의 문제도 결코 다루기가 쉽지 않을 것이야.

아데이만토스 그것이 무엇인가요?

소크라테스 나라가 철학을 어떤 식으로 대해야 파멸하지 않을까 하는 문제이네. "아름다운 것은 까다롭다."는 속담처럼 커다란 모든 것은 불안정하기 때문이지. 나라가 철학을 대할 때 오늘날과는 정반대로 해야 한다는 말을 하고자 하네. 진심이네.

아데이만토스 어떻게 말씀인가요?

소크라테스 사람들은 대체로 아주 젊을 때 철학에 손대기 시작하더군. 가사를 운영하거나 돈벌이를 하기 전에 철학 활동의 가장 힘든 부문 즉 논변論辯 활동을 하는 것이지. 그리 되면 그는 철학에 가장 통달한 사람으로 간주되네. 이쯤 되면 그는 스스로가 대단한 사람인 양 착각하게 되지. 그에게 철학은 이제 여가 활동에 지나지 않게 되며, 철학을 향한 처음의 열정은 금세 꺼져 버리지.

아데이만토스 그러면 어떻게 해야 합니까?

소크라테스 완전히 반대로 해야 하네. 청소년기에는 그 시기에 맞는 교육과 철학을 바탕으로 심신을 단련하고, 영혼이 원숙해지는 나이가 되면서부터는 영혼의 단련을 증진해야 하네. 이후, 정치와 군 복무에서 물러서는 나이가 되면 그때는 철학에 전념해야지.

아데이만토스 소크라테스 선생님, 선생님 말씀에 열의가 있으시긴 합니다만 그것을 들은 사람들 이를테면 트라시마코스 선생님 같은 분들은 그것에 반대할 것 같습니다.

소크라테스 트라시마코스 선생과 나는 방금 친구가 되었으니 자네는 이간질하지 않았으면 좋겠군. 물론 다른 많은 사람들이 쉽게 설득되지 않는다는 것은 놀랄 일이 아니지. 수사적 표현들만 보았을 뿐, 지금까지 언급된 것들이 실현된 모습을 보지도 못했고 그러한 훌륭함을 완벽하게 닮은 이가 나라의 권력을 잡은 것도 보지 못했으니 말이야.

아데이만토스 그렇지요.

소크라테스 그들은 올바른 인식을 위해 열심히 진리를 추구하는 모습을 본 적도 없다네. 재판이나 사적인 모임에서 행하는 교언巧言이나 논쟁적 언사와는 다른 훌륭하고 자유로운 논의들 말이야.

아데이만토스 그런 것들은 들어본 적이 없겠지요.

소크라테스 이런 까닭에 우리는 앞서 다음 같은 논의를 했었지. 소수의 철학자가 나라를 관리하거나, 현재 권력을 장악한 사람들에게 철학에 대한 진정한 사랑이 생겨나기 전에는 나라든 정치체제든 개인이든 결코 완전해질 수 없다고 말이네. 그런데 그런 일들이 불가능하다고 할 근거는 없지 않나?

아데이만토스 그렇습니다.

소크라테스 다시 말해 철학이 나라를 장악하면, 우리가 세우려던 정치 체제는 실현이 이미 되었거나 되고 있거나 앞으로 될 것이라고 말할 수 있겠네. 어렵기는 하지만 불가능하지는 않다는 것이지.

아데이만토스 제 생각에도 그렇습니다.

소크라테스 그런데 자네는 대중도 그렇게 생각하지는 않을 것이라고 말하고 싶겠지?

아데이만토스 그렇지 않겠습니까?

소크라테스 대중을 그렇게 비난하지는 말게. 철학자들이 어떤 사람들인지 그리고 그들의 성향과 활동은 무엇인지 대중에게 알려 준다면, 대중은 철학자들에 대해 다른 의견을 갖게 될 것이네.

아데이만토스 저도 같은 생각입니다.

소크라테스 자네는 다음 같은 말에도 동의할 듯싶네. 즉 철학에 대해 대중이 거칠게 대하게 된 것은, 외부에서 들이닥쳐 자기네끼리 싸움을 하는 사람들이나 철학에 가장 적절하지 않은 짓을 하는 사람들 탓이라는 점 말이네.

아데이만토스 정말 그들은 몹시 적절하지 못한 짓을 하고 있습니다.

소크라테스 이보게 아데이만토스, 실재實在에 관심이 있는 사람이라면 보통의 인간사를 내려다볼 여가도 없고 시기심이나 적대감에 빠질 여가도 없지 않겠나? 오히려 그는 올바르지 못한 짓을 행하지도 않고 당하지도 않으며, 질서 정연한 것이나 이성적인 것들을 본받으려 여념이 없을 것이네. 철학자는 이렇듯 스스로 절도 있는

신 같은 사람이 되지. 물론 많은 비방을 당하기도 하지만 말이야.

아데이만토스 정말 그렇습니다.

소크라테스 철학자가 어떤 필연성 속에서 찾아낸 것을 바탕으로 자신을 형성할 뿐만 아니라 이를 인간의 성격 속에 구현하려 할 때, 그는 절제와 올바름과 시민적 훌륭함을 졸렬하게 구현하는 사람이 되겠나?

아데이만토스 전혀 그렇지 않습니다.

소크라테스 철학자에 관해 우리가 한 말이 진실임을 대중이 깨달았을 때도, 그들은 철학자에 관한 우리의 주장에 대해 화를 내게 될까? 즉, 나라는 신적인 본paradigm을 이용하는 화가들이 그 밑그림을 그리지 않으면 결코 행복해질 수 없다는 우리의 말에 대해서 말이야.

아데이만토스 대중이 화를 내지는 않겠지요. 그런데 그 밑그림이란 무엇을 말씀하시는 것인지요?

소크라테스 철학자들은 나라나 인간의 성격을 볼 때 화판을 보듯 할 것 같네. 그리하여 먼저 화판을 깨끗이 만들고자 하겠지. 쉬운 일은 아니지만, 그렇게 하기 전에는 나라나 개인의 일에 관여하지 않을 것이네. 이것이 다른 사람들과의 차이점이기도 하고…….

아데이만토스 그게 옳은 일이라 여겨지는군요.

소크라테스 그런 뒤에야 그들은 정치체제 형태의 윤곽을 그리려 하지 않을까?

아데이만토스 물론 그럴 것입니다.

소크라테스 또 그것을 이루기 위해 그들은 다음 두 가지에 주목할 것 같네. 하나는 올바름과 아름다움과 절제 따위의 본성 자체가 무엇인지 하는 것이며, 다른 하나는 그런 것들을 인간 속에 생기게 할 방법은 무엇인지 하는 것이지. 그들은 이를 바탕으로, 인간의 갖가지 활동을 버무려서 인간의 모습을 그려내려 하지 않겠나? 호메로스가 인간 속에 나타난 '신의 모습'이라고 표현했던 바로 그것 말이야.

아데이만토스 옳습니다. 그 그림은 또한 가장 훌륭한 것이 되겠고요.

소크라테스 그러면 철학자들이 나라의 밑그림을 그리는 화가라는 우리의 주장에 대해 대중이 납득할 수 있지 않을까?

아데이만토스 그럴 것입니다.

소크라테스 그들이 달리 반론을 제기할 수도 있을까? 철학자들은 실재와 진리를 사랑하는 사람들이 아니라거나, 우리가 말한 철학자들의 성향이 최선의 것이 아니라거나, 하고 말이지?

아데이만토스 그러지는 못할 것입니다.

소크라테스 지혜를 사랑하는 이런 사람들이 나라를 장악하지 못한다면 나라에든 시민에게든 악과 불행 같은 나쁜 일들이 사라지지 않을 것이며, 우리가 논의해 왔던 정치체제도 완성되지 않을 것이라고 말한다면 그들이 또 화를 내려나?

아데이만토스 그리 많이 화내지는 않을 성싶습니다.

소크라테스 그러면 군왕이나 군주의 자손들이 지혜를 사랑하는 성향의 사람으로 태어날 수는 없을 것이라는 반론도 있겠는가? 나아가 그런 사람이 태어나더라도 타락할 가능성이 높다는 주장도 있으려나?

아데이만토스 아무도 그러지는 않을 것입니다.

소크라테스 그렇지만 그런 사람이 하나라도 태어나서 나라가 그를 따른다면, 그는 믿어지지 않을 만큼 많은 일을 이루어내지 않을까? 통치자가 법률이나 관행을 정하고 시민은 이를 기꺼이 이행하는 경우처럼 말이야.

아데이만토스 불가능한 일이 전혀 아니지요.

소크라테스 이제 법률의 제정과 관련해서, 우리가 말한 것들은 어렵기는 해도 실현 가능할 뿐 아니라 최선의 것이라는 게 밝혀졌다고 할 수 있겠군?

아데이만토스 밝혀진 것이 사실입니다.

그의 말에 이어 내가 말했네. 이제까지의 문제가 어느 정도 마무리되었으니 이제 다음 문제를 논의하자고. 정치체제의 수호자들이 어떻게 생겨나는지, 또 그들을 키워 내기 위해서는 어떤 교과목과 활동이 필요한지, 특히 연령에 맞는 교과목과 활동은 무엇인지 따위의 문제 말이야. 아데이만토스도 이런 문제를 논의해야 한다고 동의했네. 이에 내가 다음 같이 말을 이어갔다네.

소크라테스 앞서 나는 아내의 소유나 자녀의 출산 그리고 통치자의 임명 따위의 문제를 제쳐놓았었지. 그것은 사람들의 반감이나 실현 불가능함이 우려되어 그랬던 것이네. 하지만 이제는 이들 문제를 다룰 때가 되었네. 그런데 처자식 문제는 좀 다루었으니, 통치자의 문제에 집중하자고.

우리는 앞서 이런 말도 했지. 통치자는 어떤 즐거움이나 괴로움을 겪더라도 나라를 사랑하여야 하고 또 힘든 일이나 두려움 같은 모든 변화를 겪더라도 그 영혼은 변치 않아야 한다고 말이야. 그러지 못하는 사람은 통치자에서 배제시키고 불 속에서 단련된 금처럼 굳건한 사람을 통치자로 옹립해야 한다고도 했지.

아데이만토스 분명한 사실입니다. 제 기억에도 또렷합니다.

소크라테스 그동안 좀 주저했던 것을 이제 감히 말하자면 가장 엄밀한 의미의 수호자로는 철학자들이 임명되어야 하네.

아데이만토스 그렇게 말했다고 할 수 있겠지요.

소크라테스 그렇지만 그들 수가 적다는 점에 유의해야 하네. 그러한 성향을 같은 사람이 고루 갖추기는 힘들기 때문이지. 어떤 사람이 쉽게 배우는 능력과 좋은 기억력과 재치와 민첩성 등의 성향을 지니면서도 조용함과 안정성과 절도 있는 성향을 같이 갖추기는 어렵지. 이를테면 민첩한 사람은 안정됨을 잃기 쉬운 법 아닌가? 반면 안정된 성향은 믿음직하고 전쟁의 두려움 앞에서든 배움 앞에서든 좀처럼 동요되지 않지만, 굼뜨고 더디며 열심히 해야 하는 때에 졸거나 하품만 하기도 하지.

아데이만토스 그건 그렇습니다.

소크라테스 그렇지만 수호자는 우리가 앞서 주장했듯이 양쪽 성향을 모두 겸비해야겠지. 그렇지 못하다면 교육을 받거나 통치하는 일에 참여해서는 안 될 것이고 말이야.

아데이만토스 옳습니다.

소크라테스 이런 까닭에 그는 노고와 두려움과 쾌락 등의 시험을 거쳐야겠지. 또 앞에선 논의하지 않았지만, 그는 많은 교과를 통해 단련을 받기도 해야 하네. 그런 중요한 교과를 감당해 낼 수 있을지, 꽁무니를 사릴지 살펴보아야 한다는 것이지.

아데이만토스 적절한 일입니다. 그런데 어떤 교과들이 중요한 것인지요?

소크라테스 자네도 기억하겠지만, 영혼을 세 성향으로 나누어 검토했지 않았던가? 올바름과 같이 논의했던 절제와 용기와 지혜 말이야. 그리고 나는 각각에 부응하는 증명을 덧붙여 정확성을 높일 수 있다고 했는데 자네들은 충분하다고 했었지?

아데이만토스 적어도 제게는 적절해 보였습니다.

소크라테스 그런 것을 측량하는 척도가 실재에 미치지 못한다면 적절하다는 표현은 있을 수 없지 않을까? 불완전한 것은 어떠한 것의 척도도 될 수 없으니 말이야. 그런데도 어떤 사람들이 이에 만족하기도 하지.

아데이만토스 많은 사람이 게으름 탓으로 그러기도 합니다.

소크라테스 하지만 나라와 법률의 수호자에게는 어울리지 않는 일이겠지?

아데이만토스 그렇겠지요.

소크라테스 그러니, 그런 사람은 더 먼 길을 에돌아가더라도 신체 단련 못지않게 공부도 열심히 해야 하지 않을까? 그렇지 않으면, 그는 가장 중요한 배움의 목표에 결코 이르지 못할 터이고 말이야.

아데이만토스 그렇다면 올바름 및 이와 같이 논의했던 절제와 지혜와 용기 따위보다 한결 중요한 것이 있습니까?

소크라테스 있지 물론. 그리고 앞서 말했던 밑그림을 완벽하게 완성하는 일도 중요하고 말이야.

아데이만토스 물론 그렇겠지요. 그런데 선생님께서 말씀하시는 가장 중요한 배움이라는 것이 무엇인지 궁금하네요.

소크라테스 그것은 바로 '좋음의 이데아'[37]라네. 이 이데아 덕에 올바름을 비롯한 여러 것들이 유익하게 되는 것이고 말이야. 하지만 우리는 좋음의 이데아에 대해 충분히 알고 있지는 못하다네. 우리가 아는 것은 다만, 이 좋음의 이데아를 모른다면 그 외에 아무리 많은 것을 안다고 해도 아무 덕이 되지 않는다는 것이지.

아데이만토스 그렇습니다.

소크라테스 또 대중에게는 즐거움이 좋은 것으로 생각되겠지만, 세련된 사람에게는 지혜가 좋은 것으로 생각된다는 점을 자네는 알고 있겠지?

아데이만토스 왜 모르겠습니까?

소크라테스 그런데 그들에게 지혜가 무엇이냐고 물어본다면 그들은 어찌 대답할까? 그들은 '좋음에 대한 지혜'라고 대답할 것이네. 즐거움을 좋은 것으로 규정하는 사람들 또한 나쁜 즐거움이 있다는 것에 동의하게 될 것이고. 그러면 그들은 같은 것을 놓고 좋기도 하고 나쁘기도 하다는 데에 동의하는 것이 되겠지?

아데이만토스 분명 그럴 것입니다.

소크라테스 그렇다면 이에 대해 많은 논쟁이 있을 게 분명하겠군?

---

37) idea of good: 여러 이데아들 가운데 최상위에 있는 이데아. 모든 사물을 존재하게 만드는 근원arche이자 진리로서, 지성에게 인식의 능력을 부여해 주는 힘인 동시에 그 자체가 인식의 대상이 되기도 한다.

아데이만토스 왜 분명하지 않겠습니까?

소크라테스 예를 들어, 올바르고 아름다운 것은 사실 여부와 무관하게 그렇게 판단되기만 해도 사람들이 이를 행하거나 소유하려 하지만, 좋은 것은 그렇게 판단될 뿐 아니라 사실상 좋기까지 해야 이를 추구하는데, 그러면서도 사람들이 그런 판단을 경멸한다는 것도 분명하지 않은가?

아데이만토스 그것도 분명합니다.

소크라테스 영혼들이 추구하는 목적이기도 하고 여러 행동의 근원이기도 한 그 무엇인가를 나라의 가장 훌륭한 사람들이 전혀 몰라도 되는 것일까?

아데이만토스 천만의 말씀입니다.

소크라테스 올바른 것들과 아름다운 것들이 왜 좋은지 알려지지 않은 상태라면 나라의 수호자들도 그것을 모를 것이고, 그래서 그만큼 그들은 대단치 않은 자들이라 할 수 있지 않을까? 반면에 수호자가 그런 것들을 알고 있으면서 우리가 세우려던 정치체제를 지켜보고 있다면, 이 정치체제는 완벽하게 다스려진다고 할 수 있을 것이고…….

이러한 내 말로 최선의 정치체제에 대한 논의가 어느 정도 마무리된 듯했네. 그러자 아데이만토스가 이번에는 좋음이라는 것 자체가 무엇이냐고 묻더군.

아데이만토스 그런데 소크라테스 선생님, 선생님께서 말씀하시는 좋은 것이란 앎입니까, 아니면 즐거움입니까? 아니면 또 다른 어떤 것인가요?

소크라테스 아데이만토스, 자네가 이에 대한 남들의 의견에 만족하지 못했음을 진작에 알고 있었지.

아데이만토스 소크라테스 선생님, 다른 사람들의 신념에 대해서는 말씀을 하시면서 정작 선생님 자신의 신념을 말씀하지 않으십니다.

소크라테스 사람이 무엇인가에 대해 모르면서 아는 듯이 말한다면, 자네는 옳다고 생각하겠는가?

아데이만토스 전혀 옳지는 않습니다. 하지만 자신의 생각이나 판단을 말이야 할 수 있는 것 아니겠습니까?

소크라테스 앎이 결여된 판단은 모두 창피스러운 것임을 자네도 알면서 그러는가? 지성을 갖추지 못했으면서도 참된 것에 대해 판단을 하는 사람이 있다면 이는 눈이 멀었으면서도 길을 바로 가고 있다고 하는 사람이나 마찬가지 아니겠어?

아데이만토스 다를 바는 없지요. 하지만 소크라테스 선생님, 물러서시지 마시기 바랍니다. 여태껏 올바름과 절제 같은 것들에 대해 말씀해 주셨던 것처럼, 좋음에 대해서도 상세히 말씀해 주십시오.

소크라테스 그럴 수 있다면 좀 좋겠나! 하지만 그것이 불가능하지 않을까 저어된다네. 좋음 자체에 대해서는 지금 상태로 내버려두었으면 좋겠구먼. 다만 좋음이 만들어 내는 어떤 유사한 것에 대해서는 말할 수 있을 것 같네.

아데이만토스 말씀해 주십시오.

소크라테스 먼저 이미 언급되었던 것들을 다시 떠올리면서 시작하기로 하세. 우리는 많은 것들에 대해 "아름답다."거나 "좋다." 또는 "어떠어떠한 것이다."라고 구분해서 표현하지? 다른 한편, '아름다운 것 자체'니 '좋은 것 자체'니 하면서 많은 것들 각각에 하나의 "이데아가 있다."고, "실재한다."고 표현하고 말이야.

아데이만토스 그렇습니다.

소크라테스 앞의 것들에 대해 우리는 눈에 보이지만 지성知性에는 알려지지 않은 것이라고 하는 반면, 이데아들에 대해서는 지성에는 알려지지만 눈에 보이지는 않는다고 말하지?

아데이만토스 정말 그렇습니다.

소크라테스 우리는 무엇으로 사물을 보는가?

아데이만토스 시각視覺을 통해서입니다.

소크라테스 그러니까 듣는 것은 청각을 통해서 하며 또 다른 감각들도 마찬가지겠지? 그런데 청각과 소리는 제3의 매개체가 필요하지 않지만 시각은 그런 제3의 매개체 없이는 색깔 따위를 아무것도 보지 못하게 되지.

아데이만토스 무엇을 말씀하시는지요?

소크라테스 바로 빛이네. 빛이라는 귀한 멍에가 연결해 주기 때문에 우리가 사물을 볼 수 있는 것 아니겠나? 그리고 빛은 태양[38]이라는 하늘의 신이 주인이겠고?

아데이만토스 그렇습니다.

소크라테스 그런데 시각 자체나 눈이 태양인 것은 아니지?

---

38) sun: 이 부분을 흔히 '태양의 비유'라 한다. '좋음의 이데아'를 찾아가는 인식의 단계를 나타낸다.

아데이만토스 물론 그렇습니다.

소크라테스 그렇다면 태양 또한 시각이 아니겠네? 태양은 오히려 시각의 원인이 되지 않을까? 그리고 보인다는 것은 시각 자체에 의한 것이고?

아데이만토스 그렇습니다.

소크라테스 밤에 어두운 빛이 퍼져 있는 동안에는 마치 눈먼 것처럼 보이지 않다가 태양이 빛을 비출 동안에는 눈에 맑은 시각이 있는 것처럼 보이지 않는가?

아데이만토스 물론입니다.

소크라테스 마찬가지로, 진리와 실재가 비추는 곳에 영혼이 고착되면 지성을 통해 그것들을 알게 되지만, 생성과 소멸이라는 어둠에 영혼이 고착되면 판단만 갖게 된다네. 그 판단은 이리저리 바뀌기도 하는 만큼, 영혼이 침침한 상태가 된다네.

아데이만토스 정말 그렇게 보입니다.

소크라테스 그러므로 인식되는 것에 진리를 부여하고 인식하는 자에게 인식하는 힘을 주는 것을 나는 좋음의 이데아라고 부르고자 하네. 이 이데아는 인식, 즉 지식science과 진리의 원인이기도 하지만 인식 대상이기도 하지. 물론 지식과 진리 또한 훌륭한 것들이기는 하지만, 이데아는 그것들보다 더 훌륭한 것이라 할 수 있네. 빛과 시각이 태양을 닮은 부류의 것으로 여겨질 수는 있어도 태양 자체는 아니듯이, 지식과 진리 또한 좋음을 닮은 부류의 것으로 여겨질 수는 있어도 좋음 자체로 보아서는 안 될 것이네.

아데이만토스 굉장한 아름다움을 말씀하고 계시는군요. 좋음이 앎과 지식을 제공하면서도 그것들보다 더 아름답다고 하시니 말입니다.

소크라테스 쉿! 비유를 더 발전시켜야겠네. 태양은 사물을 보이게 해 주기도 하지만 그것들에 생성과 성장의 힘 및 영양분을 제공하기도 한다고 자네가 말했었지 아마? 마찬가지로, 사물이 인식될 수 있게 해 주는 것은 좋음인데 그것은 사물을 존재하게도 만들고 사물에게 본질 즉 실재성을 부여해 주기도 한다네. 그런 만큼, 좋음은 단순한 존재가 아니라 존재를 초월하는 어떤 것이라고 할 수 있겠네.

이때 글라우콘이 끼어들었네. 태양신 아폴론에 대해 대단히 우월한 존재라고 익살스레 추켜세우는 말을 한 것이네. 나는 그에게 "내가 나의 의견을 말하지 않을 수 없었던 것은 자네 탓"이라고 했지. 그러자 그는 "다른 것은 몰라도, 태양과의 유사성에 대해는 더 자세히 말씀해 주십시오."라면서 조금도 빼먹지 말아 달라고 하더군. 나는 가능한 한 빼먹지 않겠다면서, 다음과 같이 말을 이어갔다네.

소크라테스 이렇게 상상해 보세. 여기 두 개의 지배적인 힘이 있네. 하나는 지성을 통해서만 알 수 있는 영역을 지배하고, 다른 하나는 볼 수 있는 영역을 지배한다고 말이야. 이해가 되겠지?

글라우콘 이해했습니다.

소크라테스 이를 달리 표현해 보세. 여기 두 부분으로 나뉜 선분[39]이

39) line: 이 부분부터 6권 끝까지의 내용은 흔히 '선분의 비유'라고 불린다. 앞에 나온 '태양의 비유'나 7권에 나오는 '동굴의 비유'처럼 '좋음의 이데아'를 찾아가는 인식의 단계 또는 인식 대상이 존재하는 유형을 설명한다.

있네. 한 부분에는 앞에서 말했던 볼 수 있는 영역이 있고, 또 다른 부분에는 지성을 통해 알 수 있는 영역이 있단 말이지.

이제 각 영역을 또 두 부분으로 나누는 거야. 그러면 볼 수 있는 영역도 둘로 나뉘게 되겠지? 그중 하나에는 어떤 영상 같은 것들이 있는데 그것은 그림자일 수도 있고 물이나 광택 표면에 비친 상像일 수도 있네. 모상模像이라 할 수 있겠지. 그리고 볼 수 있는 영역의 다른 부분에는 이 모상들이 닮은 본디 실물實物들이 있네. 우리 주변에 흔히 존재하는 갖가지 동물과 식물, 그리고 일체의 인공물 따위 말이야.

글라우콘 알겠습니다.

소크라테스 자네는 물론 모상과 실물의 관계를 다음 같이 볼지도 모르겠네. 모상은 진리가 아닌 것이자 의견[40]의 대상이라고 보고, 실물은 진리이자 인식의 대상이라고 본다는 것이지.

글라우콘 저는 정말 그러고 싶습니다.

소크라테스 이제 지성을 통해 알 수 있는 영역을 보면, 이 부분도 둘로 나뉠 테지? 그중 한 부분에서는 어떤 가정假定에서 출발하여 결론들을 도출하는데, 앞에서 모상의 본이었던 실물들을 오히려 모상처럼 이용하지. 다른 한 부분에서는 가정에서 출발하지도 않고 어떤 모상을 이용하지도 않네, 이때는 이데아들 자체를 이용해 탐구를 진행한다네.

글라우콘 선생님 말씀이 잘 이해되지 않습니다.

40) doxa: 의견은 상상과 확신을 아우른다.

소크라테스 다시 말하지. 기하학이나 수학에서는 홀수와 짝수, 도형들, 세 종류의 각角 따위를 이용하지 않던가? 이런 것들은 사람들이 이미 알고 있는 것으로 가정하고, 안 그래? 이런 가정들은 물론 설명이 필요 없는 것들일 테고 말이야. 사람들은 이런 가정들에서 출발하여 고찰을 계속해 나간 뒤 결론을 얻게 된다네.

글라우콘 물론 그 점은 알고 있습니다.

소크라테스 그렇다면, 이런 점도 알고 있겠네? 즉 사람들은 눈에 보이는 도형들을 이용하여 논의를 계속하지만, 정작 그들이 생각하는 것은 도형들이 아니라 이것들이 모사하고 있는 원래의 것들이라는 점 말이네. 다시 말해 정사각형 자체나 대각선 자체 따위 말이야. 다른 것들도 물론 마찬가지지…… 그림자나 물에 비친 상뿐 아니라 실물도 하나의 모상으로 이용될 뿐이며 사람들이 보려고 꾀하는 것들은 추론적 사고를 통하지 않고서는 볼 수 없는 그런 것들이네.

글라우콘 옳으신 말씀입니다.

소크라테스 물론 이런 것들도 내가 지성을 통해 알 수 있다고 말한 그런 부류에 속하기는 하네. 하지만 사람들이 이런 종류를 탐구할 때 어쩔 수 없이 여러 가정들을 이용하면서도 근본 원리에 도달하지는 못한다네.

글라우콘 알겠습니다. 선생님께서는 학술에 대해 말씀하고 계시는군요.

소크라테스 그것은 내가 지성을 통해 알 수 있다고 말했던 부류의 다른 한 부분으로서, 이성 자체는 그것을 변증술[41]의 힘을 통해 파악하네. 이때 이성은 가정이라든가 어떤 감각적인 것들은 전혀 이용하지 않고 이데아 자체만을 이용하지.

글라우콘 이해는 좀 되지만, 완전하지는 못합니다. 그렇지만 지성을 통해 알 수 있는 영역 가운데 변증술을 통해 고찰할 수 있는 부분이 학술을 통해 고찰하게 되는 부분보다 더 명확한 것이라는 선생님 말씀은 이해할 것 같습니다. 학술을 통한 고찰에는 감각이 아닌 추론적 사고가 사용되지만 그것이 원리에까지 이르지는 못하며 또 지성이 사용되지도 않는다는 선생님 말씀도요. 추론적 사고는 의견과 지성 사이에 놓인 어떤 것이라는 말씀이시지요?

소크라테스 자네는 내 말을 충분히 이해한 것 같네. 내가 말한 이들 네 부분들에 대응하는 네 가지 지적 상태들도 이해해 주었으면 하네. 그것은 지성에 의한 앎과 추론적 사고와 확신과 상상이라 할 수 있겠지.

글라우콘 알겠습니다.

41) dialectic: '질문과 대답'이나 '질문과 비판'으로 진행되는 토론의 과정이다. 소크라테스에게 "변증술은 지식의 최고 단계이자 이 지식을 습득하는 방법이기도 하다."(세이어즈, 239쪽.) 세이어즈는 이 변증술을 훗날의 헤겔이나 마르크스가 발전시킨 '정thesis·반antithesis·합synthesis'의 변증법과 구분한다.

제7권

6권에 이어 인식의 단계가 동굴의 비유로 설명되고 소크라테스는 철학자의 현실 참여를 주장한다. 수호자를 광명으로 인도하기 위한 필수교육이 논의된다. 나이에 따른 단계적 교육도 논의된다.

동굴의 비유: 인식의 단계를 나타낸다. 사슬에 묶여 동굴에서 그림자만 보는 단계, 사슬에서 풀려 동굴 속 실물을 보는 단계, 가파른 언덕을 올라 태양빛 아래 실물을 보는 단계, 태양 자체를 보는 단계이다. 사슬에서 풀려나거나 언덕을 오르는 것은 배움을, 태양은 좋음의 이데아를 비유한 것이다.

좋음의 이데아는 모든 대상에 실재성을 부여할 뿐 아니라 그것들을 인식할 수 있는 지성을 제공하며, 또 그 자체가 인식의 대상이 되기도 한다.

태양 즉 좋음의 이데아를 본 사람은 동굴로 되돌아가 현실의 정치에 참여해야 한다는 것이 소크라테스의 생각이다. "더 나은 삶의 기회 빼앗는 것 아니냐?"고 글라우콘이 묻지만 소크라테스는 "모두가 잘 살기 위한 것"이라며 엉뚱한 자보다 이들이 수호자로서 적임자라고 답한다.

이들 수호자는 어떻게 만들어지는가? 교육을 통해서다. 어릴 적의 예비교육인 음악·체육 교육 외에 수학·기하학·천문학·변증술 따위가 그 내용이다.

수학은 무엇보다 존재의 본질을 이해하는 데에 도움이 된다. 기하학과 천문학은 실재하는 것과 참된 도형을 통해 좋음의 이데아를 바라보도록 해준다. 변증술은 합리적 설명을 주고받는 이성적 논의로서, 진실을 드러내 보여준다.

이들 수호자에 대한 교육은 예비교육이 끝나는 20대 때 시행하되 변증술만은 30을 넘어선 뒤에 5년 정도 시행한다. 교육이 끝난 사람은 수호자로서 동굴로 되돌아가 15년 정도 전쟁과 관직에 봉사해야 한다.

7권의 논의는 여기서 마무리된다.

⋯⋯ 나는 말을 계속 이어갔네. 그것은 우리의 교육과 교육 부족과 관련된 우리의 성향을 동굴에 비유한 것이네.

소크라테스 교육과 관련해서 다음 같은 비유를 들면 어떨까? 이를테면 지하 동굴[42] 모양의 거처에서 어릴 적부터 사지와 목을 결박당한 사람들이 산다고 상상하는 거지. 이들은 앞만 보도록 되어 있고, 포박 때문에 머리를 돌릴 수도 없네. 그런데 이들 뒤 약간 위쪽에서 불이 타오르고 있고 이 불과 죄수들 사이에 길 하나가 가로질러 나 있네. 그리고 이 길을 따라 야트막한 담이 세워져 있고 말이야.

글라우콘 그렇게 상상해 보기로 하지요.

소크라테스 이제 사람들이 갖가지 물품들을 들고 그 담을 따라 지나간다고 상상해 보세나. 이들 가운데는 침묵하는 사람도 있겠고 소리를 내는 사람도 물론 있겠지.

글라우콘 비유도 이상하고 그 죄수들도 이상하네요.

소크라테스 아니네. 우리와 다름없는 사람들이지. 이들은 자기들 앞에 비친 지나가는 사람들과 그들이 운반하는 물품들의 그림자는 볼 수 있지만 자신들의 모습은 볼 수 없네.

글라우콘 머리조차 움직일 수 없게 됐다면, 그렇겠지요.

소크라테스 이들은 동굴 벽에 비친 것들을 실물이라 부르지 않을까?

42) den: 이 부분 내용은 '동굴의 비유'로 불린다. 앞서 나온 '태양의 비유'나 '선분의 비유'와 마찬가지로 '좋음의 이데아'에 이르는 인식의 단계 또는 존재의 유형을 나타낸다.

글라우콘 당연히 그럴 것입니다.

소크라테스 지나가는 사람 가운데 누군가가 소리를 낼 경우에, 이들은 그 소리를 벽에 비친 그림자가 아닌 다른 것이 낸다고 생각할까?

글라우콘 결코 그리 생각하지 않을 것입니다.

소크라테스 그러니 이들은 그림자들 이외의 다른 것을 진짜라고 생각하지 않겠지?

글라우콘 그럴 것이 뻔합니다.

소크라테스 이제 이들이 결박에서 풀려나고 어리석음에서 치유되려면 어떤 길이 있을까? 이를테면 이들 가운데 누군가가 풀려나서 불빛을 바라보도록 강요당한다면 어찌 될까? 그는 고통스럽고 또 눈이 부셔서 실물을 볼 수도 없을 것이네. 또 누군가가 그에게 그동안 그가 본 것은 엉터리이며 이제는 진짜 실재real existence를 옳게 보게 되었다고 말한다면 어찌 될까? 그는 그동안 보았던 것들을 방금 지적받은 것들보다 더 진실한 것으로 믿지 않을까?

글라우콘 그렇게 믿을 것이 확실합니다.

소크라테스 나아가, 그에게 불빛 자체를 보도록 강요한다면 그는 눈이 아파서 오히려 예전의 것들로 달아나서는 그것이 더 명확한 것이라고 하지 않을까?

글라우콘 그럴 것입니다.

소크라테스 더욱이, 누군가가 가파른 오르막길을 통해 그를 햇빛 속으로 끌어낸다면 그는 고통스러워하고 짜증을 낼 뿐 아니라 너무 밝은 빛 때문에 아무것도 볼 수 없게 되지 않을까?

글라우콘 당장에는 볼 수 없겠지요.

소크라테스 그렇겠지? 그래서 익숙해질 시간도 필요할 테고? 그는 처음에는 그림자를 제일 쉽게 볼 것이고 다음에는 물속에 비친 상들을 볼 것이며, 그런 뒤에야 실물을 보게 되겠지? 또 하늘을 관찰하는 데는 밤에 별빛과 달빛을 보는 것이 낮보다 편할 것이고, 그다음에야 낮에 해와 햇빛을 봄으로써 그것들을 관찰하게 되지 않겠나? 물속이나 다른 곳에 투영된 태양이 아니라 제자리에 있는 태양 그 자체를 말이야.

글라우콘 어찌 그렇지 않겠습니까?

소크라테스 이제 그는 어쩌면 태양을 보고는, 그것이 계절과 세월을 가져다주고 보이는 모든 것을 지배하며 모든 것의 원인이 된다고 결론을 내릴지도 모르지.

글라우콘 그런 결론에 이를 것이 분명합니다.

소크라테스 그렇다면 그는 자신이 지혜를 얻어 행복한 반면 동굴에 남은 동료 죄수들을 불쌍하다고 여기지 않을까?

글라우콘 당연히 그러겠지요.

소크라테스 그러면 그가 다시 예전 자리로 되돌아가면 어찌 될까? 그는 갑자기 햇빛에서 벗어난 까닭에 눈이 침침해질 것이고, 이때 만일 다른 죄수들과 함께 예전의 그 그림자에 대해 논의한다면 그는 다른 사람들로부터 비웃음을 사고 눈을 버려서 왔다는 말을 듣지 않을까? 다른 사람들은 어쩌면 자기들을 햇빛으로 인도하려는 사람을 오히려 죽이려 하지 않을까?

글라우콘 물론 그리하려 할 것입니다.

소크라테스 그렇다면 글라우콘, 이 전체 비유를 앞서 언급했던 것에 적용시켜야 하지 않겠나? 앞에서 눈으로 보이는 부분이라 했던 것을 동굴의 거처로 비유하고 동굴 속의 불빛을 태양으로 비유하는 식으로 말이야. 가파른 오르막은 인간의 영혼이 지성을 통해서만 알 수 있는 영역으로 등정登頂하는 것으로 비유할 수 있겠지.

아무튼 인식할 수 있는 영역에서 최종적으로 보게 되는 것은 좋음의 이데아이네. 그것은 모든 올바름과 아름다움의 원천이지. 또한 그것은 가시적인 영역에 필요했던 빛과 그 빛의 주인인 태양을 낳을 뿐 아니라 지성을 통해 알 수 있는 영역에서도 스스로 주인이 되어 진리와 지성을 제공한다네.

또한 앞으로 사적으로든 공적으로든 지혜로운 행동을 하고자 하는 사람이라면 이 좋음의 이데아를 보아야 하지 않겠나? 그리고 이 경지에 이른 사람은 인간의 일에 영혼을 쓰기보다는 언제나 높은 곳에서 지내기를 열망한다고 생각되지 않는가?

글라우콘 물론 그럴 것입니다.

소크라테스 또 어떤 사람이 제대로 보지도 못하고 주위 어둠에 충분히 익숙해지지도 않았는데 올바른 것의 그림자들을 놓고 말다툼을 해야 하는 상황이라면 어떻겠는가? 올바름 자체를 결코 본 적이 없는 사람이 논쟁을 벌여 온다면 또 어떻겠는가?

글라우콘 그리 놀랄 만한 일은 아닌 것 같습니다.

소크라테스 하지만 지각 있는 사람이면, 빛에서 어둠으로 옮겼을 때나 어둠에서 빛으로 옮겼을 때 눈이 침침해진다는 것을 알고 있지 않을까? 영혼에도 그런 현상이 일어난다는 것도 알고? 그래서 그는 영혼이 혼란에 빠지면, 그것이 어떤 경우인지 먼저 살펴보려 하지 않을까?

글라우콘 선생님 말씀이 옳으십니다.

소크라테스 그럼 사람들의 이런 말은 부정해야 하지 않겠나? 즉, 마치 보지 못하는 눈에 시각을 넣어 주듯이 교육이란 것도 영혼에 지식이 없을 경우에 지식을 넣어 주는 것이라는 주장 말이야.

글라우콘 정말 사람들은 그리 주장하기도 하더군요.

소크라테스 그동안 논의했듯이, 사람들 영혼에는 이 배움의 힘이 있고 또 그것을 담당하는 기관이 있다고 할 수 있네. 어둠 속에 있던 눈이 밝음을 향하려면 온몸을 같이 돌려야 하듯이, 영혼 안에 있는 이 힘과 기관도 영혼 전체와 함께 그 방향을, 생성·소멸하는 실물의 영역에서 실재의 영역으로 바꾸어야 하네. 그런 뒤 실재 가운데서도 가장 밝은 것을 바라볼 수 있을 때까지 참고 견뎌야 하지 않겠어? 그 가장 밝은 것을 우리는 좋음의 이데아라 하는 것이고 말이야.

글라우콘 그렇습니다.

소크라테스 그 힘과 기관이 그리할 수 있도록 만드는 방안은 있을 것이네.

글라우콘 그렇겠습니다.

소크라테스 물론 영혼의 다른 여러 훌륭함은 몸의 훌륭함 비슷하게 습관이나 단련을 통해 나중에 생길 수도 있지. 그러나 똑똑함의 훌륭함은 무엇보다도 신성함에 가깝고 그 힘을 잃는 법이 없네. 다만 이 힘은 유익할 수도 있고 유해할 수도 있지. 똑똑하지만 사악한 사람을 종종 보듯이 말이야.

글라우콘 물론입니다.

소크라테스 그 힘이 어릴 적부터 잘못 키워진다면, 그것은 마치 어망의 납덩이처럼 영혼의 눈길을 아래로 향하게 만든다네. 하지만 거꾸로 그것이 참된 것들로 방향을 바꾼다면, 날카로움을 잃지 않을 것이네.

글라우콘 그럴 것 같습니다.

소크라테스 교육을 제대로 받지 못하고 진리를 체험하지 못한 자들이든 끝까지 교육받느라 소일한 자들이든, 이들은 나라를 다스릴 수 없을 것이라고 생각되지 않는가? 앞의 경우는 모든 행위의 기준이 될 인생의 목표가 없기 때문이며, 뒤의 경우는 자신들이 축복받은 자들이라 믿으면서 아무 일도 하지 않으려 하기 때문이라네.

글라우콘 정말 그렇습니다.

소크라테스 그러니까 우리가 할 일은 훌륭한 성향을 지닌 자들로 하여금 배움에 이르고 좋음을 볼 수 있도록 오르막길을 오르게 하는 일이네. 하지만 그들이 오르막길을 올라 충분히 그것을 본 뒤라면, 이들에게 그런 일을 더 이상 허용해서는 안 될 것이네. 그곳에 머물기만 할 뿐 다시는 죄수들 곁으로 도로 내려가서 그들과 함께 노고와 명예를 나누어 갖지 않으려 하는 것이 허용되어서는 안 된다는 말이지.

글라우콘 그것은 올바르지 못한 일 아닐까요? 이들에게서 더 나은 삶을 살 기회를 빼앗는 건 아닌지요?

소크라테스 자네 잊었군. 법이란 나라의 어느 한 계급만 잘 살도록 만드는 게 아니라 나라 안 모두가 그리되도록 만드는 것이라는 것을 말이야. 법이 설득과 강제라는 수단을 쓰기는 하지만 그 목적은 시민들이 화합하고 이익을 서로 나누도록 만드는 데 있다네.

글라우콘 정말 제가 그것을 잊고 있었군요.

소크라테스 그뿐이겠나, 글라우콘. 철학자들에게 다른 사람들을 보살피고 지켜 주라고 강요하는 것이 올바르지 못한 일일까? 오히려 올바른 길을 가르치는 것 아닐까? 우리는 그들에게 이렇게 말할 것이네.

"그대들은 여느 시민들을 위해, 그 시민들보다 더 훌륭하고 완벽하게, 그리고 양쪽의 삶[43] 모두에 더 잘 관여할 수 있도록 교육을 받았습니다. 그러니 그대들은 시민과 동거하면서 어두운 것을 보는 데 익숙해져야 합니다. 그리되면 그대들은 오히려 시민들보다 더 잘 보게 되며, 보이는 상들이 어떤 것인지를 더 잘 알게 될 것입니다. 이는 그대들이 아름다운 것들, 올바른 것들, 좋은 것들의 참된 모습을 이미 보았기 때문입니다. 그리되면 이 나라는 깨어 있는 상태에서 경영될 것입니다."라고 말이네.

글라우콘 정말 그러합니다.

소크라테스 통치자들이 나라를 위해 함께 노고하려 하지 않고, 대부분 시간을 순수함 속에서만 살려고 할 것 같은가?

글라우콘 아닙니다.

소크라테스 그렇겠지? 통치자에게 통치하는 것보다 더 나은 삶을 찾아 주면 나라가 훌륭하게 경영될 수 있을 것이네. 그러나 좋은 것들에 허기진 자들이 공적인 일에 관여하면 훌륭한 나라는 실현되기

43) 동굴 밖 오르막을 올라 태양빛 아래에서 실물을 보는 깨달음의 삶과 다시 동굴로 돌아가 그곳 사람들과 함께하는 실천적 삶.

쉽지 않네. 통치하는 일이 싸움의 대상이 되고 이 싸움은 동족 간에 내란을 일으키며 시민들도 파멸시키기 때문이지.

글라우콘 정말 맞는 말씀입니다.

소크라테스 철학자들 말고 정치적 관직을 가볍게 여길 사람이 누가 있겠는가?

글라우콘 결코 없습니다.

소크라테스 그래도 통치하는 일을 싫어하는 사람들에게 통치를 맡겨야 하네. 그렇지 않으면 경쟁자들이 서로 싸우지 않겠는가?

글라우콘 왜 안 그렇겠습니까?

소크라테스 나라의 수호자들로서 이들 말고 누가 또 적임자일까? 나라의 경영과 관련하여 가장 슬기롭고 정치생활 외의 더 나은 삶을 누리는 사람들 말고 말이야.

글라우콘 달리 누가 있겠습니까?

태양을 본 자가 다시 동굴로 돌아가듯 수호자가 나라를 통치하는 것은 당연한 일이라는 데에 글라우콘도 동의했네. 그래서 나는 그 다음으로 이들 수호자를 어떤 교과로 어떻게 교육할 것인지에 대해 말하기 시작했네.

소크라테스 그러면 그런 사람들이 어떻게 해서 생겨나는지, 이들을 어떻게 광명으로 인도할지 생각해 보아야겠지? 광명으로 인도한다는 것은 밤과도 같은 낮에서 진짜 낮으로 향하는 영혼의 전환이며, 진정한 철학이자 실재實在를 향한 등정이라 할 수 있네.

글라우콘 정말 그렇습니다.

소크라테스 그럼 어떤 학문이 그런 일을 할 수 있을지 생각해 봐야겠지?

글라우콘 당연합니다.

소크라테스 영혼의 눈길을 생성·소멸하는 실물의 영역에서 실재의 영역으로 돌려세우게 하는 교과로는 어떤 것이 있을까? 이 사람들이 젊었을 때는 전사戰士여야 한다고 우리가 말했다는 생각이 드는데, 그렇다면 그 교과들은 전사들에게 쓸모없는 것이면 안 되겠군?

글라우콘 당연히 그래야겠지요.

소크라테스 우리는 앞서 이 사람들에게 체육과 음악을 가르쳐야 한다고 했었네. 그런데 체육은 생성·소멸하는 것과 관련이 있지? 신체의 성장과 쇠퇴를 관장하니까 말이야. 그래서 체육은 우리가 찾는 교과라고 할 수는 없겠지?

글라우콘 분명 아닙니다.

소크라테스 그렇다면 우리가 찾는 교과가 음악일까?

글라우콘 선생님께서도 기억하시겠지만, 음악은 체육과 서로 관련을 맺으면서 습관을 통해 수호자들을 교육하는 것입니다. 이를테면 화음을 통해 조화로움을 가르치고 리듬을 통해 단정함을 키워 주며 이야기를 통해 또 다른 습관들을 갖게 해 주는 것입니다. 하지만 선생님께서 찾고 계시는 그런 교과라고 할 수는 없겠습니다.

소크라테스 잘 상기시켜 주었네. 음악에는 정말 그런 것이 전혀 없으니 말이야. 하지만 그렇다면 글라우콘, 무엇이 그런 것일까? 기술도 아니고?

글라우콘 정말 체육, 음악, 기술 말고 또 무슨 교과가 남아 있을까요?

소크라테스 이것들 말고 아무것도 없다면, 이것들에 공통되는 어떤 것이 있지 않을까? 이를테면 하나, 둘, 셋을 구분하는 것 즉 수와 계산 말이야. 이런 것들은 모든 기술과 지식에 공통되는 것 아니겠나?

글라우콘 물론입니다.

소크라테스 전술戰術을 펼치는 데에도 수와 계산 같은 것들은 필요하겠지? 그렇다면 전사戰士에게도 그런 교과가 더 필요할 테고?

글라우콘 꼭 필요할 것입니다. 군대의 편제와 조직을 잘 이해하기 위해서도 그러하지만, 무엇보다 사람이 사람답게 되기 위해서도 필요하다고 생각됩니다.

소크라테스 이 교과에 관해 자네가 주목하는 점은 나와 같은 것 같군.

글라우콘 그것이 무엇인가요?

소크라테스 이 교과가 지성을 통한 앎이나 존재의 본질로 이끈다고 여겨지지만, 사람들이 그것을 제대로 이용하지 못한다는 것이지.

글라우콘 무슨 말씀이신지요?

소크라테스 감각의 대상 가운데는 감각을 통해서도 충분히 판단될 수 있어서 지성을 통한 앎을 요구하지 않는 것도 있지만, 어떤 것들은 감각만으로는 충분히 분별할 수 없어서 지성을 통한 앎을 요구한다는 것이지.

글라우콘 선생님께서는 멀리 보이는 사물이나 그림자로써 입체감을 살리는 음영陰影 화법으로 그려진 그림을 말씀하시는 것 같습니다.

소크라테스 잘못 보았네. 지성을 통한 앎을 요구하지 않는 것은 대립되는 감각을 낳지 않는 것을 말하지. 반면 대립되는 감각을 낳는 경우, 다시 말해 이것인지 그 반대되는 것인지 감각으로 뚜렷이 분별할 수 없는 경우가 있네.

예를 들어 보자고. 여기 세 개의 손가락, 즉 새끼손가락과 약손가락과 가운뎃손가락이 있네. 이것들은 모두 똑같은 손가락으로 보이며, 이런 점에서 아무 차이도 없지. 그것들이 가운데 있든 끝에 있든, 또 희든 검든, 도톰하든 가늘든 말이야. 이때 대중의 영혼은 이들 손가락이 무엇인지 묻기 위해 지성을 통한 앎을 요구할 일은 없지. 시각視覺이 영혼에게 그 손가락이 동시에 손가락에 반대되는 것이라고 알려 주지는 않으니까 말이야.

글라우콘 그건 그렇습니다.

소크라테스 이럴 경우, 지성을 통한 앎을 요구하지는 않을 것이네.

글라우콘 그럴 것 같습니다.

소크라테스 그러면 다음 같은 경우는 어떨까? 손가락의 크고 작음을 보는 시각이나, 가늘고 도톰함 또는 부드럽고 단단함 등을 느끼는 촉각의 경우 말이야. 감각이란 어떤 것을 단단하다거나 부드럽다고 지각하여 영혼에 전달하는 것 아닌가?

글라우콘 그렇습니다.

소크라테스 이 경우, 감각이 단단한 것을 부드러운 것이라고 한다거나 무거운 것을 가벼운 것으로 또는 가벼운 것을 무거운 것으로 알려 준다면 대체 가볍다는 것과 무겁다는 것이 무엇을 의미하는지 영혼이 난감해 하지 않을까? 그래서 그런 경우, 영혼은 계산의 힘과 지성을 통한 앎을 불러일으켜서 그것이 하나인지 둘인지를 먼저 고찰하지 않을까?

글라우콘 왜 안 그러겠습니까?

소크라테스 그런데 만일 그것이 둘이라는 점이 드러난다면, 영혼은 그것들을 서로 분리된 별개의 것으로 이해하겠지?

글라우콘 옳습니다.

소크라테스 그런데 우리는 시각이 크고 작음을 분리된 것이 아닌 한데 섞여 있는 것으로 본다고 말했었지 않나? 지성을 통한 앎은 시각과 달리 크고 작음을 분리된 것으로 본다고 했고? 또 그래서 이때 크고 작음이 대체 무엇을 의미하는지 질문이 제기되는 것이겠고?

글라우콘 바로 그렇습니다.

소크라테스 이 까닭에, 한쪽은 지성을 통해야만 알 수 있는 것이라고 하는 한편, 다른 쪽은 가시적인 것이라고 하는 것이지? 다시 말해 앞의 것은 사고를 불러일으키고 지성을 통한 앎을 불러일으키지만, 뒤의 것은 그런 것들을 불러일으키지 않는다고 말하는 것 아니겠나?

글라우콘 지당하시고 이해가 되는 말씀입니다.

소크라테스 그럼 이 둘 중에 수數라든가 하나[one]가 속하는 것은 어디일까?

글라우콘 모르겠군요.

소크라테스 앞서 언급했던 것들에서 추론해 보자고. 하나라는 수가 시각이나 또 다른 감각으로 파악되는 것이라면, 그것은 존재의 본질로 이끄는 것은 아닐 것이네. 그러나 만일 그것에 대해 어떤 대립되는 것이 늘 보인다면, 그리하여 하나와 그 대립되는 것 사이에서 결정을 내려줄 무엇인가가 필요하다면, 이때 영혼은 당혹해 하면서 사고思考 작용을 가동하고 탐구를 펼쳐 하나라는 것 자체가 대체 무엇인지를 물을 것이네. 그리하여 하나에 대한 공부는 실재實在에 대한 고찰로 이끌어질 것이고 말이야.

글라우콘 하지만 하나와 관련해서는 시각도 마찬가지 아닐까요? 우리는 동일한 것을 하나로 보면서 동시에 여럿으로도 보기 때문입니다.

소크라테스 아무튼 하나가 그렇다면, 다른 모든 수들도 그렇지 않을까?

글라우콘 왜 안 그렇겠습니까?

소크라테스 그런데 산술과 수론數論은 모두 수와 관련된 것이겠지? 그리고 그것들은 진리로 이끄는 것들일 터이고?

글라우콘 당연히 그렇습니다.

소크라테스 그렇다면 그것 즉 수학은 우리가 찾는 교과일 수 있겠네. 전사는 군대의 배치를 위해 배워야겠지만, 철학자 또한 생성·소멸하는 것에서 벗어나 존재의 본질을 이해하기 위해 배워야 하는 것이지. 그렇지 못하면 계산을 잘하거나 이성적이 되기는 어려울 테니 말이야.

글라우콘 그렇습니다.

소크라테스 그런데 우리의 수호자는 전사이자 철학자여야겠지?

글라우콘 물론입니다.

소크라테스 그렇다면 글라우콘, 이 교과를 법으로 정해서 나라를 위해 중요한 일을 할 사람들에게 익히도록 해야 할 것이네. 이 산술 과목을 익히되, 지성을 통한 앎을 바탕으로 수의 본성까지 고찰하도록 해야 할 것이네. 전쟁을 위해서, 그리고 생겨나고 소멸하는 것으로부터 영혼의 눈길을 진리와 존재의 본질로 돌려세우기 위해서 그리하도록 해야 한다는 것이지.

글라우콘 매우 훌륭하신 말씀입니다.

소크라테스 이렇듯 이 교과는 영혼으로 하여금 진리 자체를 추구하기 위해 지성을 통한 앎을 이용하게 만든다고 여겨지지 않는가? 그래서 우리에게 필수적인 것이기도 하고 말이야.

글라우콘 정말 그러합니다.

소크라테스 그런데 선천적으로 산술에 밝은 사람들은 다른 모든 교과도 잘 이해하지만, 이해가 더딘 사람이라도 이 교과를 배운다면 이해력이 향상된다는 것을 자네는 알고 있는가?

글라우콘 그렇습니다.

소크라테스 하지만 배우고 학습하는 데에 이 교과만큼 큰 노고가 필요한 교과도 찾기 어려우리라 생각되는군.

글라우콘 그럴 것입니다.

소크라테스 여태 말해 왔던 까닭들로 보아, 이 교과를 소홀히 해서는 안 되며 특히 훌륭한 성향의 사람들은 반드시 이 교과를 교육받아야 하네.

글라우콘 동의합니다.

소크라테스 이제 다음으로 어떤 교과가 수호자들에게 유용할까?

글라우콘 어떤 것일까요? 기하학 말씀이신가요?

소크라테스 바로 맞추었네.

글라우콘 그것이 전쟁과 관련해서 유용하다는 것은 분명한 사실입니다. 군대가 주둔할 때나 어떤 지역을 점령할 때 또는 군대가 집합하고 행군할 때, 지휘자는 기하학에 정통할 필요가 있는 것이지요.

소크라테스 물론 그렇기도 하지. 문제는 기하학이 좋음의 이데아를 더 쉽게 바라보도록 이바지하는지 여부이네. 영혼의 눈길을 실재로 향하도록, 특히 좋음의 이데아로 향하도록 만드는지 여부 말이야. 기하학이 존재의 본질을 고찰하게 만든다면 유용하다고 하겠으나, 생성·소멸하는 것을 고찰하게 만든다면 그렇지 않다고 해야겠지.

글라우콘 우리가 여태 그렇게 주장했었지요.

소크라테스 그런데 기하학을 좀 아는 사람이면 이 교과가 용어들과는 오히려 정반대라는 것에 동의할 것이네. 기하학 용어는 정사각형을 만든다거나 작도를 한다거나 더한다거나 하는 것들이지. 생성·소멸하는 것들과 관련이 있다는 거야. 하지만 전체 기하학은 앎 자체를, 언제나 있는 것 즉 영원한 것에 대한 앎과 관련이 있는 것 아니겠나?

글라우콘 쉽게 동의될 수 있겠군요. 기하학은 언제나 있는 것에 대한 앎이니까 말이지요.

소크라테스 그러니까 그것은 영혼을 진리로 이끄는 것이라고 할 수 있네. 그러니 우리가 세우려는 아름다운 나라의 시민은 어떻게든 기하학을 멀리하지 않도록 지시해야 하네. 그 파급효과도 크니까 말이야.

글라우콘 파급효과라니요?

소크라테스 자네가 말했던 전쟁 관련 사항들에 도움이 된다는 것이지. 게다가 기하학은 다른 교과를 배울 때도 학습 효과를 크게 차이 나게 만든다는 것을 자네는 알고 있겠지?

글라우콘 차이가 나는 것은 틀림없습니다.

소크라테스 그러면 이것을 젊은이들을 위한 두 번째 교과로 정해도 좋겠나?

글라우콘 그렇게 정하기로 하지요.

소크라테스 그럼 이제 세 번째 교과로 천문학을 정하는 것은 어떨까?

글라우콘 저도 그렇게 생각됩니다. 연월, 계절 따위와 관련이 있는 만큼 농사나 항해에도 유용하겠지만 군사나 전략에도 유용하겠지요.

소크라테스 재미있군. 자네는 교과를 정할 때 대중의 눈치를 보는 사람처럼 보이니 말이야. 하긴 만 개의 눈보다 가치 있는 영혼의 어떤 기관이 이들 교과를 통해 다시 점화된다는 것을 확신하기란 어려운 일이지. 기관을 통해서만 진리를 볼 수 있기 때문이지.

그런데 되돌아가는 것이 좋겠네. 우리가 기하학 다음으로 택한 것이 잘못된 것 같네.

글라우콘 어떻게 말씀인지요?

소크라테스 이를테면 평면 다음에 입체 자체를 택해야 하는데, 이를 넘어서서 회전하는 입체를 택한 것과 같네. 2차원을 말했으면 다음에 3차원을 말하는 것이 순서 아닐까?

글라우콘 그렇기는 합니다. 하지만 소크라테스 선생님, 이들 교과의 문제는 아직 확립되지 않은 것 같습니다만…….

소크라테스 그렇지. 하지만 거기엔 두 가지 이유가 있는데, 하나는 이들 교과를 중시하지 않아 깊은 탐구가 없다는 것이네. 또 하나는 이들 교과의 탐구자에게 감독자가 없어서 그것이 확립되지 않은 것이네. 아무튼 지금도 대중은 이들 교과를 멸시하고 있으며 탐구

자들은 그 교과의 유용함을 제대로 설명해 주지 못하고 있네.

글라우콘 말씀을 더 듣고 싶습니다. 평면을 다루는 기하학 다음으로 천문학이 교육되어야 한다고 하셨다가 취소하셨잖습니까?

소크라테스 서두르려다 오히려 늦어진 꼴이 되었네. 건너뛰려 했는데 말이야. 깊이를 갖는 것의 운동을 다루는 탐구, 즉 입체기하학이라 할 수 있지. 아무튼 입체기하학은 우선 제쳐놓자고.

글라우콘 그게 좋을 것 같습니다. 앞서 저는 천문학을 조잡스레 칭찬하여 선생님의 꾸중을 들었으니 이제는 선생님 방식으로 칭찬해 보겠습니다. 천문학은 영혼으로 하여금 오르막길 위를 바라보게 만들어 영혼의 눈길을 지상의 것에서 그곳으로 인도하는 교과라고 할 수 있겠습니다.

소크라테스 남들에게 그렇게 생각되겠지만, 나는 생각이 다른걸?

글라우콘 어떤 생각이신데요?

소크라테스 요즈음 남들을 철학으로 이끈다는 일부 철학자들은 천문학을 그렇게 가르치지 않는다네. 그런데 천문학도 마찬가지로 사람들 영혼의 눈길을 아래로 향하게 만들고 있지.

글라우콘 무슨 말씀이신지요?

소크라테스 위쪽의 것들과 관련된 배움에 대해 자네는 너무 관대하게 판단하는 것 아닐까? 천장의 장식물을 보고 뭔가를 배우는 것도 자네는 지성을 통한 앎으로 여기는 것 같으니 말이네. 실재나 보이지 않는 것과 관련된 교과 이외의 교과는 영혼으로 하여금 위쪽을 보게 만들지 못한다고 나는 생각하네. 감각을 통해 지각할 수 있는 어떤 것으로든 참된 것을 배우지 못하리라는 것이지. 인식작용이 없기 때문이야. 이 경우, 영혼의 눈길은 결코 위쪽을 향해 있지 않고 아래쪽을 향해 있다는 생각이라네.

글라우콘 제가 선생님께 꾸중들을 만했군요. 하지만 천문학을 오늘날과 반대되는 방식으로 배워야 한다는 말씀은 무슨 뜻인지요?

소크라테스 하늘에 보이는 장식물들이 눈에 보이는 것들 중 가장 아름다울지 몰라도 그것들은 참된 것이라 할 수 없지. 이때 참된 것이란 실재하는 것들의 운동이 참된 수와 참된 도형의 관계 속에서 이루어짐을 말한다네. 이런 것들은 시각을 통해 파악되는 것이 아니라 이성과 추론적 사고를 통해 파악되는 것이라네. 혹시 자네는 달리 생각하는가?

글라우콘 결코 아닙니다.

소크라테스 그렇다면 하늘의 장식물은 이러한 배움의 본보기로만 이용되어야 할 것이네. 다이달로스[44] 같은 어떤 장인이나 어떤 화가가 매우 훌륭한 그림이나 도식을 완성했을 경우, 기하학에 익숙한 사람은 이런 것들 속에서 어떤 진리를 파악할 것처럼 진지해질지 모르지만, 그것은 좀 우스운 일 아닐까?

글라우콘 왜 우스운 일이 아니겠습니까?

소크라테스 실제로 천문학자라면 별들의 운행을 바라볼 때 어떤 느낌일까? 그도 그런 것들이 완벽하게 하늘의 창조자에 의해 구성되었다고 믿지 않을까? 하지만 밤낮의 길이, 이 길이와 달[月]의 관계, 달

44) Daedalos: 그리스 신화의 건축가이자 조각가. 크레타 섬의 미노스 왕을 위해 미궁을 지었으나 왕의 미움을 사서 그곳에 갇혔다가 날개를 만들어 아들 이카로스와 함께 탈출한다. 그러나 이카로스가 태양에 너무 가까이 가는 바람에 날개를 붙인 밀랍이 녹아 아들은 바다에 떨어져 죽는다.

과 해[年]의 관계 등을 눈에 보이는 실물로 본다거나 한결같은 상태이며 이탈되는 일이 없다고 보아 열심히 연구하는 작업을 천문학자는 어리석게 여기지 않을까?

글라우콘 듣고 보니 그렇군요.

소크라테스 그런 만큼, 우리가 천문학을 유용한 것으로 만들려면 기하학에 대해 했던 것처럼 하늘에 보이는 것들을 오히려 내버려 두어야 할 것이네.

글라우콘 오늘날 천문학 탐구보다 몇 배 어려운 일을 주문하시는군요.

소크라테스 아니야. 우리는 다른 것들도 같은 방식으로 주문해야 한다고 생각해. 그런데 자네는 우리의 목적에 어울리는 또 다른 교과로는 무엇이 있다고 보는가?

글라우콘 당장은 모르겠습니다.

소크라테스 내 생각에 움직이는 운동에는 분명 여러 가지가 있는데, 현자라면 이 모든 것을 말할 수 있을 것 같네. 우리도 두 가지는 말할 수 있을 것이고 말이야.

글라우콘 어떤 것들인가요?

소크라테스 천문학이 하나이며 천문학과 짝을 이루는 다른 교과가 또 하나 있네. 눈이 천문학에 관련되듯이 귀와 관련된 화성和聲적 운동이 그것인데, 이 둘은 서로 자매관계에 있다고 할 수 있겠지. 피타고라스학파[45]가 그렇게 주장했듯이 말이야. 우리도 이에 동의하

45) Pythagoreans: 피타고라스의 철학을 이어받아 활동했던 학파로 영혼 불멸과 윤회를 믿고 수數를 만물의 기원으로 보았다. 기하학·천문학 발달에 이바지했으며, 화성和聲도 수의 관계로 파악했다. 피타고라스는 기원전 6세기의 그리스 수학자이자 철학자로, '피타고라스의 정리' 등을 증명했다.

지 않는가?

글라우콘 동의합니다.

소크라테스 하지만 이는 매우 까다로운 문제이네. 그러니 그들 피타고라스학파에게 직접 들어볼 필요가 있겠지. 그렇다고 우리의 주장이 흔들리면 안 되겠지?

글라우콘 무슨 말씀이신가요?

소크라테스 우리가 가르쳐야 하는 젊은이들은 어떠한 것이든 불완전하게 배우려 해서는 안 될 것이네. 방금 말했던 천문학에서 학자들은 다소 어중간한 상태에 있는데, 화성학에서도 사람들은 그 상태에 있다는 것을 자네는 모르겠는가? 그들도 귀에 들리는 협화음이나 소리들을 측정하는 등 천문학자들 못지않게 헛수고를 하니까 말이야.

글라우콘 정말 우습기 짝이 없습니다. 사람들은 마치 도청을 하는 듯이 악기에 귀를 기울여 복합음조니 중간음이니 하는 것들을 들었다거나 그것들을 측정해야 한다고 말합니다. 어느 쪽이든 지성보다는 귀를 앞세울 뿐이지요.

소크라테스 하지만 내가 말하는 사람들은 그들이 아니라 화성학을 논하는 피타고라스학파 사람들이네. 이들은 천문학자들과 똑같은 일을 하는데 협화음의 수적 관계를 찾기는 하지만 음을 조화시키는 수가 무엇인지 그리고 무엇 때문에 조화가 이루어지는지 따위를 고찰하는 데까지 나아가지는 못하고 있다네.

글라우콘 그것은 인간의 한계를 뛰어넘는 일 아닐까요?

소크라테스 아니야. 아름다우며 좋은 것을 탐구하기 위해 유용한 일이라네. 나아가 이런 탐구를 통해 모든 교과들도 사물들 상호 간의 공동관계나 동류 관계를 파악하기에 이른다면 그 탐구는 무엇인가 이바지하는 바가 있다고 할 수 있겠지. 그렇게 못 한다면 헛수고가 될 터이고 말이야.

글라우콘 저도 그 말씀이 옳게 여겨집니다. 아무튼 소크라테스 선생님, 선생님께서 말씀하시는 것들은 아주 힘든 과제들입니다.

소크라테스 무슨 소리지? 자네는 이 모든 교과가 앞으로 배워야 할 본론의 서론에 지나지 않는다는 것을 모른다는 말인가? 자네는 이에 능숙한 수학자들이 바로 변증술에 능숙한 사람들이라고 생각하지는 않는 모양이군?

글라우콘 아주 소수를 빼면 결코 그렇지 않다고 생각합니다만…….

소크라테스 물론 그렇다네. 하지만 합리적 설명을 주고받을 수 없는 사람이라면, 그는 대체 마땅히 배워야 할 그 어느 것인들 제대로 알게 될까?

글라우콘 제대로 알 수 없겠지요.

소크라테스 그런데 글라우콘, 이때 마땅히 배워야 할 것이란 변증술에 의해 결론이 내려질 수 있는 것 아닐까? 지성을 통해서만 알 수 있는 것 말이지. 누군가가 일체의 감각 대신 변증술과 이성적 논의를 사용한다면, 그리하여 개별적인 것들 자체와 좋음 자체를 파악하되 지성을 통한 앎 자체를 이용한다면, 그는 최종 목표에 도달할 수 있을 것이네. 마치 동굴을 벗어난 죄수가 가시적인 것의 최종 목표에 도달하듯이 말이야.

글라우콘 그렇습니다.

소크라테스 그렇다면, 이 여정을 변증술이라 해도 좋겠지?

글라우콘 물론입니다.

소크라테스 그렇지만 결박에서 풀려나는 일, 영혼의 눈길이 그림자들에서 실상으로 전환되는 일, 지하 동굴로부터 태양의 빛으로 올라서는 일, 아직은 동식물이나 태양 자체를 보지는 못해도 적어도 그것들의 그림자가 아닌 것을 볼 수 있는 일, 즉 지금까지 우리가 다루었던 교과들이 하는 이 모든 일은 영혼으로 하여금 실재들 가운데에서도 최선의 것을 보도록 이끄는 힘이 있다네. 마치 신체의 가장 명확한 기관 즉 눈이 가시적인 영역 가운데 가장 밝은 것을 관찰하도록 이끌어졌듯 말이네.

글라우콘 선생님 말씀을 받아들이기는 하지만, 쉬운 일은 아니군요. 그래도 이것들은 앞으로도 반복될 내용이니 만큼, 이것들은 지금 언급된 대로 보고 본디의 주제로 옮겨 가지요. 변증술의 특성이 무엇인지, 그것은 어떤 유형으로 나누어지는지, 또 그 방식은 어떤 것들이 있는지 말씀해 주십시오.

소크라테스 글라우콘, 이제 비유를 그만두고 진실 자체를 볼 수 있도록 하자고. 물론 그것이 정말 그러하다고 주장하기보다는 무엇인가를 분명 볼 수 있다는 주장만 하는 것이 어떻겠는가?

글라우콘 물론 그렇습니다.

소크라테스 우리가 앞서 말했던 교과를 배운 자들에게 진실을 드러내 보여주는 것은 다른 어떤 것이 아니라 바로 변증술의 힘뿐이라고 주장해야 하지 않겠나?

글라우콘 그것이 합당하다 하겠습니다.

소크라테스 아무튼 우리의 주장 즉 어떠한 탐구 방법이든 사물 자체를 체계적으로 파악하려 한다는 주장에 대해 반론을 펼 사람은 아무도 없을 것이네. 대부분 교과는 사람들 의견이나 욕망 등을 다루지만, 우리가 앞서 말한 기하학과 천문학과 화성학 같은 교과들은 실재를 지향하지. 하지만 이것들도 실재를 제대로 볼 수는 없네. 이것들은 가정hypothesis들을 사용하지만, 그에 대해 제대로 설명하지 못하니까 말이야. 그 출발점으로 사용되는 원리나 중간의 추론과정이나 결론이 알기 어려운 것들로 짜여 있다면, 그것이 어찌 지식이 될 수 있겠는가?

글라우콘 그렇게 될 리 없겠지요.

소크라테스 이 까닭에 변증술은, 아니 변증술만이 가정들을 폐기하고 원리 자체를 다룬다네. 확실성을 확보하기 위해서지. 또 변증술만이 수렁에 빠져 있는 영혼의 눈을 이끌어 위로 향하게 만든다네. 우리는 습관적으로 이것들에게 지식이라는 이름을 붙여 주곤 했지만, 다른 이름이 필요하네. 의견보다는 명확하지만 지식보다는 한결 불명확한 어떤 것으로서, 우리는 앞서 추론적 사고라고 규정했지 아마? 하지만 우리 앞에는 고찰할 것이 한참 남았으니, 이름 문제는 이쯤 하세나.

글라우콘 맞습니다.

소크라테스 정리해서, 첫째 부분은 지식이라 하고 둘째 부분은 추론적 사고라 하기로 하세. 셋째 부분은 확신, 넷째 부분은 상상이라 하고 말이야. 확신과 상상을 합해 의견이라 하고 지식과 추론적 사고를 합해 지성을 통한 앎이라 하는 것이 좋겠지. 이때 판단은 생성·소멸하는 것들과 관련이 있지만 지성을 통한 앎은 존재의 본질 또는 실재와 관련이 있다고 해야겠고 말이야. 또 실재와 생성·소멸하는 것 사이의 관계는 지성을 통한 앎과 의견 사이의 관계와 같고, 지성을 통한 앎과 의견 사이의 관계는 다시 지식과 확신 사이의 관계 또는 추론적 사고와 상상 사이의 관계와 같다고 해도 무방할 것이네. 그 대상들 즉 의견의 대상과 지성을 통해서만 알 수 있는 대상이 서로 다르다는 점은 더 이상 언급하지 않아도 되겠지? 앞으로 할 논의도 많으니 말이야.

글라우콘 아무튼 제 생각도 같습니다.

소크라테스 그렇다면, 어떤 실재에 대해 제대로 설명해 낼 수 있는 사람을 변증술에 능숙한 사람이라 할 수 있겠지? 그렇게 할 수 없는 사람은 지성을 갖추지 못했다고 할 수 있겠고?

글라우콘 그럴 것입니다.

소크라테스 좋음의 경우도 마찬가지 아니겠어? 좋음의 이데아를 다른 것들과 구별하지 못하는 사람이나, 실재를 바탕으로 하는 논지를 끝까지 견지하지 못하는 사람이라면, 좋음 자체를 알고 있다고 말할 수 없겠지. 그가 좋음의 영상을 파악했다고 해도, 그것은 지식이 아닌 의견을 통한 파악이라고 자네는 말하지 않을까?

글라우콘 그렇게 말할 것이 틀림없습니다.

소크라테스 아무튼 자네는 지금 교육을 하는 아이들이 아직 비이성적인데도 그들을 나라의 통치자로서 준비시키는 일을 하도록 허용하지는 않겠지?

글라우콘 물론입니다.

소크라테스 그러니까 자네는 이들이 이런 문답식 교육에 참여하도록 입법을 하겠지? 그리고 변증술을 다른 교과들 위에 놓인다고 생각할 테고?

글라우콘 그럴 것입니다.

나는 교과의 문제는 이쯤으로 끝맺음을 해도 좋지 않겠느냐고 물었고 글라우콘은 그렇다고 답했네. 그래서 이제 이 교과들을 누구에게 가르칠 것인가 논의할 단계라고 생각했네. 내가 말을 이어갔네.

소크라테스 그런데 자네는 우리가 앞서 어떤 사람들을 통치자로 선발하려 했는지 기억하고 있겠지? 가장 견실하고 용감한 사람들을 선발하겠지. 그렇지만 이에 덧붙여 품격이 고귀하고 강건한 사람들을 찾되, 이런 교육에 적합한 성향 또한 지녀야 할 것이네.

글라우콘 정확히 어떤 것들을 말씀하시는지요?

소크라테스 학문에 대한 날카로움도 있어야 하며, 또한 배우는 데에 힘들어 하지 않아야 하겠지. 또 기억력도 좋고 꿋꿋하며 모든 면에서 열심인 사람이어야 하네. 그런 사람이 아니면 누가 신체적 노고를 치르면서 그토록 많은 공부와 수련을 완수하겠는가?

글라우콘 훌륭한 성향의 사람 아니면 아무도 그리하지 않겠지요.

소크라테스 오늘날 철학이 잘못과 불명예에 빠진 것은 자격 없는 사람들이 철학에 손을 대는 탓이라네. 철학은 서자庶子가 아니라 적자嫡子가 손을 대야 하는데 말이야.

글라우콘 무슨 말씀이신지요?

소크라테스 첫째 철학에 손을 대는 사람은 확실하게 부지런해야지 절름발이여서는 안 되네. 어중간하게 부지런해서는 안 된다는 말이야. 체육은 좋아하면서 배움은 좋아하지 않는 경우처럼 말이지.

글라우콘 정말 맞는 말씀입니다.

소크라테스 진실과 관련해서도 마찬가지인데, 자발적인 거짓뿐 아니라 본의 아닌 거짓이나 무지한 상태의 거짓에 대해 화를 내지 않는다면 이 또한 절름발이라 할 수 있겠지?

글라우콘 정말 그렇습니다.

소크라테스 또 절제와 용기, 고매함과 훌륭함 등과 관련해서도 적자와 서자를 구분해 감시해야 할 것이야.

글라우콘 바로 그렇습니다.

소크라테스 그러니 우리는 이 모든 것을 조심해야겠네. 신체와 영혼이 건전한 사람들을 제대로 교육시키고 수련시킨다면, 올바름이 우리를 외면하지 않을 것이며 나라와 정치체제도 잘 보전될 것이네. 그렇지 않으면 다른 모든 것도 정반대로 될 것이고, 철학은 더 큰 비웃음을 사겠지.

글라우콘 그렇습니다. 부끄러운 일이지요.

소크라테스 그런데 나야말로 우스운 일을 겪은 것 같네. 철학이 부당하게 모욕을 당하는 것 같아서, 내가 너무 지나치게 진지해진 것 같으니.

글라우콘 아닙니다. 저는 분명 그렇게 생각되지 않습니다.

소크라테스 아무튼 우리가 앞서 나이 많은 사람들을 통치자로 선발해야 한다 했던 것은 잊지 말아야겠어. 하지만 나이가 들수록 많이 배울 수 있다는 현인 솔론[46]의 말이 언제나 맞는 것은 아니야. 늙을수록 배우는 것도 힘들어지지.

글라우콘 정말 그러합니다.

소크라테스 그러니 만큼, 수학이나 기하학 또는 변증술에 앞서 배워야 할 예비교육 교과들은 아이들 때 제공되어야 하네. 다만, 강제적이어서는 안 되네. 신체적인 노력은 강제적이어도 몸을 더 나쁘게 하지 않지만, 강제적인 배움은 영혼에 남지 않으니까 말이야. 아이들 교육은 놀이 삼아 하도록 해야 하네. 그럼으로써 아이들이 저마다 무엇에 적합한 성향인지 잘 알 수 있을 것이야.

글라우콘 선생님 말씀이 이치에 맞습니다.

소크라테스 그런데 자네는 우리가 앞서 아이들도 싸움터에 데려가야 한다고 했던 말이 기억나는가?

글라우콘 기억합니다.

소크라테스 그러니 이 모든 신체적 노력과 배움과 무서운 일의 경험을 통해 가장 민활한 것으로 드러난 아이들을 선발 후보로 등록시켜야 하겠지.

글라우콘 몇 살 때 그렇게 해야 할까요?

소크라테스 필수 체육 교육이 끝날 즈음이네. 그 시기에는 다른 교육을 할 수 없는데, 피로와 잠이 다른 공부에 적이 되기 때문이네.

글라우콘 당연히 그렇습니다.

46) Solon: 기원전 6세기 무렵의 그리스의 시인이자 정치가. 7현인賢人의 한 사람으로, 중용의 덕과 인도주의를 바탕으로 삼았다. 귀족계급의 권력 독점을 비판하고 부유한 시민이 통치하는 제도를 도입하는 한편 고리대금업을 금지하는 등 빈곤 퇴치에 앞장섰다.

소크라테스 그러니 이 시기를 지난 20대 가운데 남들보다 뛰어난 자들을 선발하여 여러 교과들을 교육하는 동시에 실재의 본성을 포괄적으로 볼 수 있는 눈을 길러 주도록 해야 할 것이네.

글라우콘 아무튼 이런 배움은 이를 배울 자격을 지닌 자들에게는 매우 중요한 것입니다.

소크라테스 맞네. 또한 그것은 변증술의 자질을 지녔는지 여부를 살펴볼 최대의 시험이기도 하지. 포괄적으로 볼 수 있는 사람은 변증술에도 능숙한 사람이겠지만, 그렇게 볼 수 없는 사람은 변증술에도 능할 수 없을 것이기 때문이네.

글라우콘 제 생각도 그렇습니다.

소크라테스 그러니 그런 자질도 많이 보이고 공부뿐 아니라 전쟁이나 기타 법적 의무에 대해서도 확고한 사람을 뽑되, 그들이 서른 살을 넘어서면 선발되었던 사람들 가운데서 다시 선발해야 하네. 이들을 변증술로 시험하여 누가 실재 자체를 통해 진리로 향해 나아가는지 살펴보아야 하네.

글라우콘 정말 그렇습니다.

소크라테스 우리는 대체로 올바름이나 아름다움과 관련해서 어릴 적부터 일종의 신념을 갖고 양육되네. 그래서 그것들에 복종하고 그것들을 존중하게 되지. 한편 이와 반대로 우리 영혼에 알랑거리며 즐거움까지 주는 다른 생활습관도 있지. 하지만 절도 있는 사람들은 이런 즐거움에 빠지지 않고 전통적 관습을 존중하며 따르지 않을까?

글라우콘 정말 그렇습니다.

소크라테스 변증술을 펼치는 사람들이 이런 식이니, 그 시험에 처해진 젊은이들에게 관용을 베풀 법하지 않는가?

글라우콘 그렇습니다. 그래서 가엾다고 한 것입니다.

소크라테스 그러니 30세가 된 사람들을 이렇듯 연민하는 일이 생기지 않도록 변증술을 가르치는 데에 조심해야 하지 않겠나? 그리고 젊은이들에게는 변증술을 아예 선보이지 않는 것이 좋지 않을까? 30세 이전 젊은이들이 변증술을 맛보게 되면 반론을 펼 때 늘 이것을 이용하는데, 논박을 사용해서 가까운 사람들을 찢어발기거든.

글라우콘 그렇지요.

소크라테스 그들은 또한 그렇듯 많은 사람들을 논박하기도 하지만 다른 많은 사람들로부터 논박을 받기도 하면서 그동안 믿었던 것들에 대한 믿음을 급격히 잃어버리기도 한다네. 나중에는 그 자신을 비롯해 철학과 관련된 모든 것이 다른 사람들로부터 비방을 받기도 하고 말이야.

글라우콘 정말 그렇습니다.

소크라테스 그렇지만 나이가 든 사람은 변증술을 이런 광기에 이용하거나 놀이로 삼지 않고 정말 진실한 것을 고찰하는 데에 사용하려 하겠지. 이런 사람은 또 절도 있게 행동할 텐데, 이에 따라 그 활동은 명예로운 것이 되지 않겠나?

글라우콘 옳으신 말씀입니다.

소크라테스 그런 만큼 변증술에 참여할 사람은 예절 바르고 견실해야 하며 이에 전혀 적합하지 않은 사람은 변증술에 접근해서는 안 된다고 앞에서 우리가 말했던 것은 신중을 기하기 위해서였다고 할 수 있겠지?

글라우콘 그렇습니다.

소크라테스 그런데 다른 일들을 하지 않고 변증술을 익히는 데에 전념할 기간은 체육 교육 기간의 두 배면 되지 않을까?

글라우콘 6년이나 4년이면 된다는 말씀이신가요?

소크라테스 크게 상관은 없지만, 5년으로 정하면 어떨까? 그런 뒤에 이들은 동굴 [즉 현실] 속으로 다시 돌아가 생활하면서 전쟁을 지휘하고 젊은 나이에 걸맞은 관직을 맡아야겠지. 경험을 쌓게 하기 위해서 말이야. 그리하여 이들이 그 자리를 꿋꿋이 지키는지 여부를 시험해야 할 것이네.

글라우콘 그러면 그 기간은 얼마로 잡는 것이 좋겠습니까?

소크라테스 15년이 좋겠군. 그리하여 이들이 50세쯤 되면, 그 가운데에서도 갖가지 시험을 무사히 치르고 실무적으로나 학식으로 가장 훌륭한 사람들을 따로 뽑아 최종 목표로 이끌어야 하네. 이들로 하여금 고개를 들고 영혼의 눈을 열어 모든 것에 빛을 주는 바로 그것, 즉 좋음의 이데아를 바라보게 만들어야 하는 것이지. 그렇게 되면 그들은 좋음의 이데아를 본paradigm으로 삼아, 나라와 대중들 그리고 자기 자신을 다스릴 수 있을 것이네. 이들은 남은 삶을 철학에 바치지만, 필요에 따라 나랏일을 맡기 위해 통치자가 되기도 해야 하네. 그들은 또 자신들과 같은 다른 사람들을 교육시켜 나라의 수호자로 만들기도 해야 하지.

글라우콘 소크라테스 선생님, 선생님께서는 통치자의 모범상을 완성해 내셨습니다.

소크라테스 그뿐인가, 글라우콘? 나는 여성 통치자의 모범도 만들어냈네. 여태껏 말한 것들이 남자들에게만 국한된 것이 아니니까 말이야.

글라우콘 옳은 말씀입니다. 여성들이 자질도 있고 남자들과 똑같이 동참한다면 그렇겠지요.

소크라테스 그러면 이제, 나라와 정치체제에 관해 우리가 했던 말들이 단순한 바람이 아니라 실현 가능한 것이라는 데에 자네는 동의할 수 있겠나? 다시 말해, 참된 철학자들이 나라의 최고 권력자가 되어 세속적인 명예 같은 것들은 무가치한 것으로 경멸하는 한편 올바름을 가장 필요하고 중대한 것으로 여기면서 이를 바탕으로 나라의 질서를 잡아 나갈 때, 우리가 말했던 나라와 정치체제가 가능하다고 동의할 수 있겠나?

글라우콘 그렇습니다만 구체적으로 어떻게 해야 하는 것인지요?

소크라테스 10세 이상의 아이들을 모두 시골로 보내는 것이네. 이 아이들로 하여금 부모의 관습에 젖지 않도록 하면서 우리가 앞서 말했던 법률 안에서 자라도록 하는 것이지. 이렇게 해야 우리가 말했던 나라와 정치체제는 가장 빨리 확립되고 번영을 이루면서 민족 전체에 혜택을 주는 체제가 될 수 있지 않겠나?

글라우콘 그렇습니다, 소크라테스 선생님.

소크라테스 이쯤 되면, 우리가 말해 왔던 나라와 이에 걸맞은 사람에 관한 논의는 실컷 한 셈이 되는군. 그런 사람이 어떤 사람이어야 하는지도 분명해졌고 말이야.

글라우콘 분명합니다. 이제 이 논의는 끝맺음이 된 것 같습니다.

제8권

4권과 이어져서 논의가 전개된다. 정치체제와 이에 어울리는 사람의 유형은 각각 다섯 가지가 있는데, 좋은 정치체제는 4권에서 언급되었고 여기서는 네 가지 나쁜 정치체제와 그에 어울리는 사람의 유형이 언급된다.

명예 정치체제: 군주 정치체제의 통치자 집단이 분열되면서 발생한다. 황금 종족 대신 청동·철 종족이 통치한다. [철학자 대신 전사戰士가 통치자가 된다.]

지혜·격정·절제의 조화가 무너지고 지혜 성향보다 격정 성향이 우세해져 전쟁·승리·명예 등이 중시된다. 경쟁이 심화되면서 사람들은 경멸하던 재물을 좋아하게 되고 재산은 사유화되며 대중은 노예화된다.

과두 정치체제: 재물 소비를 위한 법의 왜곡과 불법으로 명예 정치체제가 무너져 발생한다. 평가된 재산을 바탕으로 부자들이 통치한다. [격정 성향보다 절제 성향이 우세해져] 명예 대신 재물이 중시된다. 빈부 갈등과 음모가 심화되면서 공포감이 조성된다. 돈벌이가 최고의 가치로 여겨지면서 사람들이 욕망을 제어하지 못한 채 무절제가 번져 나가고 빈부 격차가 심해진다.

민주 정치체제: 재물이나 쾌락을 추구하던 자들은 나약해진 반면 빈자들이 체제를 무너뜨리는 혁명에 성공해 발생한다. 온갖 자유·다양성 때문에 다채롭고 아름답지만, 강제성이 지나치게 부족해 무정부 상태로 빠진다. 갖가지 꿀맛과 쾌락에 접하면서, 절제되고 잠재되어 있던 사람들의 욕구가 분출된다. 욕구가 영혼을 점령한다.

참주 정치체제: 지나친 자유, 무정부 상태에서 민중의 지도자는 참주가 된다. 지도자를 보살피던 민중은 노예가 된다. 처음에 민중의 지도자는 부를 재분배하지만 정적을 제거하기 위해 감시 체제와 강권 정치를 만든다. 극단적인 자유가 지나친 예속을 낳는 것이다.

참주 정치체제에 어울리는 사람의 유형은 9권에서 언급된다.

…. 이쯤 되어, 나는 글라우콘에게 그동안 말했던 것들을 다시 정리해 되물어 보았네. 완벽한 나라에서는 여성과 아이들은 공동 소유이고, 교육과 전시 활동도 공동의 것이며, 또 통치자도 군인처럼 공동생활을 해야 한다는 점을 말이지. 글라우콘은 이에 동의했네.

그래서 나는 그 문제는 일단락되었으니 원래 논의로 돌아가자 했지. 글라우콘은 나라에 관해 거의 모든 것이, 특히 참된 나라[47]와 그에 걸맞은 사람들이 논의되었다면서 네 종류의 잘못된 정치체제, 누가 가장 훌륭한 사람이고 가장 나쁜 사람인지, 둘 가운데 누가 행복한지를 고찰할 차례라고 말했네. 중간에 폴레마르코스와 아데이만토스가 말허리를 끊어 지금에 이르렀다면서. 글라우콘은 이렇게 말하면서 논의를 이어가자고 했네.

글라우콘 그러면 선생님께서 말씀하시는 네 가지 정치체제는 어떤 것들인가요?

소크라테스 하나는 스파르타식 정치체제[48]로, 많은 사람의 칭찬을 받

47) true form: 군주 정치체제와 귀족 정치체제를 말한다.
군주 정치체제monarchy: 일반적으로 전제 군주정을 포함하는 1인 지배체제를 말하지만, 소크라테스는 통치자의 덕목인 지혜를 바탕으로 하는 지배체제를 이렇게 부른다. 맹자가 말하는 왕도정치에 가깝다고 할 수 있다.
귀족 정치체제aristocracy: 흔히 소수 귀족에 의한 지배를 귀족 정치라 하지만, 소크라테스는 지혜를 바탕으로 하는 올바른 지배체제와 재산을 바탕으로 하는 올바르지 못한 지배체제를 구분한다. 소크라테스는 오히려 앞의 지배체제를 군주 정치체제와 동일시하며, 뒤의 것이 과두 정치체제이다.

48) government…… of Sparta: '명예 정치체제timocracy'를 말한다. 지혜가 아니라 수호자의 덕목인 용기(전쟁·승리) 따위가 바탕인 정치체제이다. 소크라테스는 이를 가장 '덜 올바르지 않은' 정치체제로 꼽는다. 그러나 timocracy는 아리스토텔레스 이후에 '금권 정치체제'로 이해되고 있다.

고 있지. 둘째 것은 과두 정치체제로 칭찬도 많이 받지만 나쁜 요소가 많기도 하다네. 셋째 것은 민주 정치체제[49]로 과두 정치체제와 화합하기 어려운 정치체제며, 넷째의 것은 참주 정치체제[50]로서 아주 특출하며 말기 증상을 나타낸다 할 수 있겠네.

글라우콘 아무튼 많은 이상한 것들이 있기는 합니다.

소크라테스 그렇다면 정치체제의 종류가 여럿이듯, 사람의 기질도 여럿이라는 생각이 들지 않는가? 나라의 형태가 다섯이면 영혼의 유형도 다섯이 있을 거야. 사실 우리는 최선인 군주 정치체제에 어울리는 사람들이 훌륭하고 올바른 사람이라고 말한 적 있었지.

글라우콘 이미 언급했었지요.

소크라테스 이제 그보다 훨씬 못한 사람에 대해 언급해야겠군. 이를테면, 스파르타식 정치체제와 관련된 자는 승리와 명예를 좋아하는 사람이라고 할 수 있겠지. 기질이나 성향이 개인보다는 정치체제에서 뚜렷이 나타난다는 점에서, 이번에도 명예욕이 지배하는 정치체제를 먼저 고찰해야겠네. 이를 명예 정치체제로 부르는 것이 좋겠군. 아무튼 이 정치체제 및 그 닮은 사람을 고찰한 뒤, 과두 정치체제와 그 닮은 사람, 민주 정치체제와 그 닮은 사람, 참주 정치체제와 그 닮은 사람을 고찰해야겠지. 그렇게 하면 앞서 제기했

49) democracy: 오늘날 민주 정치체제는 국민이 주권자가 되는 최선의 정치체제로 여겨진다. 소크라테스도 민주 정치체제가 가장 아름다운 것일 수 있다 보지만, 일반 대중은 절제라는 덕목을 지키지 못하고 통치자 자질을 갖추지 못한 만큼 민주 정치체제는 올바르지 못한 정치체제가 된다고 본다.

50) tyranny: 흔히 불법으로 권력을 잡은 왕이 다스리는 전제 정치체제를 말하지만, 소크라테스는 무절제한 민주 정치체제에서 민중의 선도자가 참주로 부상한다고 보았다. 참주 정치체제는 억압抑壓을 바탕으로 전개되며, 노예화奴隷化를 낳는다고 한다. 최악의 정치체제이다.

던 문제들에 대해 올바르게 판결을 내릴 수 있지 않겠나?

글라우콘 그렇게 고찰하고 판결한다면 합리적일 것입니다.

소크라테스 먼저 군주 정치체제에서 명예 정치체제가 왜 생기는 것일까? 그런데 정치체제가 바뀌는 것은 관직을 장악한 집단 자체에서 비롯되는 것 아닐까? 집단에 내분이 발생하는 경우 말이야. 반면 이 집단이 한 영혼으로 단합되어 있다면 어떤 변혁도 생겨나지 않을 것 아닌가?

글라우콘 사실 그러합니다.

소크라테스 그럼 글라우콘, 이 나라는 어떻게 해서 변혁될지 또 수호자들과 통치자들은 서로 왜 분쟁하게 되는지 논의해 보세. 자네는 혹시 호메로스가 그랬듯이 무사Mousa 여신들에게 분쟁의 발생 원인을 묻고 싶은 것 아닌가? 그럼 아마 여신들은 우리에게 장난치듯 말해 줄 것 같기는 하지만 말이야.

글라우콘 어떻게 말씀입니까?

소크라테스 이런 식으로 말하겠지.

"이렇게 구성된 나라들은 변혁되기 어렵다. 하지만 생성된 모든 것은 쇠퇴하기 마련이니 그 구성도 해체가 될 것이다. 식물뿐 아니라 동물의 영혼과 육신에도 생산과 불임의 주기적 시기가 있다. 그대들은 나라의 지도자로 교육할 사람을 낳을 좋은 출산의 시기와 불임의 시기를 제대로 적중시키지 못하는 경우도 있을 것이니, 아이를 낳지 않아야 하는 시기에 낳는 경우가 바로 그것이다. 만일 그렇게 태어난 아이라면, 수호자로서 자격이 없을 뿐 아니라 무사 여신들에 대해 관심이 없어져 음악에도 관심이 없을 것이며 또 체육에 대해서도 관심이 없어질 것이다. 이런 사람이 통치자가 되면, 그는 수호자로서 제 구실을 하지 못하며 황금의 종족과 은의 종족과 청동의 종족과 철의 종족을 구분하지 못하게 될 것이다. 그러면 마침내는 조화롭지 못한 불규칙성이 생기고 적대심과 전쟁을 낳게 될 것이다."라고 말이야.

글라우콘 우리는 그 여신들의 말이 옳다고 하게 되겠지요. 여신들은 그다음에 어떤 말을 또 할까요?

소크라테스 내분이 생기면 이렇게 될 것이네. 통치자들 가운데 철과 청동의 성분을 지닌 두 계급은 소유를 중시해 정치체제도 그리로 이끌겠지만, 황금과 은의 성분을 지닌 두 계급은 정신적으로 부유한 만큼 훌륭함을 바탕으로 옛날 정치체제로 이끌겠지. 하지만 이들은 서로 격렬하게 다투다가 적당히 합의를 보고는 토지와 가옥을 분배하여 사유화하는 한편 자신들이 수호하던 대중을 오히려 노예로 만들어 버린다네. 이들은 그 노예들을 상대로 하는 새로운 전쟁을 벌이게 되기도 하지.

글라우콘 바로 거기에서 변화가 비롯되는 것이군요.

소크라테스 그러니까 이런 정치체제는 군주 정치체제와 과두 정치체제의 중간이라 할 것이네. 군주 정치체제와 과두 정치체제를 흉내 내는 한편으로 자체의 독특한 면도 갖는 체제 말이야.

글라우콘 그렇겠지요.

소크라테스 그 정치체제는 통치자들을 존중한다거나 전사들로 하여금 농사와 수공업 등의 돈벌이를 멀리하게 한다거나 체육과 전쟁 훈련에 영혼을 쏟다거나 하는 점에서 군주 정치체제를 흉내 내겠지.

글라우콘 그럴 것입니다.

소크라테스 그렇지만 지혜로운 사람들을 관직에 앉히지 않고 평화보다는 전쟁을 좋아하는 사람들을 중용할 테고, 이에 따라 전쟁과 관련된 계략과 전술을 중시하고 전쟁을 치르는 일로 세월을 보내게 될 것이네. 이런 것들이 이 정치체제에 특유한 것 아니겠는가?

글라우콘 그렇지요.

소크라테스 또 그 체제 사람들은 과두 정치체제 사람들처럼 재물에 욕심을 내고 금은을 우러러 모시면서 금고와 개인 창고를 갖고 있는 한편 집을 담으로 둘러쌓아 놓고는 그 안에서 낭비를 하며 살 것이네.

글라우콘 참으로 맞는 말씀입니다.

소크라테스 이 사람들은 또 재물 앞에서 인색하면서도 남의 재물을 쓰기는 좋아할 뿐 아니라 법망을 피해서 쾌락을 즐긴다네. 이들은 나아가 철학을 갖춘 무사 여신들에 대해서는 소홀히 하여 음악보다는 체육을 중시하는데, 그것은 설득이 아닌 강제에 의한 교육을 받았기 때문이네.

글라우콘 선생님의 말씀을 들으니, 이 정치체제는 나쁜 점과 좋은 점이 혼합된 정치체제가 분명한 것 같습니다.

소크라테스 혼합된 것은 분명하네. 하지만 격정적인 것이 우세한 까닭에 이 정치체제에서는 한 가지만이, 즉 승리에 대한 사랑과 명예에 대한 사랑만이 뚜렷이 나타날 뿐이네.

글라우콘 정말 그렇게 될 것 같습니다.

소크라테스 이 정치체제에 대해서는 이 정도 말하면 될 것 같네. 그 밑그림만 그릴 뿐, 그림을 완성시키려는 것은 아니니까 말이야.

나의 이 말에 글라우콘은 "옳은 말씀"이라고 대꾸를 했네. 그래서 나는 이 정치체제에 어울리는 사람은 어떤 사람이겠느냐고 물었지. 그때 글라우콘이 아닌 아데이만토스가 나서서 대답을 하더군.

아데이만토스 승리에 대한 사랑 때문에 경쟁심에 빠진 사람 아니겠습니까? 여기 있는 글라우콘같이 말입니다.

소크라테스 그런 점도 물론 있지만, 글라우콘과 다른 점도 많을 것이네.

아데이만토스 어떤 점에서 그렇습니까?

소크라테스 그 사람은 고집스럽고, 음악이나 이야기를 아주 좋아하지는 않을 것 같네. 변론에도 능숙하지 못하고 말이야. 그는 노예에게는 가혹하면서도 자유민에게는 상냥하고 통치자에 대해서는 순종적일 것이네. 그는 또 통치하는 일을 좋아하고 명예를 사랑하는데 특히 전쟁이나 체육 등에 관련된 것을 사랑한다네.

아데이만토스 정말 그 정치체제에 맞는 성향이군요.

소크라테스 그런 사람은 젊은 시절에는 재물을 경멸할지 몰라도 나이가 들수록 재물을 좋아하게 되며, 최선의 수호자가 되기에는 자질이 부족한 까닭에 훌륭함에서 멀어지는 것을 오히려 반길 것이네.

아데이만토스 최선의 수호자란 어떤 사람을 말씀하시는 것인지요?

소크라테스 음악과 이성을 고루 갖춘 사람을 말하네. 그래야만 훌륭함을 평생 유지할 수 있을 것이야.

아데이만토스 훌륭한 말씀입니다.

소크라테스 그리고 그런 사람은 명예를 지상의 가치로 여길 터인데, 바로 그런 나라를 닮았기 때문이라네.

아데이만토스 정말 그렇습니다.

소크라테스 이런 사람은 잘 다스려지지 않는 나라에 사는 훌륭한 아버지의 아들일 공산이 크네. 명예나 관직 등을 골칫거리로 여겨 이를 줄여 나가려는 아버지의 아들 말이야.

아데이만토스 그런 아들이 변해 가는 까닭은 무엇일까요?

소크라테스 먼저, 화가 난 어머니의 불평 때문일 것이네. 통치자가 아닌 남편을 둔 까닭에 그녀는 자신이 얕보이고 있다고 불평하겠지. 또 남편이 재물에도 관심이 없으며 법정 다툼 같은 모든 일에 태연한 모습을 보일 뿐 아니라, 남편이 아내를 무시하지도 않지만 그리 존중하지도 않는다는 것을 깨닫게 되겠지. 이런 일 때문에 어머니는 아들에게 아버지가 남자답지도 못하고 너무 태평이라고 화풀이하지 않겠나?

아데이만토스 그렇습니다.

소크라테스 집안의 노예 가운데 그런 것을 은밀히 말해 주는 사람도 있겠지. 아들이 외출할 때 겪는 일로, 이 나라에서는 자신의 일만 하는 사람은 바보 취급을 당하는 반면 그렇지 않는 사람이 오히려 존경을 받고 칭찬을 받기 때문이지. 아들은 아버지의 언행을 보면서 이성의 부분을 키워 나가지만 다른 사람들의 말을 듣고는 욕구의 부분과 격정의 부분을 키워 나가는 것이지. 그는 결국 이기기 좋아하고 명예를 사랑하는 사람이 된다네.

아데이만토스 그런 사람이 어떻게 생겨나는지 선생님께서 정확하게 말씀해 주셨네요.

소크라테스 이제 우리는 두 번째 형태의 정치체제와 그에 어울리는 사람을 만나게 되겠지?

아데이만토스 그렇군요.

(명예 정치체제에 대한 논의를 마무리하고 과두 정치체제를 논의하기 시작함.)

소크라테스 이제 과두 정치체제에 대해 논의해야겠군? 재산을 바탕으로 하는 정치체제 말이야. 이 정치체제에서는 부자들이 통치하고 가난한 사람은 통치에 관여하지 못한다네.

아데이만토스 알겠습니다.

소크라테스 명예 정치체제에서 왜 과두 정치체제로 옮겨가는지 먼저 논의해야겠지?

아데이만토스 그래야겠지요.

소크라테스 황금으로 가득한 개개인의 금고가 명예 정치체제를 무너뜨린다네. 사람들이 자신의 황금 소비를 위해 법률을 왜곡하거나 법률을 따르지 않기 때문이지.

아데이만토스 그럴 것 같습니다.

소크라테스 그들은 돈벌이를 점점 중시하게 되는데, 이를 귀하게 여기면 여길수록 훌륭함은 덜 귀하게 여길 것이네. 훌륭함과 부는 서로 상반되는 것이어서, 저울의 양쪽 저울대에 각각 놓여 한쪽으로 기울기 시작하면 저울대가 그쪽으로 완전히 쏠리는 것과 같다네.

아데이만토스 그렇습니다.

소크라테스 결국은 부와 부자들이 귀한 대접을 받고 훌륭함과 훌륭한 사람들은 덜 귀하게 대접을 받게 되겠지. 그리하여 승리와 명예를 사랑하던 사람들이 마침내는 돈과 돈벌이를 좋아하는 사람들이 되고 부자는 찬양하는 반면 가난한 사람은 멸시하게 되지. 이들은 자산액을 산정해 과두 정치체제의 기준을 법으로 정한다네. 그리고 평가액이 미달되는 사람에게는 관직을 주지 않는데, 무력이나 공포감을 조성해서 그런 정치체제를 수립한다네.

아데이만토스 정말 그렇습니다. 하지만 이 정치체제의 특성은 무엇이라고 할 수 있을까요? 또 결함은 무엇인지요?

소크라테스 먼저 이 체제의 한계가 무엇인지 생각해 보세. 선박의 키잡이를 뽑을 때 재산을 근거로 삼을 뿐 가난한 사람이 키잡이 기술에 능숙하다 해도 그에게 배를 맡기지 않는다면 어떻게 될까?

아데이만토스 항해하는 것이 형편없게 되지 않겠습니까?

소크라테스 그렇지? 그렇다면 다른 일에서의 통솔도 마찬가지가 아니겠어? 이때 나라의 일은 예외일까, 아니면 이 경우에도 그럴까?

아데이만토스 나라의 통솔이 가장 힘들고 중대한 만큼, 무엇보다도 더 그러합니다.

소크라테스 과두 정치체제는 그렇게나 큰 결함을 갖고 있는 것이네. 게다가 과두 정치체제는 그에 못지않은 결함이 또 있다네.

아데이만토스 그것은 무엇인가요?

소크라테스 이런 나라는 반드시 가난한 사람들과 부자들로 나뉘니, 같은 곳에 살면서도 서로 음모를 꾸밀 것이네.

아데이만토스 정말 그에 못지않은 결함이군요.

소크라테스 이 나라 사람들은 전쟁을 치르지 못할 것이라는 점 또한 커다란 결함이네. 그들은 무장한 대중을 이용할 텐데, 무장한 대중은 적보다 더 두려운 존재가 될 수도 있기 때문이지. 스스로 싸움터에 나설 경우에는 수적으로 소수임이 드러나게 마련이고, 재물을 좋아하는 사람들이라 돈을 기부하려 하지도 않을 것이네.

아데이만토스 결코 좋은 점이 될 수 없겠군요.

소크라테스 하지만 이 모든 나쁜 점 가운데에서도 가장 나쁜 점은 다음 같은 것일 텐데, 이를 가장 먼저 용인하는 것이 이 정치체제 아니겠어?

아데이만토스 어떤 것을 말씀하시는지요?

소크라테스 어떤 사람이 자신의 소유물을 모두 팔아 써서 가난뱅이나 빈털터리가 되는 것 말이네. 그는 나라의 구성원도 되지 못하고 돈벌이 하는 상인이나 장인 또는 기병이나 보병도 되지 못한다네. 그렇지 않고는 지나치게 부유한 자들과 아주 가난한 자들이 생겨날 수 없으니 말이야.

아데이만토스 옳은 말씀입니다.

소크라테스 그런데 부자가 돈을 쓴다고 나라에 유익할까? 그가 통치자로 보인다고 해도, 실은 통치자도 아니고 봉사자도 아니라네. 그저 자기에게 있는 것들을 탕진할 뿐, 그런 사람은 수벌drone 때문에 벌집에 우환이 생기듯, 나라의 우환거리가 되지 않겠나?

아데이만토스 물론입니다, 소크라테스 선생님.

소크라테스 거지들이 많은 나라라면 어딘가에 도둑과 소매치기와 절도범처럼 나쁜 짓을 하는 자들이 숨어 있는 것이 분명할 텐데 과두 정치체제에는 거지들이 많이 사는 것을 볼 수 있지 않은가? 또 이런 나라에는 벌침을 가진 수벌 같은 못된 자들이 많아 통치자들이 이들을 힘으로 제압하기도 할 터이고?

아데이만토스 그렇게 여겨집니다.

소크라테스 그런 사람들이 생겨나는 것은 교육이 부족하고 양육이 잘못되었으며 정치체제가 나쁘기 때문이라고 말할 수 있지 않을까?

아데이만토스 그렇게 말할 수 있을 것입니다.

소크라테스 여태 우리는 과두 정치체제에 대해 충분히 논의했다고 할 수 있겠네. 이제는 이 정치체제에 어울리는 사람이 어떤 사람인지 살펴볼 필요가 있지 않겠나?

아데이만토스 물론입니다.

소크라테스 그러니까 명예 정치체제에 어울리는 인간에서 과두 정치체제에 어울리는 인간으로 바뀌는 방식은 다음과 같을 것이네. 즉 명예 정치체제에 어울리는 사람의 아들은 처음에는 아버지를 모범으로 삼네. 하지만 아버지가 나라와 부딪쳐서 비틀거린다거나 재산과 인생을 허비하는 모습을 목격할 때 그는 과두 정치체제에 어울리는 사람으로 바뀔 것이네.

아데이만토스 정말 그럴 것 같습니다.

소크라테스 이런 일을 겪은 아들은 명예에 대한 사랑이나 격정적인 부분을 영혼에서 몰아내는 대신, 가난으로 비천해진 나머지 돈벌이와 재물 모으기에 몰두하면서 욕구의 부분과 재물을 좋아하는 부분을 황제로 삼을 것으로 생각되지 않는가?

아데이만토스 그렇게 생각됩니다.

소크라테스 그는 이성의 부분과 격정의 부분을 욕구의 노예로 삼는 한편, 이성의 부분은 재산을 늘리기 위해 계산할 때만 사용하고 격정의 부분은 부자들만 존중하고 재물의 획득만 자랑하게 만들 것이네.

아데이만토스 명예를 사랑하던 젊은이가 재물을 사랑하는 자로 바뀌는 데에 이보다 빠른 경우는 없는 것 같습니다.

소크라테스 그러니 이 사람을 과두 정치체제에 어울리는 인간이라 해도 되겠지? 정리한다면 다음 같이 되겠군. 첫째, 재물을 가장 귀하게 여긴다는 점. 둘째, 인색하면서도 부지런하다는 점. 자신의 필수 욕구들만 충족시킬 뿐 다른 비용은 전혀 대지 않는 점. 셋째, 무엇에서든 이윤을 남겨 창고에 쌓아 두면서도 대중의 칭찬까지 받는다는 점.

아데이만토스 저도 그렇게 생각되는군요.

소크라테스 그런 사람이 생겨나는 것은 교육에 유의하지 않기 때문이라고 생각되는군.

아데이만토스 저도 그렇습니다. 그렇지 않다면 부富라는 장님을 선도자로 앞세우면서 존중하지는 않을 터이니 말입니다.

소크라테스 좋아. 하지만 교육 부족으로 생기는 욕망들은 거지 같은 것도 있고 못된 것들도 있을 텐데, 이것들은 조심성과 힘으로 제압되어야 하지 않을까?

아데이만토스 물론 그래야겠지요.

소크라테스 이 못된 것들은 어떻게 알아볼 수 있을까?

아데이만토스 말씀해 주시지요.

소크라테스 올바르지 못한 짓을 멋대로 할 수 있는 자유를 갖게 되는 경우라네.

아데이만토스 옳으신 말씀입니다.

소크라테스 이런 사람은 자신이 올바르다고 여기는 계약 관계 같은 일에서는 자신의 나쁜 욕망들을 자제하지만 그가 그리하는 것은 설득을 당해서가 아니라 강제와 공포심 때문이네. 자신의 다른 재산에 대해 두려워하기 때문이라는 것이지. 그러면서도 남의 재물을 쓰는 경우에는 그들 안의 욕망이 꿈틀거린다네.

아데이만토스 그야 물론 그렇겠지요.

소크라테스 그런 까닭에 이런 사람은 내면적으로 분쟁이 일어나며 한 사람이 아닌 이중적 인간이 되어 있을 것이네. 물론 대개는 더 좋은 욕망이 더 나쁜 욕망을 억제하기는 할 것이야. 그리고 이 때문에 그는 다른 사람들보다 더 의젓해 보이겠지.

아데이만토스 그렇게 생각됩니다.

소크라테스 하지만 하나이면서 조화된 영혼의 참된 훌륭함은 결국 그에게서 사라져 버릴 것이네. 나아가 그는 인색한 사람인 만큼, 어떤 승리나 훌륭한 것과 관련된 경쟁에서는 보잘것없는 경쟁자일 것이네. 평판을 위해서나 경쟁을 위해서는 재물을 쓰려 하지 않기 때문이지.

아데이만토스 물론 그럴 것입니다.

(과두 정치체제 논의를 마무리하고 민주 정치체제 논의를 시작함.)

소크라테스 그러면 이제는 민주 정치체제에 대해 논의해도 좋지 않을까? 그것이 어떻게 생겨나고 그 성격은 무엇인지, 또 그에 어울리는 사람은 어떤 유형인지에 대해서 말이네.

아데이만토스 아무튼 앞서 했던 것과 같은 방식으로 진행되겠군요?

소크라테스 과두 정치체제가 민주 정치체제로 바뀌는 이유는 최대한 부유해져야 한다는 끝없는 욕망 때문이지.

아데이만토스 왜 그런가요?

소크라테스 이 나라의 통치자들은 많은 것을 소유했다는 이유에서 통치를 할 수 있게 됐네. 그 까닭에 이들은 무절제한 자들이 재물을 낭비하거나 탕진하지 못하도록 막으려 하지 않을 것이네. 자신들이 이런 사람의 재산을 사들여 더 부유해지며 또 더 존경을 받기 때문이지.

아데이만토스 그렇게 될 것입니다.

소크라테스 결국 같은 한 나라에서 부를 귀하게 여기면서 동시에 절제를 권장하기는 힘든 까닭에 온갖 것들을 소홀히 하게 될 것이네. 그리하여 과두 정치체제에서는 무절제를 오히려 부추기게 되고 비천하지 않던 사람들이 가난한 사람으로 전락하지 않을 수 없게 된다네.

아데이만토스 분명 그렇게 될 것입니다.

소크라테스 이 사람들은 또 무장을 그대로 갖춘 채 무위도식하는데, 더러는 빚을 지거나 시민권을 박탈당한 상태라네. 그런 만큼, 그는 자신의 것을 빼앗은 자 또는 여타의 사람들을 미워해 음모를 꾸미거나 혁명을 열망하게 될 것이네.

아데이만토스 그렇습니다.

소크라테스 돈벌이를 일삼는 사람들은 다른 사람에게 돈을 빌려 주어

손해를 보게 만들거나 비싼 이자를 받아 숱한 거지를 만들어 낸다네. 이런 해악이 불타오르는데도 법을 만든다거나 하여 이를 해결할 생각을 하지 않고 말이야.

아데이만토스 무슨 법을 말씀하시는지요?

소크라테스 시민들로 하여금 훌륭함에 마음을 쓰도록 하는 법이네. 만일 법이 계약을 맺는 당사자에게 위험 부담을 스스로 지도록 한다면, 앞서 말한 해악들이나 파렴치한 돈벌이는 현저히 줄어들 것이네.

아데이만토스 훨씬 덜 하겠지요.

소크라테스 이런 이유에서 통치자들은 피치자들을 돈벌이의 대상쯤으로 대할 뿐이며, 젊은이들은 어떤 일이든 수고를 할 생각이 없고 쾌락이나 고통에 대항하지 못하는 나약하고 게으른 인간들이 되어 버린다네. 또 이들 자신은 돈벌이 말고는 무관심하며 인간의 훌륭함에 대해서도 그다지 마음을 쓰지 않고 말이야.

아데이만토스 정말 그럴 리가 없겠지요.

소크라테스 통치자와 피치자가 공공행사에 동참하거나 동료 군인이 되어 같이 위험한 상황에 빠질 경우에 가난한 사람이 부자들에게 업신여김 당할까? 같은 전투에 배치된 부자들이 숨차 하는 모습을 가난한 사람이 목격하는 일이 많을 터인데, 이때 가난한 사람들은 어떤 생각을 하게 될까? 가난한 사람은 "저 부자들은 아무것도 아니며, 우리가 마음대로 할 수 있다."고 말하지 않을까?

아데이만토스 저도 그럴 것을 알고 있습니다.

소크라테스 그러니까 병약한 사람이 외부의 작은 영향이나 자기 내부의 분쟁 때문에 앓게 되듯이, 나라도 외부 세력을 끌어들여 내란을 치르거나 외부 영향 없이도 분쟁 상태에 놓일 수 있지 않을까?

아데이만토스 충분히 그럴 수 있습니다.

소크라테스 따라서 민주 정치체제가 생겨나는 것은 가난한 사람들이 이겨서 나머지 시민들에게 평등하게 시민권과 관직을 배정할 때라고 생각하네.

아데이만토스 민주 정치체제는 정말 그렇게 수립되지요. 무력에 의하거나 다른 쪽이 망명하거나 해서 말입니다.

소크라테스 그렇다면 이런 민주 정치체제는 어떤 것이며, 또 이런 사람들은 어떻게 살아나가는지 살펴보아야겠네.

아데이만토스 분명 그리해야 합니다.

소크라테스 이 사람들은 무엇보다 자유롭다 할 수 있네. 이 나라 또한 멋대로 할 수 있는 자유와 언론 자유가 있을 것이고, 또 그런 까닭에 이 나라 사람들은 각자 자신의 삶에 대해 개인적 대책을 마련해 놓고 있을 것이야. 따라서 온갖 부류의 인간들이 생겨날 것이네.

아데이만토스 왜 그렇지 않겠습니까?

소크라테스 결국 민주 정치체제는 온갖 꽃으로 수놓아진 외투처럼 온갖 성격으로 장식되어 있어서 가장 아름다운 것이라 할 수 있을 것이며 사람들 또한 이 정치체제를 가장 아름다운 것이라고 판단할 것이네.

아데이만토스 정말 그러합니다.

소크라테스 또 이 정치체제에서는 다른 여러 정치체제의 모습도 발견할 수 있을 것이네. 멋대로 할 수 있는 자유가 모든 종류의 정치체제를 가능하게 만들기 때문이지. 이런 까닭에 나라를 수립하려는 사람은 민주적으로 통치되는 나라로 방향을 잡아야 할 것으로 여겨지네. 그래서 자기 영혼에 드는 형태를 고르는 것이지.

아데이만토스 고를 수 있는 정치체제의 본보기가 많군요.

소크라테스 이 나라에는 통치자가 되거나 피치자가 되어야 한다는 강제 규정은 없네. 전쟁을 해야 한다거나 평화롭게 지내야 한다는 강제 또한 없으며, 관직을 맡거나 배심원 노릇을 하라 마라 하는 강제도 없다네. 당장에는 참으로 놀랍고 신나는 일 아니겠어?

아데이만토스 당장에는 그렇겠지요.

소크라테스 이 나라에서는 또한 훌륭하게 될 수 없는 사람에 대해서도 관대하며, 정치를 하려는 사람이 전에 어떤 종류의 일을 했는지에 대해서는 개의치 않으면서 그가 대중에 호의적이면 높이 칭송하곤 한다네. 요컨대 민주 정치체제는 무정부 상태의 다채로운 정치체제이며 모든 사람들에게 일종의 평등을 배분해 주는 정치체제라 할 수 있겠네.

아데이만토스 선생님께서 말씀하시는 것들은 널리 알려져 있지요.

소크라테스 이제 이 정치체제에 어울리는 사람은 개인적으로 어떤 사람일지 생각해 보자고. 아니, 그 이전에 이런 사람이 어떻게 생겨나는지를 먼저 고찰해야겠지?

아데이만토스 그렇습니다.

소크라테스 과두 정치체제에 어울리는 절약형 인간의 아들은 아버지에 의해서, 아버지를 닮은 모습으로 자라날 것이네. 따라서 그 또한 돈벌이가 되지 않는 낭비적인 즐거움은 불필요한 것이라면서 힘으로 다스리려 할 것이네.

아데이만토스 왜 안 그러겠습니까?

소크라테스 잠깐, 필요한 욕구와 불필요한 욕구의 개념을 먼저 규정할 필요가 있지 않을까? 물리칠 수도 없고 이로운 욕구들은 인간이 갈구하는 만큼 이것들을 필요한 욕구라고 해야 하지 않겠어? 반면 젊어서부터 단련을 해서 벗어날 수 있으며 이롭기는커녕 해롭기까지 한 욕구들은 불필요한 욕구라고 해야겠지.

아데이만토스 그렇게 말하는 것이 적합합니다.

소크라테스 예를 들어 볼까?

아데이만토스 좋습니다.

소크라테스 건강과 좋은 상태를 유지하기 위한 먹으려는 욕구, 즉 빵이나 음식에 대한 욕구는 필요한 것이라 할 수 있겠지? 없으면 삶을 중단시킬 수 있으니 말이야. 하지만 이 이상의 먹을거리에 대한 욕구는 몸에도 해롭고 절제하려는 영혼에도 해로우니 불필요하다고 할 수 있겠지? 다시 말해, 뒤의 것은 낭비적인 것이지만 앞의 것은 유용하고 유익하다고 할 수 있을 것이네. 성욕이나 여타의 욕구도 마찬가지지.

아데이만토스 그렇게 말할 수 있습니다.

소크라테스 앞서 우리가 수벌이라 불렀던 자들은 이런 즐거움과 욕구들 즉 불필요한 것들의 지배를 받는 사람인 반면에, 필요한 것들의 지배를 받는 사람은 절약형 인간, 즉 과두 정치체제에 어울리는 사람이라고 해야겠지?

아데이만토스 물론입니다.

소크라테스 그렇다면 과두 정치체제에 어울리는 사람들이 어떻게 민주 정치체제에 어울리는 사람으로 바뀌는지 다시 논의해 보면 어떨까?

아데이만토스 어떻게 해서 그렇게 바뀌는지요?

소크라테스 교육도 받지 못하고 인색한 환경에서 자란 젊은이가 꿀맛과 온갖 다채로운 쾌락을 제공받을 때, 이 젊은이의 내면에 있던 과두 정치체제적인 요소는 민주 정치체제에 어울리는 요소로 변하기 시작하지 않을까? 외부 동맹세력을 지원을 받을 때 나라가 바뀌듯이, 이 젊은이 내부에 있던 욕구의 일부가 외부의 닮은 욕구로부터 지원을 받을 때 그도 또한 바뀐다는 것이지.

아데이만토스 정말 그렇습니다.

소크라테스 그러나 반면, 이 젊은이 내부에 있던 과두 정치체제적인 요소가 반대의 지원을 받는다면, 즉 아버지라든가 다른 친척으로부터 충고를 받거나 꾸중을 듣는다면 그의 내면에는 자기 자신을 상대로 하는 싸움이 일어날 것이네. 그리하여 민주 정치체제적인 요소가 과두 정치체제적인 요소에 굴복하여 이 젊은이의 영혼에는 부끄러움이 일면서 질서가 되찾아질 것이고 말이야.

아데이만토스 그렇게 되는 경우도 종종 있을 것입니다.

소크라테스 하지만 또, 그렇듯 쫓겨났던 욕구와 비슷한 다른 욕구들이 뒤를 이으면서 양적으로 많아질 수도 있네. 아버지가 자식을 교육할 때 무지했기 때문이지. 그리고 이것들은 젊은이의 영혼 속에 훌륭한 학문과 활동과 진실한 말들이 없이 비어 있음을 알아차리고는 젊은이의 영혼을 점령해 버릴 것이네. 거짓과 허풍으로 가득한 말과 의견들 또한 그 자리를 점유할 것이고 말이야.

아데이만토스 충분히 그럴 수 있겠습니다.

소크라테스 그렇게 되면 젊은이는 환각의 열매 로토스lotos를 먹는 사람들에게로 되돌아가서 그곳에 안주할 것이네. 누군가가 절약하는 영혼을 지원이라도 할라치면, 거짓과 허풍의 말이 젊은이 영혼의 문을 걸어 잠그고는 어른들 말을 받아들이지 못하게 한다네. 이렇게 해서 절제를 비겁이라고 부르면서 절도와 적정한 지출을 촌스럽다고 설득하는 것이지.

아데이만토스 그럴 가능성이 높습니다.

소크라테스 이렇듯 젊은이의 영혼에서 그것들을 숙청한 뒤에는 오만함과 무정부 상태와 낭비와 부끄러움을 모르는 상태가 교양과 자유와 도량과 용기라는 이름으로 젊은이의 영혼을 사로잡는다네.

아데이만토스 분명 그런 방식을 통해서 변하는 것 같습니다.

소크라테스 그는 일상의 욕구에 영합을 하며 살아가니, 술에 취하기도 하고 게으름을 피우기도 하는 한편 철학에 몰두하기도 하고 정사에 관여하기도 하며 또 전쟁이나 돈벌이에도 나선다네. 생각나는 대로 행할 뿐 아니라 아무런 질서도 필연성도 없는 것이지. 그러면서도 그는 이것을 자유라고 부르면서 평생을 살아간다네.

아데이만토스 평등한 권리를 누리는 사람의 삶에 대한 말씀이군요.

소크라테스 이런 사람은 민주 정치체제 자체처럼 복합적이고 다양한 성격을 지닌 것이라고 생각되네. 그러니 그를 민주 정치체제에 어울리는 사람이라고 불러 마땅하지 않을까?

아데이만토스 그렇습니다.

(민주 정치체제 논의를 마무리하고 참주 정치체제 논의를 시작함.)

소크라테스 그러면 이제 남은 것은 그 가장 잘난 정치체제와 그 가장 잘난 사람, 즉 참주 정치체제와 참주라고 할 수 있겠군? 참주 정치체제는 어떻게 생겨날까? 민주 정치체제에서 바뀌는 것이 분명하겠지?

아데이만토스 분명 그렇습니다.

소크라테스 참주 정치체제가 민주 정치체제에서 생겨나는 방식은 과두 정치체제에서 민주 정치체제가 생겨나는 방식과 같다고 할 수 있겠지?

아데이만토스 어떻게 해서 그렇게 되는지요?

소크라테스 사람들이 좋은 것이라고 내세우면서 과두 정치체제를 수립하는 원인이 된 것은 부富였지 않았나? 그런데 부에 대한 만족할 줄 모르는 욕망과 돈벌이는 다른 것들에 대한 무관심을 낳으면서 오히려 이 정치체제를 파멸시켰지. 안 그런가?

아데이만토스 정말 그러합니다.

소크라테스 마찬가지로, 민주 정치체제에서도 좋은 것으로 내세워진 그 무엇인가에 대한 만족할 줄 모르는 욕망이 이 정치체제를 파멸시키지 않을까?

아데이만토스 민주 정치체제에서 내세우는 좋은 것이란 무엇인가요?

소크라테스 바로 자유라네. 자유에 대한 만족할 줄 모르는 욕망과 그것이 낳은 다른 것들에 대한 무관심이 민주 정치체제를 바꾸어 버리고 참주 정치체제가 필요하도록 만들었다고 할 수 있겠지.

아데이만토스 자세히 말씀 듣겠습니다.

소크라테스 자유를 갈망하는 민주 정치체제에서 자유의 포도주를 지나치게 마셔서 취하게 되면, 통치자가 조금이라도 자유를 억제할 경우 이들을 더러운 과두 정치체제에 어울리는 통치자라고 비난할 것이네. 나아가서 통치자에게 순종하는 사람은 노예라고 비난한다네. 이러니 이런 나라에서 자유가 대폭 확장될 것은 필연적이지 않겠는가?

아데이만토스 왜 안 그렇겠습니까?

소크라테스 그렇게 되면, 자유는 개개인의 감정에까지 스며들어 마침내 무정부상태가 만연할 것이네. 예를 들면, 부모는 자식을 두려워하고 자식은 부모 앞에서 부끄러워하지 않으며 거류민은 시민 같고 시민은 거류민과 같아진다네. 또 선생은 학생을 무서워해 이들에게 아첨하고 학생들은 선생을 경시하며, 젊은이들은 어른들에게 대드는 반면 노인들은 젊은이들에게 채신머리 없이 군다네.

아데이만토스 정말 그런 일들이 만연해 있습니다.

소크라테스 이런 나라에서는 자유가 극대화되어, 노예가 주인 못지않게 자유롭고 여자들도 남자 못지않게 자유롭다네. 속담에서 말하듯이, 개가 주인이 되고 당나귀들이 거리를 활보하면서 거치적거리는 사람을 들이받는다네. 다시 말하면 지나친 자유가 시민들 영혼을 민감하게 만들어 어떤 형태의 굴종에도 참지 못하게 하며 마침내는 법률조차도 아랑곳하지 않게 한다네.

아데이만토스 널리 알려진 사실입니다.

소크라테스 그러니 이것이 바로 참주 정치체제를 자라나게 만드는 그

잘난 시작이 아니겠는가? 과두 정치체제를 낳았지만 그것이 지나침으로써 과두 정치체제를 망쳐 놓은 질병이 있듯, 민주 정치체제를 낳은 자유가 오히려 사람들을 노예화한다는 것이지. 무엇이든 지나친 것은 반대쪽으로 큰 변화를 낳는 법 아니겠는가?

아데이만토스 그럴 것 같습니다.

소크라테스 그런데 자네는 과두 정치체제와 민주 정치체제를 무너뜨린 공통 요인이 무엇이냐고 물었던 게 아니었던가?

아데이만토스 맞습니다.

소크라테스 그렇다면 그것은 게으르고 낭비적인 사람들 부류라네. 우리는 이들을 앞서 수벌에 비유한 적이 있었지. 침이 있든 없든 말이야.

아데이만토스 그랬었지요.

소크라테스 이 부류는 어떤 정치체제에서 생기든 혼란을 일으키네. 그런 까닭에 이들에 대비하는 훌륭한 의사와 입법가가 필요하네. 이들은 무엇보다도 그 부류가 생겨나지 않도록 해야겠고 혹시라도 생겨난다면 그 부류를 신속하게 도려내야 할 것이네.

아데이만토스 반드시 그리해야겠지요.

소크라테스 이를 더 명확하게 하기 위해서 민주 정치체제의 사람들을 세 부류로 나누어 볼 수 있겠네.

첫째 부류는 여태 말했던 부류로서 멋대로 할 수 있는 자유를 지니고 있으며 과두 정치체제 못지않게 민주 정치체제에서도 크게 자라나네. 그러면서도 이들은 과두 정치체제에서보다는 민주 정치체제에서 한결 사나운 모습을 보이지. 과두 정치체제에서는 이러한 부류가 존중되지 않고 관직에서도 배제되는 까닭에 강해지지 않지만, 민주 정치체제에서는 이들이 앞장서서 말과 행동을 하며 모든 것을 조종한다네.

둘째 부류는 대중과 구분되는 부류로서, 모두가 돈벌이를 할 때 가장 알뜰한 모습을 보이네. 대개 가장 부유하게 되지만, 수벌들이 꿀을 가장 쉽게 얻는 것은 이들로부터라네.

셋째 부류는 민중이네. 손수 일하고 정치에 관여하지 않고 재산도 그리 많지 않은 사람들이지. 그런데 이들이 집회라도 하면, 민주 정치체제에서 최대 다수이자 주도권을 갖는 부류가 된다네.

아데이만토스 정말 그렇습니다. 하지만 이 부류는 꿀 한 모금이라도 얻지 못할 것이라면 굳이 집회를 갖지는 않을 것입니다.

소크라테스 이 부류의 지도자들은 가진 자들로부터 재산을 빼앗아 민중에게 나누어 줄 것이네. 물론 자신들이 먼저 챙기겠지만 말이야. 한편 재산을 빼앗긴 자들은 민중 앞에서 자신을 방어하게 될 것이네. 이들은 민중에 대해 음모를 꾸미며 과두 정치체제를 펼치려는 자들이라는 고발을 당하기도 한다네.

하지만 이들은 동시에 민중이 자신들을 해치려는 것은 몰라서 그러거나 남들에게 속아서 그러는 것임을 알고 나서는 스스로가 원하든 원하지 않든 진정한 과두 정치체제를 하려 할 것이네.

아데이만토스 바로 그렇습니다.

소크라테스 그런데 민중은 언제나 어떤 한 사람을 내세워 자신들을 이끌도록 만드는 한편 그 사람을 보살피고 키워 주는 버릇이 있다네. 바로 여기에서 참주가 자라나게 될 싹이 트는 것이네.

아데이만토스 분명 그러합니다.

소크라테스 무엇이 민중의 선도자를 참주로 만들겠는가? 민중의 선봉에 선 자는 사람을 부당하게 고발한다거나 추방하는 일을 서슴지 않는다네. 그는 채무를 무효화시키고 토지를 재분배하겠다는 뜻을 은연중에 비치기도 하는데, 그로 인해 적으로부터 살해를 당하기도 하지만 오히려 참주가 되어 자산을 가진 자들에 대해 분쟁을 일으킨다네.

아데이만토스 이 사람이 바로 그 사람입니다.

소크라테스 반면에 그의 적들은 그를 죽이기 힘들 경우 암살의 음모를 꾸미기도 하는데, 이에 대비해 그는 민중의 지원자인 자신이 건재하기 위해 경호대가 필요하다고 요구하네. 민중은 자신들은 염려하지 않으면서 그를 염려하여 경호대를 허용할 것이고 말이야. 이때 재물을 가진 사람은 고발을 당해 달아나거나 붙잡혀 사형을 당할 것이네.

아데이만토스 반드시 그렇게 될 것입니다.

소크라테스 하지만 민중의 선도자는 많은 사람들을 타도하고는 나라라는 전차에 올라타니, 그가 바로 완벽한 참주가 되는 것이네.

아데이만토스 왜 그렇게 되지 않겠습니까?

소크라테스 그러면 이제 이런 사람과 이런 나라의 행복은 무엇인지 논의해 보는 것이 어떨까?

아데이만토스 꼭 그렇게 했으면 좋겠습니다.

소크라테스 이런 사람은 초기에는 모두에게 미소를 보내면서 자신이 참주가 아니라고 말한다네. 실제로도 많은 것을 약속하고 빚을 탕감해 주며 땅을 나누어 주기도 하고 말이야.

아데이만토스 정말 그렇게 할 것입니다.

소크라테스 그는 국내의 정적政敵들 문제를 해소하면 전쟁을 일으키기 십상이지. 민중에게 지도자가 필요하다고 하기 위해서라네. 전쟁은 다른 효과도 있는데, 전쟁을 위한 세금을 내야 하므로 민중은 가난해지고 이에 따라 그들은 하루 생계에 매달려야 하고 지도자에 대한 음모를 꾸밀 틈이 없어진다네. 더군다나 자유로운 사상을 지닌 누군가가 지도자에게 통치를 맡기려 하지 않을 경우, 지도자는 그들을 적에게 넘겨 파멸시키기 위해서도 전쟁이 필요하겠지.

아데이만토스 왜 안 그렇겠습니까?

소크라테스 하지만 그런 짓들은 시민들한테 미움을 사기에 충분하지 않겠어? 그래서 그를 도와 정권을 수립한 사람들 중엔 그를 비판하는 경우도 있을 테지. 반면에 참주는 이런 사람들을 제거할 터인데, 친구이든 적이든 쓸모 있는 사람이 남아나지 않을 지경이 되지 않을까?

아데이만토스 분명 그렇게 될 것입니다.

소크라테스 결국 참주는 누가 어떠한지 날카롭게 지켜보아야 하며, 스스로가 그들의 적이 되어 음모를 꾸미면서 행복해 할 것이네. 온 나라가 정화될 때까지 계속해서 말이야.

아데이만토스 아무튼 훌륭한 정화작업이 되겠군요.

소크라테스 그렇지? 의사와는 완전 반대되는 것 아니겠어? 의사는 몸에 나쁜 것은 제거하고 좋은 것은 남겨둘 텐데, 참주는 거꾸로 하니 말이야.

아데이만토스 참주가 통치를 계속하려면 그렇게 하는 수밖에 없겠지요.

소크라테스 그것은 거의 필연적인 일 아니겠는가? 이 필연이 그로 하여금 민중의 미움을 받으며 살거나 아니면 죽음을 맞도록 만들고 있네. 그리고 그가 민중의 미움을 많이 받으면 받을수록 더 믿을 만한 경호원이 많이 필요할 것이고 말이야.

아데이만토스 왜 그렇지 않겠습니까?

소크라테스 그런데 누가 믿을 만한 자들일까? 어디서 이들을 불러오지?

아데이만토스 보수만 준다면 많이 모을 수 있지 않겠습니까?

소크라테스 자네는 낯선 지방의 수벌들 즉 용병을 말하는 것이겠지? 하지만 자기 고장 사람들을 쓸 수도 있지 않을까? 이를테면 시민들로부터 노예를 빼앗아 자유를 준 뒤에 자신의 경호원으로 채용하는 방식 말이야.

아데이만토스 충분히 그럴 수 있겠군요. 그들이 가장 믿을 만하겠네요.

소크라테스 참주는 참으로 축복받은 인물이겠군? 이전의 친구들은 파멸시킨 채, 이와 같은 자들을 믿을 만한 친구로 삼으니 말이야.

아데이만토스 아무튼 참주는 그런 자들을 이용하는 것이 현실입니다.

소크라테스 하지만 참주 주변에는 현인들이 모여들 수도 있네. 물론 비극 시인들은 현명한 까닭에 우리가 그들을 참주 정치체제 찬양자라면서 거부한다고 하여도 우리를 용서하겠지만, 그들은 다른 나라를 돌아다니면서 군중을 설득해 그런 나라를 참주 정치체제나 민주 정치체제로 이끌고 갈 것이네. 또 이런 일을 했다고 보수도 받고 존경도 받을 것이고 말이야.

아데이만토스 당연히 그렇게 되겠지요.

소크라테스 그러나 이들이 그런 가파른 길로 오르면 오를수록 그들의 명예는 시들해질 것이네. 숨이 차서 더 나아갈 수 없는 것처럼 말이야.

아데이만토스 물론입니다.

소크라테스 이제 논의를 되돌려, 이런 정치체제가 무슨 재원으로 유지될지에 대해 말해 보기로 하세.

아데이만토스 신전에 보관해 둔 재화나 참주가 파멸시킨 자들의 재화를 사용하지 않을까요? 민중에게는 적게 세금을 물릴 것이고 말입니다.

소크라테스 그것들로 모자라면 어찌 될까?

아데이만토스 아버지의 재화로 지탱해 나갈 것이 분명합니다.

소크라테스 다시 말하면 참주를 낳은 아버지인 민중이 참주와 그 패거리를 먹여 살릴 것이라는 말이지?

아데이만토스 민중이 그리할 것은 분명합니다.

소크라테스 그런데 만일 민중이 못마땅해 하면서 이렇게 말한다면 어떻게 되겠는가? 즉 '다 큰 아들을 아버지가 먹여 살린다는 것은 옳지 않고 아들이 아버지를 먹여 살리는 것이 옳다'고 말이야. 그리고 자신들이 참주를 입신시켜 준 것은 자신들이 노예에 예속되기 위해서가 아니라 자신들이 자유로워지기 위해서였다고 말한다면 말이야. 마치 아들을 그 성가신 술친구와 함께 집에서 내쫓는 아버지처럼, 민중이 참주와 그 패거리를 이 나라에서 나가라고 한다면 말이네.

아데이만토스 민중은 언젠가는 자신들이 어떤 인간을 낳았는지를 알게 되고, 또한 자신들의 힘이 약해진 상태에서 더 힘 센 참주를 내쫓으려 하고 있다는 것을 알게 될 것입니다.

소크라테스 무슨 뜻인가? 참주가 자신을 낳아 준 아버지를 폭행하려 한다는 것인가?

아데이만토스 그렇습니다. 아버지의 무기를 빼앗으면 그리할 것입니다.

소크라테스 자네는 참주를 아버지 살해범으로 만들고 있군. 하지만 사실은 그것이 널리 알려진 참주 정치체제의 본모습이라네. 민중이 자유민의 구속이라는 연기를 피하더니 결국 노예들의 전횡이라는 불에 뛰어든 셈이 된다네. 철 이른 자유 대신 가혹한 노예의 종살이라는 새 옷을 입은 것이라는 말이네.

아데이만토스 바로 그렇게 될 것입니다.

소크라테스 그럼 이제 민주 정치체제에서 어떻게 하여 참주 정치체제가 되어 나오는지 또 참주 정치체제는 어떤 것인지 충분히 논의했다고 할 수 있지 않을까?

아데이만토스 아주 충분합니다.

제9권

8권에 이어 참주 정치체제에 어울리는 사람의 유형이 언급된다. 그간의 논의를 종합해, 각 체제 사람들 가운데 누가 가장 불행하고 행복한지 논의한다. 사람의 성향·계급을 셋으로 나누면서 즐거움도 세 가지로 나눈다. 나아가 올바름과 올바르지 못함 가운데 무엇이 더 이익인지 논의한다.

참주 정치체제의 사람들은 이성이 지배하지 못해 부끄러움도 분별도 없다. 탐욕·광기는 속임수·폭력으로 발전한다. 하지만 이 나쁨은 작고 참주가 낳는 부도덕·비참함은 대단히 크다.

누가 가장 불행하고 비참한가? 군주 정치체제의 사람이 가장 행복하고 참주 정치체제의 사람이 가장 불행하다. 광적 욕정으로 궁핍·불만·비탄에 빠지기 때문이다. 하지만 더 비참한 것은 참주 본인이다. 피살의 두려움, 사방의 적 때문이다.

사람의 세 가지 성향이 다시 언급된다. 배움·진리·지혜를 사랑하는 성향, 격정·기개에 관련해 지배·승리·명예를 좋아하는 성향, 욕구 관련해 이득·욕정을 탐하는 성향 등이 그것이다.

세 가지 성향은 세 가지 즐거움을 낳는다.

즐거움을 가장 많이 경험하는 사람은 지혜를 사랑하는 사람이다. 다양한 경험을 할 뿐 아니라 앎의 즐거움은 완벽한 것이다. 두 번째는 명예를 좋아하는 전사이다. 승리감도 느끼지만 명예욕·질투심이 불만·폭력 등을 낳기 때문이다. 세 번째 즐거움은 참주의 즐거움이다. 가장 비참한 사람이기 때문이다.

올바름과 올바르지 못함 중 무엇이 이익일까? 올바름이 더 이익이다. 올바름은 신체의 즐거움을 영혼에 조화시키면서도 영혼이 무너지지 않기 때문이다. 황금을 얻는다 해서 자식을 노예로 만들 때 이롭지 않듯이 올바르지 못함은 이익이 될 수 없다.

9권의 논의는 여기서 마무리된다.

⋯⋯ 앞에서 우리는 참주 정치체제에 대한 논의를 하면서, 그에 어울리는 사람이 누구인지에 대해서는 논의하지 못했네. 그런 까닭에 나는 그런 사람에 대해 논의를 계속하기 위해 말을 꺼냈네.

소크라테스 이제 민주 정치체제에 어울리는 사람이 어떻게 해서 참주 정치체제에 어울리는 사람으로 바뀌는지 논의할 것이 남았군, 그래. 또한 그런 사람은 어떤 사람이고 어떤 방식으로 살아가는지에 대한 언급도 필요하겠고.

아데이만토스 그렇습니다.

소크라테스 하지만 우리는 욕구에 대해 충분히 논의하지 못했던 것 같네. 이것을 충분히 다루어야 그동안의 논의도 분명해질 수 있을 텐데 말이야.

아데이만토스 그렇다면 지금이 좋은 기회겠네요.

소크라테스 그렇지? 먼저, 불필요한 즐거움과 욕구 가운데 비정상적인 것들에 대해 생각해 보세. 이런 것은 누구에게나 생기겠지만, 어떤 사람은 법률과 이성을 통해 이를 억제해 그것이 아예 없거나 약해진 반면에 어떤 사람은 오히려 더 강한 상태로 남아 있다네.

아데이만토스 어떤 것들 말씀이신지요?

소크라테스 이성이 지배하는 유순한 부분이 잠들면, 짐승 같은 사나운 부분이 벌떡 일어나 제 기질을 충족시키려 하지. 그것은 또 부끄러움이나 분별이 없는 까닭에 무슨 짓이든 감행한다네.

아데이만토스 옳으신 말씀입니다.

소크라테스 반면에 건전하고 절제 있는 사람은 잠들 즈음에 자신의 이성 부분을 깨워 훌륭한 말과 생각들로 명상에 잠기는 한편, 욕구 부분은 모자람도 충족함도 없도록 한다네. 이로써 기쁨이나 고통 때문에 최선의 부분에 소동이 일지 않도록 하지. 또 격정 부분은 진정하도록 만들지만, 지혜로움이 깃드는 부분은 움직이게 만든다네. 그리하면 안식을 취할 수 있어 진리를 파악하는 데에 안성맞춤이지.

아데이만토스 정말 그럴 것입니다.

소크라테스 민주적인 사람은 돈벌이 등의 욕구만 중시하고 다른 욕구는 멸시하는 인색한 아버지에 의해 양육되었을 것이네. 그는 다른 욕구들로 충만한 사람과 어울리면 그들과 같은 행태를 보이네. 아버지에 대한 반발이지. 그래도 그는 양쪽 기질 사이에서 균형을 유지하면서 적정하게 즐길 것이네. 부자유한 삶도 아니고 불법한 삶도 아니지.

이것이 바로 과두 정치체제에 어울리던 사람이 민주 정치체제에 어울리는 사람으로 바뀌는 과정이라네.

아데이만토스 이에 대한 우리 의견은 과거나 현재나 같습니다.

소크라테스 이제 이 사람의 아들을 상상해 보세. 아버지와 똑같이 아들도 완전한 자유라는 이름의 불법으로 인도된다네. 아들을 불법의 길로 이끌려던 이들 참주 옹립자들은 이 젊은이가 제압당할 가망이 없다고 판단되면 그에게 수벌로 비유될 수 있는 욕정을 심어 주려고 할 것이네.

아데이만토스 그렇습니다.

소크라테스 수벌이 한껏 자라나 갈망이라는 침이 생기면 욕정은 광기狂氣의 경호를 받으면서 미쳐 날뛴다네. 이 사람 안에 있던 유익한 의견이나 절제 따위는 내쫓기고 광기가 영혼을 채울 것이네. 그래서 옛날부터 욕정을 참주에 비유하곤 했었지.

아데이만토스 그럴 것 같습니다.

소크라테스 내 생각에, 누구에게든 욕정이 참주로서 그 사람 안에 거주하면서 영혼의 모든 것을 조종하게 되면, 축제나 술자리 또는 기녀들이 필요하게 될 것이네. 그리고 욕정 곁에는 수많은 무서운 욕구들이 자리하게 되고 말이야.

아데이만토스 정말 그럴 것입니다.

소크라테스 그렇게 되면 수입이 생겨도 곧 탕진될 것이며, 돈을 빌리거나 자산을 빼앗기는 일이 잦아질 것이네. 그래서 모든 것이 다 떨어지면 수많은 강렬한 욕구들이 아우성칠 것이고, 또 이 까닭에 수벌의 침에 찔리듯 여러 욕구들에 쫓기거나 특히 욕정 자체에 쫓기면 그 사람은 미쳐 날뛰면서 다른 사람을 속이거나 다른 사람의 것을 강제로 빼앗으려고 하지 않을까?

아데이만토스 충분히 그럴 것입니다.

소크라테스 그리하여 그는 무엇이든 사방에서 거둬들이려 할 터인데, 심지어 아버지의 자산까지도 빼앗으려 할 것이네. 또 부모가 이를 허용하지 않으면 부모에게서 훔치거나 부모를 속이려고도 할 것이며, 결국 폭력까지 쓸 생각을 하지 않을까?

아데이만토스 그런 생각이 드는군요.

소크라테스 하지만 늙은 부모가 저항할 때는 어찌하게 될까? 조심하거나 자제할까? 아니면 새로 생긴 남녀 친구들을 위해 사랑했던 어머니와 아버지를 구타하면서까지 부모의 재산을 빼앗으려 할까?

아데이만토스 분명 후자처럼 할 것입니다.

소크라테스 이런 사람은 부모 재산이 다 떨어지면 남의 집 담을 넘거나 다른 사람의 옷을 빼앗으며 심지어는 신전을 털기도 할 것이야. 또한 욕정과 욕정을 경호하던 광기가 좋음과 나쁨에 대한 판단과 의견들을 지배하게 되지. 그가 그동안 지니고 있던 민주 정치체제에 어울리는 체질은 욕정 때문에 참주 정치체제에 어울리는 체질로 바뀌고 이제는 살인이나 그 어떤 행동도 삼가지 않으면서 무정부 상태와 무법 상태에서 참주처럼 살아간다네. 이것이 이런 사람의 삶 아니겠는가?

아데이만토스 사실 그러합니다.

소크라테스 그런데 나라 안에 이런 사람이 소수이고 다수는 절도 있는 사람이라면, 그들은 외국에서 용병 노릇을 하다가 평화 시에는 국내에 살면서 수많은 사소한 나쁜 짓을 저지를 것이네. 도둑질이나 가택 침입, 소매치기, 거짓 증언, 뇌물 수수 등 말이야.

아데이만토스 그런 사람들이 소수라면 나쁜 짓들 또한 작은 것이라 할 수 있지 않겠습니까?

소크라테스 작다는 것은 큰 것과 대비해서 하는 말이지. 그런 사소한 것들을 다 모은다 해도, 나라의 부도덕과 비참함과 관련해 참주에 비하면 큰 것이 되지 못하네. 물론 그런 사람들이 다수라면 참주 또한 더 극단적이 되겠지.

아데이만토스 당연히 그럴 것입니다. 그가 참주 정치체제에 가장 잘 어울리는 사람일 터이니 말입니다.

소크라테스 그렇기는 하지만 그것은 민중이 자발적으로 복종할 때고, 나라가 응하지 않으면 오랜 모국이자 조국을 노예 노릇 하도록 만든다네. 인간 욕구의 종말인 것이지.

아데이만토스 전적으로 그럴 것입니다.

소크라테스 이제 이들 참주가 통치하기 전은 어떤 모습이었을까? 그는 아첨꾼들과 사귀거나 자신에게 필요한 사람이면 스스로 엎드려 무릎을 꿇지만 일단 필요한 것을 얻으면 남이 되어 버린다네. 그리하여 그는 아무하고도 친구가 되지 못하고 늘 누군가의 주인 아니면 누군가의 노예 노릇을 할 뿐이며, 자유나 참된 우정은 결코 맛보지 못한다네.

아데이만토스 그럴 공산이 큽니다.

소크라테스 그럼 우리는 이런 사람을 가장 올바르지 못한 사람이라고 불러도 좋지 않을까?

아데이만토스 분명 옳은 말씀입니다.

이쯤 논의한 뒤 나는 가장 나쁜 사람이란 꿈에서나 볼 수 있는 유형의 사람을 현실에서 보는 것이라고 말했네. 참주 정치체제에 가장 잘 어울리는 성향을 지녔으면서도 혼자 다스리는 사람이 참주라는 것이 내 생각이었다네. 이때 내 생각에 동의하면서 글라우콘이 논의를 넘겨받았네. 나는 말을 이어나갔지.

소크라테스 그런데 가장 사악한 자가 가장 비참한 자라고 할 수 있겠지? 그래서 가장 오래도록 참주 노릇을 한 자가 가장 오래도록 비참한 자라고 할 수 있겠고 말이야. 물론 사람에 따라 생각이 다르겠지만…….

글라우콘 아무튼 분명 그러합니다.

소크라테스 참주 정치체제에 어울리는 사람은 참주 정치체제의 나라와 유사하고 또 민주 정치체제에 어울리는 사람은 민주 정치체제의 나라와 유사하다고 할 수 있겠지?

글라우콘 당연합니다.

소크라테스 그런데 훌륭함이나 행복도 나라들마다 다르고 사람들도 어느 나라에 사느냐에 따라 달라지겠지? 특히 훌륭함은 참주 정치체제와 앞서 우리가 세우려 했던 군주 정치체제가 서로 다르겠지?

글라우콘 완전히 반대입니다. 최악의 것과 최선의 것이지요.

소크라테스 자네가 말하는 최악의 것과 최선의 것이 각각 어떤 체제인지 알겠네. 하지만 행복과 관련해서도 마찬가지일까? 이 문제를 판단할 때 참주나 몇몇 사람만 보고 판단하지 말고 나라 전체를 보고 판단해야 하지 않겠나?

글라우콘 선생님의 말씀이 옳습니다. 참주 정치체제보다 비참한 나라는 없으며, 군주 정치체제보다 행복한 나라는 없습니다.

소크라테스 그렇다면 사람과 관련해서도 같은 말이 통용될까? 물론 이때 사람의 내면을 꿰뚫어보는 눈으로 판단해야겠지. 특히 참주 정치체제의 인간들이 내세우는 거짓된 모습에 얼이 빠지지 않고 말이야. 그러려면 참주의 삶과 행위와 국가적 위기에 대처하는 능력을 직접 목격한 사람의 말을 들을 필요가 있지 않을까?

글라우콘 지당하신 말씀입니다.

소크라테스 우리는 그런 판단을 내릴 수 있는 사람들일까?

글라우콘 물론입니다.

(여러 정치체제와 그 각각에 어울리는 사람들을 비교함. 특히 행복과 불행 그리고 삶의 즐거움과 관련하여 그 세 가지 성향을 논의함.)

소크라테스 이제 여러 체제의 나라와 사람들이 서로 유사함을 상기하면서 각 체제에 대해 말해 보기로 하세나.

글라우콘 무엇에 대한 말씀인가요?

소크라테스 첫째, 참주 정치체제는 자유로운가 노예 상태인가?

글라우콘 노예 상태가 극심한 나라라고 하겠습니다.

소크라테스 하지만 이 나라에도 주인과 자유민이 있지 않은가?

글라우콘 소수 그런 사람들도 있지만 대부분의 선량한 사람들이 비참한 노예 상태에 놓여 있습니다.

소크라테스 사람이 나라와 유사하다면, 그곳에도 같은 질서 체계가 있을 것이네. 영혼의 가장 선량한 부분은 노예 노릇을 하고 가장 사악하고 광적인 부분은 주인 노릇을 하지 않던가?

글라우콘 필연적입니다.

소크라테스 이런 영혼이면 전체적으로 노예 상태에 있다고 해야겠군? 그런데 노예 상태에 놓인 참주 정치체제는 원하는 바를 할 가능성이 가장 적지 않을까? 마찬가지로 참주 정치체제에 어울리는 영혼도 자신이 원하는 바를 할 가능성이 적고 말이야. 이 영혼은 광적인 욕정에 끌려 다니며 혼란과 후회로 가득할 것이네.

글라우콘 왜 그렇지 않겠습니까?

소크라테스 그런데 참주 정치체제의 나라는 부유할까 가난할까?

글라우콘 반드시 가난할 것입니다.

소크라테스 그러면 참주 정치체제에 어울리는 영혼도 늘 궁핍하고 만족할 줄 모르는 상태이겠네? 또 그러다 보면 이런 나라와 이런 사람은 두려움이 그득할 것이고 말이야.

글라우콘 반드시 그럴 것입니다.

소크라테스 나아가 비탄과 고통이 이 이상인 나라가 있을까? 사람의 경우도 참주 정치체제에 어울리는 인간보다 더 욕구와 욕정 때문에 미쳐 있는 사람이 있을 수 있을까?

글라우콘 결코 없을 것입니다.

소크라테스 자네가 이 나라를 가장 비참한 나라로 판정 내리는 것은 그런 일들 때문이라는 생각이 드는군?

글라우콘 그렇습니다만 그것이 옳지 못한가요?

소크라테스 분명 옳지. 그러나 참주 정치체제에 어울리는 인간은 어떨까?

글라우콘 어느 누구보다 그 사람이 가장 비참하다고 하겠습니다.

소크라테스 이번 말은 옳지 않다고 생각되네. 그보다 더 비참한 사람이 있으니까 말이야.

글라우콘 어떤 사람인가요?

소크라테스 참주 정치체제에 어울리는 사람이지만 사인私人으로서 일생을 보내지 못하고 어떤 불운 때문에 참주가 될 수밖에 없는 경우이네.

글라우콘 진실로 그러하군요.

소크라테스 하지만 이 경우들을 충분히 고찰하여야 하네. 훌륭한 삶과 나쁜 삶에 관련된 것인 때문이지.

글라우콘 지당하신 말씀입니다.

소크라테스 이렇게 생각해 보세. 많은 노예를 가진 부자는 참주와 유사한 점이 있네. 많은 사람을 거느린다는 점 자체가 말이야. 그런데 이 부자에게는 불안한 구석이 없고 노예들을 두려워하지 않네. 왜 그런지 알겠는가?

글라우콘 그것은 온 나라가 개개의 시민을 지원하기 때문입니다.

소크라테스 옳은 말이네. 예컨대 많은 노예를 가진 사람을 가족이나 노예와 함께 외진 곳에 내려놓는다고 해 보자고. 그는 자신과 가족들이 노예들에게 살해당하지 않을까 두려워하지 않겠어? 이를 피하기 위해 그는 몇몇 노예들에게 많은 약속을 하거나 자유를 주는 등 오히려 노예의 아첨꾼이 되지 않을까?

글라우콘 그렇게 될 공산이 큽니다. 그렇지 않으면 살해당할 가능성이 높을 테니 말입니다.

소크라테스 또 다른 많은 이웃을 외진 곳에 있던 이 사람 주위에 이주시킨다면, 그래서 노예의 주인이라고 주장하는 이 사람을 이웃들이 응징하려 든다면, 이 사람은 어떻게 될까?

글라우콘 그는 사방의 적들에게 감시당하는 더 나쁜 상황에 처하게 될 것입니다.

소크라테스 그러니 온갖 두려움과 욕정으로 가득한 참주 또한 이런 감옥에 갇혀 있는 것이 아닐까? 오로지 그만이 나라 밖으로 여행할 수도 없고 많은 구경거리도 놓치며 대체로 집에만 있으면서 여느 사람들을 부러워하게 되지 않을까?

글라우콘 정말 그럴 것입니다.

소크라테스 앞에서 논의되었듯이, 참주 정치체제에 어울리는 인간은 진짜 참주가 될 때 그런 나쁜 일들로 인해서 더 많은 불행에 휩싸이게 되네.

글라우콘 소크라테스 선생님, 선생님은 지극히 진실한 말씀을 하시는군요.

소크라테스 글라우콘, 그러니 자네가 고달프게 산다고 보았던 사람보다 실제 참주가 훨씬 더 고달프게 살지 않겠는가? 말하자면 그는 올바르지 못한 사람으로서, 질투하고 믿지 못하며 친구도 없고 온갖 악을 다 받아들이는데, 집권하면서 그런 것들은 더욱 심해지네.

글라우콘 지각이 있다면 아무도 선생님 말씀을 반박하지 못하겠습니다.

소크라테스 자, 그러면 누가 가장 행복한지 판단해 주겠나? 군주 정치체제, 명예 정치체제, 과두 정치체제, 민주 정치체제, 참주 정치체제 따위와 어울리는 사람들이 각각 어떤 순서로 행복한지 말이야.

글라우콘 판정하는 것은 어렵지 않습니다. 훌륭함과 나쁨, 행복과 그 반대의 것을 바탕으로 판정하기 때문입니다.

소크라테스 그래서 다른 사람이 하라고?

"가장 올바른 자가 가장 행복하다 할 수 있으니 이 사람은 군주 정치체제에 어울리는 인간으로서 자신을 군왕처럼 다스리기 때문이며, 가장 나쁘고 올바르지 못한 자가 가장 비참하다 할 수 있으니 이 사람은 참주 정치체제에 어울리는 인간으로서 자신과 나라를 참주적인 방식으로 다스리기 때문이다."라고 내가 발표할까?

글라우콘 선생님께서 발표하신 것으로 하지요.

소크라테스 좋네. 이제 우리는 한 가지를 증명했네. 둘째의 증명으로 나아가도록 하자고.

글라우콘 그것은 무엇인가요?

소크라테스 어느 한 나라가 세 계급으로 나뉘었듯이, 사람들의 영혼도 세 성향으로 나눌 수 있지 않을까? 이에 따라 즐거움도 각 부분에 맞추어 세 가지가 있으며, 욕구들과 이를 다스리는 방법도 마찬가지고 말이야.

글라우콘 어떻게 그렇다는 말씀이신지요?

소크라테스 첫째는 배움을 주는 성향이고 둘째는 격노를 불러일으키는 성향이며, 셋째는 한마디로 말해서 욕구와 관련된 성향으로서 돈을 좋아하는 성향이라고도 할 수 있네.

글라우콘 옳습니다.

소크라테스 셋째 부분은 이득을 탐하는 부분이고, 둘째 부분은 기개와 관련된 것으로 승리와 명예를 좋아하며, 첫째 성향은 진리와 배움과 지혜를 사랑한다고 할 수 있겠네?

글라우콘 왜 안 그렇겠습니까?

소크라테스 그런데 사람의 영혼은 대체로 특정 성향이 지배하는 것 아닐까? 이 까닭에 우리는 지혜를 사랑하는 계급, 명예를 좋아하는 계급, 이득을 탐하는 계급으로 나눌 수 있고 말이야. 또 즐거움도 각각에 어울리는 세 가지가 있겠지?

글라우콘 물론입니다.

소크라테스 만일 이들 세 계급의 사람들에게, 이들 세 종류의 삶 가운데 어느 것이 가장 즐거우냐고 차례로 묻는다면, 저마다 자신의 삶이 가장 즐겁다고 대답하지 않겠어?

돈벌이를 하는 사람은 명예나 배움을 가치가 없다고 할 것이며, 명예를 좋아하는 사람은 재물을 천하게 여기고 배움도 허무하다 할 것이며, 지혜를 사랑하는 사람은 다른 즐거움들을 무언가 못 미치는 것으로 간주할 것이네.

글라우콘 의심할 나위가 없습니다.

소크라테스 그런데 우리는 어느 삶이 더 훌륭한지 또는 부끄러운지가 아니라 어느 삶이 더 즐거운지 또는 고통스러운지를 논의한 것이 아닌가? 이들 가운데 즐거움에 관한 경험이 가장 많은 사람은 누구일까? 이득을 탐하는 사람이 앎으로 인한 즐거움을 경험한 것이 많을까, 아니면 지혜를 사랑하는 사람이 이득에서 오는 즐거움을 경험한 것이 많을까?

글라우콘 지혜를 사랑하는 사람이지요. 그는 다른 즐거움을 맛보는 것이 불가피했지만, 이득을 탐하는 사람은 사물의 본성을 배울 필요가 없었기 때문입니다.

소크라테스 명예를 좋아하는 사람은 어떤가? 그가 지혜에서 얻는 즐거움은 지혜를 사랑하는 사람이 명예에서 얻는 즐거움보다 모자랄까?

글라우콘 명예는 누구나 누릴 수 있는 것입니다. 부자도, 용감한 사람도, 지혜로운 사람도 말입니다. 하지만 실재實在에 대한 앎에서 오는 즐거움은 지혜를 사랑하는 사람에게만 알려진 것입니다.

소크라테스 그가 어떤 판단을 내리는 데에는 경험이 가장 크게 기여한다는 말이지? 또 경험뿐 아니라 지혜도 갖고 있는 사람은 그가 유일한 것이고? 추론적 사고 또한 지혜를 사랑하는 사람의 것 아니겠어?

글라우콘 그렇습니다.

소크라테스 만일 어떤 판단이 부나 이득에 좌우된다면 이득을 탐하는 사람이 찬양하거나 비난하는 것들이 가장 진실한 것일 테고, 명예와 승리와 용기에 좌우된다면 명예와 승리를 좋아하는 사람이 찬양 또는 비난하는 것들이 가장 진실한 것이 되겠지. 하지만 판단은 경험과 지혜와 추론적 사고에 의한 것이 아니겠는가?

글라우콘 그렇습니다. 지혜와 추론적 사고를 좋아하는 사람이 찬양하는 것들이 가장 진실한 것입니다.

소크라테스 그렇다면 세 가지 즐거움 가운데 영혼의 지적 부분과 관련된 즐거움이 가장 즐거운 것이겠으며, 그 성향이 지배하는 사람의 삶이 가장 즐겁겠군?

글라우콘 왜 안 그렇겠습니까?

소크라테스 그러면 어떤 삶과 즐거움을 두 번째라고 판단할 수 있을까?

글라우콘 전사, 즉 명예를 좋아하는 사람의 즐거움이 둘째라 할 수 있을 것입니다. 돈벌이하는 자보다 더 자기 스스로에 가깝기 때문입니다.

소크라테스 이득을 탐하는 자의 즐거움은 당연히 마지막이 되겠군.

글라우콘 물론입니다.

소크라테스 지혜로운 자의 즐거움을 제외한 나머지 사람들의 즐거움은 진실이나 순수함과는 먼 환영幻影이나 마찬가지라는 생각이 드는군.

글라우콘 훌륭한 말씀입니다. 하지만 좀 더 설명해 주십시오.

소크라테스 우리는 괴로움이 즐거움에 대립되는 것이라 하지 않았나? 그럼 기뻐하지도 않고 괴로워하지도 않는 중간 상태도 있겠네? 영혼의 평온 같은 상태 말이야.

글라우콘 있지요.

소크라테스 그런데 자네는 혹시 환자들이 건강보다 즐거운 것은 없다고 하는 말을 들은 적 없는가?

글라우콘 그런 말을 자주 듣습니다.

소크라테스 마찬가지로, 괴로울 때는 괴로움에서 벗어나 평온을 찾는 것을 가장 즐거운 것으로 찬양한다네. 반면 기쁨이 멈출 때는 평온이 오히려 괴로운 것이 되지 않을까? 그러면 평온은 괴로움과 즐거움 사이에 있는 것으로, 언젠가는 괴로움이나 즐거움이 될 수도 있다는 것이네? 아니, 어느 쪽 것도 아닌 것이 양쪽 것으로 될 수도 있는 것인가?

글라우콘 그럴 수는 없을 것 같습니다.

소크라테스 그럴 수 없겠지? 평온은 괴로움과 비교되어 즐거워 보일 뿐이고, 즐거움과 비교되어 괴로워 보일 뿐이네. 즐거움에 관한 진실 여부를 놓고 볼 때, 이 보이는 현상은 일종의 기만 현상이네.

글라우콘 바로 그렇습니다.

소크라테스 그런 만큼 괴로움에서 생기는 것이 아닌 즐거움을 살펴보세. 즐거움은 괴로움의 멈춤이며 괴로움은 즐거움의 멈춤이라는 생각이 들지 않게 하기 위해서 말이네.

글라우콘 어떤 즐거움을 말씀하시는 것인지요?

소크라테스 이를테면 냄새로 생기는 즐거움이나 육체적 쾌락은 괴로움과 무관하게 생기는 것들이기는 하네.

글라우콘 그렇습니다.

소크라테스 이와 닮은 것으로, 위와 아래와 중간을 보세. 아래 있던 사람이 중간으로 이동하면 그는 위로 이동했다고 생각한다는 것이지. 위를 못 보았기 때문이야. 물론 그가 원래 위치로 되돌려지면 아래로 옮겨졌다고 생각하겠지.

글라우콘 왜 안 그렇겠습니까?

소크라테스 이런 일은 경험하지를 못했기 때문에 겪는 일이네. 그러나 진실을 경험하지 못했는데도 많은 것에 대해 여러 의견을 내놓는다고 놀랄 일인가? 실제 괴로운 일을 겪어서 괴롭던 사람이 중간의 평온함에 이르자 이를 즐거움이라고 생각한다면, 이것도 놀랄 일이라 할 수 있을까? 백색에 대한 경험이 없어서 회색을 흑색과 대비하여 백색이라고 속는 것도 놀랄 일일까?

글라우콘 저는 결코 놀라지 않을 것입니다.

소크라테스 이제 이런 것을 생각해 보자고. 배고픔과 목마름은 몸과 관련해서 어떤 비움inanition 현상이라 하겠지? 마찬가지로, 무지와 무분별도 영혼과 관련해서 어떤 비움 현상이라 할 수 있고 말이야.

글라우콘 맞습니다.

소크라테스 반면, 음식물을 섭취하고 지성을 사용하는 것은 채움 satisfaction이라 할 수 있겠지? 이때 채움이란 덜 충실하게 하는 것인가, 아니면 더 충실하게 하는 것인가?

글라우콘 더 충실하게 하는 것이 채움입니다.

소크라테스 그런데 순수한 존재에 더 많이 관여하는 것은 빵이나 요리 등의 음식물인가, 아니면 참된 의견과 지식과 지성과 훌륭함 따위인가? 어느 것이 언제나 같고 불멸인 것이며, 어느 것이 항상 변화하고 사멸하는 것인가를 놓고 판단해 보라고.

글라우콘 언제나 같은 것이 더 많이 관여합니다.

소크라테스 그렇다면 전반적으로 신체의 보살핌과 관련된 것들이 영혼의 보살핌과 관련된 것들에 비해 진리나 존재의 본질에 덜 관여하겠군?

글라우콘 훨씬 덜 관여합니다.

소크라테스 적합한 것으로 채우는 것이 즐거움이라면, 더 충실하게 존재하는 것들로 채우는 일은 참된 즐거움이자 진실한 기쁨이 될 것이네. 하지만 덜 충실하게 존재하는 것들로 채우는 일은 덜 미덥고 덜 진실한 즐거움이 될 것이네.

글라우콘 너무나 당연한 말씀입니다.

소크라테스 그러므로 지혜와 훌륭함에 대한 경험이 없는 사람들은 늘 아래로 옮겨졌다가 다시 중간까지 옮겨지는 일이 반복되네. 참된 위쪽을 보거나 위쪽으로 옮겨지는 적은 결코 없다는 것이지. 이들은 참으로 존재하는 것으로 채워지지 않아 확실하고 순수한 즐거움을 맛보지도 못한다네. 이들은 마치 가축처럼 눈길을 아래로 향한 채 탐욕과 욕망 때문에 서로 죽이기도 한다네. 다시 말해 존재하지 않는 것들로 자신의 존재하지도 않고 채워지지도 않는 부분을 채우려 하기 때문이네.

글라우콘 소크라테스 선생님, 선생님께서는 많은 사람들의 삶을 신탁의 말투로 말씀하시는군요.

소크라테스 그들이 함께 지내는 것들은 괴로움과 혼합된 즐거움 즉 참된 즐거움의 영상影像에 지나지 않는 것들이라네.

글라우콘 불가피한 일이지요.

소크라테스 그러면 기개나 격정의 성향을 지닌 영혼의 경우는 어떻게 될까? 마찬가지 아닐까? 이성을 저버린 채 분노를 터뜨리고 명예와 승리를 얻으려 한다면, 그는 명예욕과 질투심과 불만에 빠져 폭력을 행사하는 등 마찬가지 아니겠어?

글라우콘 기개를 지닌 이런 사람의 경우도 마찬가지일 것입니다.

소크라테스 그렇다면 부와 명예를 탐하는 사람이지만 이성reason과 지식의 인도를 받으면서 즐거움을 추구하는 경우는 어떨까? 이런 경우에는 분별이 있는 까닭에 가장 진실하고 좋음이라는 특질을 지닌 즐거움을 추구할 수 있지 않을까?

글라우콘 그렇습니다.

소크라테스 그런 까닭에, 영혼 전체가 지혜를 사랑하는 부분을 따르고 반목을 하지 않는다면 올바르고 최선이며 가장 참된 즐거움을 누릴 수 있을 것이네.

글라우콘 물론입니다.

소크라테스 하지만 다른 부분이 영혼을 지배할 때, 그것은 자체의 즐거움도 찾아낼 수 없고 다른 부분으로 하여금 참되지 못한 즐거움을 찾도록 만들기도 할 것이네. 특히 철학과 이성으로부터 가장 멀리 떨어져 있는 경우일수록 더 이런 일들이 빚어지지 않을까? 그리고 법과 질서에서 가장 멀리 떨어져 있는 것들이야말로 이성에서 가장 멀리 떨어진 것이고 말이야.

글라우콘 분명 그러합니다.

소크라테스 또 참주가 가질 법한 정욕과 욕구들이 이런 것들에서 가장 멀리 떨어진 것들이며, 반면에 군주에 어울리는 절도 있는 욕구들이 가장 덜 떨어져 있지 않겠나?

글라우콘 그렇지요.

소크라테스 그렇다면 참된 즐거움에서 가장 멀리 떨어져 있을 사람은 참주일 터이고 가장 덜 떨어져 있을 사람은 군주 정치체제의 군왕이겠군?

글라우콘 당연한 일입니다.

소크라테스 자네는 참주가 군왕보다 얼마나 덜 즐거울지 알겠는가?

글라우콘 선생님께서 말씀해 주십시오.

소크라테스 즐거움에는 세 가지 있는데 하나는 진짜이고 다른 두 가지는 가짜네. 참주는 법률과 이성을 피해서는 가짜이자 세 번째인 노예적 즐거움과 동거하는 셈이지. 그런데 참주는 과두 정치체제에 어울리는 사람으로부터 세 번째로 떨어져 있지. 중간에 민주 정치체제에 어울리는 사람이 있으니까 말이야. 결국 그는 과두 정치체제에 어울리는 사람의 즐거움 가운데 세 번째 즐거움의 영상과 함께 산다고 할 수 있네.

글라우콘 그렇습니다.

소크라테스 반면 과두 정치체제에 어울리는 사람은 다시 또 군주 정치체제에 어울리는 사람으로부터 세 번째[51]에 있네. 귀족 정치체제에 어울리는 사람과 군주 정치체제에 어울리는 사람을 같다고 보면 말이지.

글라우콘 세 번째가 맞습니다.

소크라테스 그러니까 참주는 참된 즐거움에서 세 배의 세 배만큼 떨어져 있네. 이 까닭에 군왕은 참주보다 훨씬 더 즐겁게 살고 참주는 그만큼 군왕보다 훨씬 더 괴롭게 산다네. 올바른 사람의 즐거움이 올바르지 못한 사람의 즐거움에 비해서 이토록 크다면, 마찬가지로 삶의 의젓함과 아름다움과 훌륭함도 그만큼 크지 않겠는가?

글라우콘 당연히 엄청 클 것입니다.

소크라테스 그렇지? 이제 논의가 여기까지 됐으니 처음으로 되돌아가 보세. 철저히 올바르지 못하면서도 올바르다고 평판이 난 자에게는 올바르지 못한 짓을 하는 것이 이익이 된다고 누군가가 말했었지, 아마?

글라우콘 정말 그랬습니다.

소크라테스 우리는 올바르지 못한 짓을 하는 것과 올바른 일을 행하는 것이 각각 어떤 힘을 갖는지에 대해서 서로 동의했으니, 이제 그렇게 주장한 사람과 잠시 논의를 하는 것이 어떨까?

---

51) third place: 중간에는 귀족 정치체제의 귀족이 아니라 명예 정치체제에 어울리는 사람이 있다.

글라우콘 그에게 어떻게 말을 해야 할까요?

소크라테스 그가 쉽게 이해하도록, 영혼을 어떤 이미지로 형상화하는 방법이 좋겠군. 고대 신화의 키메라Chimera 같은 괴수들처럼 몸은 하나인데 여러 동물이 합쳐진 모습으로 말이야. 또는 머리가 여럿인 짐승을 형상화하되, 일부는 유순한 모습이고 일부는 사나운 모습으로 말이지. 다음으로는 사자의 모습을, 그리고 끝으로는 사람의 모습을 형상화해 보세나. 사자는 앞의 괴물보다 작게 만들고 인간은 더 작게 만들자는 말이지.[52] 그런 뒤 이 셋을 합쳐 하나로 자라나게 만드는 거지. 그리고는 이 바깥쪽에 인간의 형상을 외피로 만들어 덮어서 안은 안 보이고 인간으로만 보이게 만드는 거야.

글라우콘 형상화했습니다.

소크라테스 그러면 올바르지 못한 짓이 이롭고 올바른 일은 이득이 되지 않는다고 주장하는 사람에게 "당신이 말하는 것이 바로 이런 것입니다."라고 말해 주자고. 괴수나 사자는 배불리 먹여 강하게 만들고 인간은 굶주려 쇠약하게 만드는 것, 앞의 두 짐승 가운데 어느 한쪽이 전체를 이끌도록 만들거나 두 짐승이 내부적으로 서로 싸우게 만드는 것과 같다고 말이야.

글라우콘 올바르지 못한 짓을 찬양하는 사람 주장이 그것입니다.

소크라테스 반면 올바른 일들이 이롭다고 주장하는 사람은 이렇게 주장하지 않을까? 내부의 인간이 전체를 장악해서는 많은 머리를 가진 괴수는 사납지 않고 유순하게 길들이고 사자는 협력자로 만들

52) image of the soul: 괴수는 인간 영혼의 '욕구 지향적인 부분'을, 사자는 '격정적인 부분'을, 사람은 '지혜의 부분'을 나타내는 것으로 보인다.

어 공동으로 전체를 돌보며 화목하게 지내는 것이라고 말이야.

글라우콘 올바른 것을 찬양하는 사람은 그렇게 주장할 법합니다.

소크라테스 그런 만큼, 올바른 것을 찬양하는 사람은 진실을 말하는 것이고 올바르지 못한 짓을 찬양하는 사람은 거짓을 말하는 것이라 해야겠지? 즐거움뿐 아니라 명예나 유익함에 관련해서 생각해 보아도 그렇지 않을까? 올바른 것을 비난하는 자는 건전한 말을 하기는커녕 자신이 비난을 하는지조차 모르면서 비난을 하는 꼴이지.

글라우콘 제 생각에도 그는 전혀 모르는 것 같습니다.

소크라테스 그렇다면 우리가 그에게 이렇게 말해 주자고.

"아름다움이란 야수적인 것으로 하여금 인간적인 것이나 신神적인 것에 종속하게 만들고, 추함이란 온순한 것을 사나운 것에 굴종하게 만드는 것 아니겠습니까?"라고 말이야.

그가 동의하려나?

글라우콘 그가 납득하면 동의하겠지요.

소크라테스 누군가가 자신의 가장 훌륭한 부분을 가장 사악한 부분에 종살이하도록 만든다는 조건 아래, 올바르지 못한 방법으로 황금을 갖게 되었다고 하면 그것이 이로운 일일까? 황금을 얻는다고 해서 제 아들딸을 사나운 사람의 노예로 만든다면 그것이 이로운 일이겠느냐고? 마찬가지로 그가 자신의 가장 신적인 것을 가장 오염된 것에 예속되게 만든다면 그는 비참할 뿐 아니라 뇌물을 받고 남편을 파멸시킨 여인과 다름이 없지 않는가?

글라우콘 훨씬 무서운 일입니다.

소크라테스 무절제가 오래도록 비난을 받은 것은 이 때문이라고 생각되지 않나? 아까의 그 괴수를 지나치게 풀어준 때문이 아니겠느냐고?

글라우콘 분명 그렇습니다.

소크라테스 반면 고집스럽고 고약한 성미가 비난을 받는 것은 사자와 같고 뱀과 같은 부분을 키워준 때문이 아니겠어? 사치와 나약함이 비난을 받는 것은 이 부분이 완화되어 비겁함이 생긴 것 아닐까?

글라우콘 물론입니다.

소크라테스 또 아첨과 비굴함이 비난을 받는 것은 이 부분, 즉 기개의 부분을 광포한 짐승에 종속되게 만든 때문 아닐까? 재물에 대한 욕망으로써 그를 젊을 때부터 모욕한 까닭에, 사자가 원숭이로 변한 것 아닐까?

글라우콘 바로 그렇습니다.

소크라테스 하지만 이 사람도 영혼 속에 신적인 지배자가 있는 최선의 인간의 노예가 된다면 될 것이네. 그것은 신적이며 슬기로운 것의 지배를 받는 것이 모두를 위해서 낫기 때문이지. 그런 것을 본디부터 지니고 있는 자는 물론이지만, 그렇지 못한 자라도 외부의 도움으로 그렇게 될 수 있기 때문이라네.

글라우콘 그것이 옳은 것 같습니다.

소크라테스 법의 취지가 바로 그런 것이네. 아이들을 다스리는 일도 마찬가지지. 최선의 통치자와 수호자를 아이들 영혼에 심어 주기 전까지는 아이들에게 자유를 허용하지 않다가 그것들을 심어 준 뒤에 자유를 허용해야 한다는 것이네.

글라우콘 분명 그렇습니다.

소크라테스 그러니 글라우콘, 올바르지 못한 짓을 하는 것이나 무절제함 또는 부끄러운 짓을 저지르는 것이 어떤 논거로 이익이 된다고 할 수 있겠는가? 재물이나 다른 어떤 힘을 얻는다 해도 그는 더 사악해지는데 말이야.

글라우콘 그렇게 말할 수는 없지요.

소크라테스 그러면 이번에는 몰래 올바르지 못한 짓을 하고도 처벌을 받지 않는 것은 이익이라 할 수 있을까? 발각되지 않는다면 더 사악해질 터인데 말이야. 반면 발각되어 벌을 받는다면 야수적인 부분은 순화되고 유순한 부분은 자유롭게 되어 영혼 전체가 훌륭한 본성을 찾게 되지 않을까? 그래서 건강한 육신이라는 아름다움보다 더 귀한 상태, 즉 절제와 지혜와 올바름을 다 갖춘 상태가 되지 않을까? 영혼이 육신보다 더 귀한 만큼 말이네.

글라우콘 정말로 그러합니다.

소크라테스 또 그러한 만큼, 지각이 있는 사람이라면 전력을 기울여 그런 상태를 추구하며 살지 않을까? 이를 위해 그는 다음 같이 할 것이네.

첫째, 그는 영혼의 이런 상태를 위해 학문을 귀하게 여길 거야. 다른 것은 무시하고 말이지. 둘째, 그는 신체를 야수적이고 비이성적인 즐거움에 맡기며 살지는 않을 것이네. 건강이나 힘이 절도를 가져다주지 않는 한, 이를 으뜸으로 여기지도 않을 것이고 말이야. 그는 오히려 육신의 조화는 영혼의 화합을 위하는 것이라고 여길 것이네.

글라우콘 정말 교양이 있는 사람이라면 그렇게 할 것입니다.

소크라테스 나아가 그는 재물을 소유할 때도 질서와 화합을 유지하려 할 것이므로 재물 때문에 끊임없는 나쁜 일에 말려들지는 않을 것이네. 오히려 그는 자신 속의 통치체제를 응시하면서 재물 때문에 그것이 교란되지 않도록 지키지 않겠어?

글라우콘 그럴 것입니다.

소크라테스 명예와 관련해서도 마찬가지여서 자신을 더 나아지게 만드는 것이라면 기꺼이 받아들이지만 영혼의 상태를 와해시키는 것들은 피할 것이네.

글라우콘 그렇다면 그는 정치가가 되지는 않겠군요.

소크라테스 우리가 세우려는 이 나라에서는 그렇겠지. 하지만 현실에서는 그렇지 않을 것이네.

글라우콘 알겠습니다. 선생님께서는 여태 우리가 논의한 이론상의 나라에서는 그럴 것이라는 말씀이시지요? 하지만 그런 나라는 지상 어디에도 존재하지 않는다는 것이 제 생각입니다.

소크라테스 그렇다네. 하지만 또 그런 것을 보기를 원하는 사람에게 그것은 여전히 하나의 본pattern으로서 존재한다네. 그것이 어디에 있든 무슨 상관이겠나?

글라우콘 그럴 것 같군요.

제10권

3권에 잠시 언급됐던 모방이 한층 깊이 논의된다. 올바른 나라에서는 그것이 배제되어야 한다면서 모방을 행하는 시詩와 회화繪畵를 비판한다. 또 훌륭함은 사후死後에도 보답을 받는다는 주장이 제기된다. 전제로서 영혼 불멸설이 제시되고 구체적 사례로서 에르Er의 이야기가 펼쳐진다.

모방에 대해: 예를 들어, 침상 제작자는 어떤 형상idea 또는 실재가 아닌 하나의 실물을 제작할 뿐이다. 이때 침상에는 세 종류가 있는데 실재·실물·그림이 그것들이다. 이의 제작자는 신과 목수와 화가이다. 실물은 실재의 모방이고, 그림은 실물의 모방이다. 시도 마찬가지다. 모방이지 진리가 아니다. 비탄에 잠긴 영웅을 묘사한 시는 선량한 사람도 수치스럽게 만들며 격정·욕구가 영혼을 지배하게 만든다.

영혼 불멸설: 영혼은 파멸되지 않는다. 어떤 사물이든, 그 자체의 나쁨이 스스로를 파멸시키지 않는다면 외부의 다른 요인이 그것을 파멸시킬 수 없다. 예를 들어 음식 때문에 신체가 파멸된다면 음식의 나쁨 때문이 아니라 신체 자체의 병 때문이라고 해야 한다. 그런데 영혼은 그것에 내재된 나쁨 즉 올바르지 못함이나 무절제·비겁함·무지 따위가 영혼 스스로를 파멸시키지 못한다. 따라서 신체의 파멸로도 영혼은 파멸되지 않는다. 영혼은 항상 존재하고 죽지 않으며 늘지도, 줄지도 않는다.

에르 이야기: 올바름은 신의 사랑을 받는데 사후에는 더 큰 상을 받는다. 에르라는 남자가 전해준 사후 세계의 일이다. 사람이 죽으면 생전에 행한 올바름 또는 올바르지 못함의 열 배에 해당하는 상벌을 받으며, 과거의 일을 관장하는 라케시스 여신으로부터 다음 생을 선택할 수 있는 제비뽑기 기회를 제공받는다는 이야기이다.

마무리: 이로써 인간의 올바름 및 국가의 올바름을 다룬 10권의 『국가』는 마무리된다.

···· (앞의 논의에 이어 올바른 나라를 수립하기 위해서는 음악에서 모방을 배제해야 한다는 논의를 시작함.)

소크라테스 나는 우리가 나라를 옳게 수립하고 있다는 생각이 든다네. 다른 여러 면에서도 그렇지만 음악과 관련해서 더 그러하다네. 음악 가운데서도 특히 모방적인 것은 배제하자는 것이지. 그런 것들이 영혼을 버려 놓는 것 같네. 그 실상을 알게 해 주는 처방이 없는 한 말이야.

글라우콘 무슨 말씀이신지요?

소크라테스 먼저 질문 하나 하겠네. 모방이란 무엇일까? 나도 잘 모르겠네만.

글라우콘 저도 잘 모르겠습니다.

소크라테스 그러면 이번에도 많은 것들을 놓고 가정해 보세나. 이를테면, 침상과 식탁이 있을 수 있겠지. 그러면 여기에는 두 개의 이데아가 있네. 그 하나는 침상의 이데아이고 또 하나는 식탁의 이데아라네. 그런데 각 가구의 제작자는 그 이데아를 보면서 각각의 가구를 만든다네. 그 어떤 제작자도 이데아 자체를 만들지는 않을 테니 말이야. 그런데 온갖 것들을 다 만들어 낼 수 있는 제작자를 어떻게 부르지?

글라우콘 대단한 사람이군요.

소크라테스 아직 놀라기는 이르네. 그는 가구 외에 흙에서 나는 모든 것들과 모든 동물들뿐 아니라 자기 자신과 자연과 신조차 만든다네.

글라우콘 마법사가 틀림없겠습니다.

소크라테스 믿기지 않는단 말인가? 그렇듯 모든 것을 만드는 자가 있을 수 없다는 것이겠지? 하지만 자네도 그 모든 것을 만들 수 있는데?

글라우콘 어떻게 말입니까?

소크라테스 거울을 들고 돌아다니기만 해도 되네. 그러면 자네는 해와 하늘에 있는 모든 것과 땅과 자네 자신과 여느 동식물도 만들 수 있네.

글라우콘 그렇군요. 하지만 보이는 것만 만들 수 있을 뿐입니다.

소크라테스 훌륭하네. 그것이 논의의 핵심이니까 말이야.

화가도 그런 제작자라고 할 수 있네. 자네는 화가가 진짜를 제작하는 것은 아니라 하겠지? 그가 참된 어떤 것을 만드는 것이 아니라면, 그는 실재와 비슷하기는 하지만 실재가 아닌 다른 어떤 것을 만드는 것이라고 해야 하지 않을까? 또 이런 제작물을 누군가가 완전한 것이라고 말한다면 그는 진실이 아닌 말을 하는 셈이 될 것이고 말이야.

글라우콘 분명 아니지요.

소크라테스 그렇다면 이런 것들을 예로 삼아, 이 모방자들이 어떤 사람인지를 밝히고 싶지 않나?

글라우콘 선생님도 원하신다면 그렇게 하시지요.

소크라테스 그러니까 침상에는 세 가지가 있네. 하나는 본질 자체가 침상인 것으로서, 신이 만들었다고 할 수 있네. 둘째는 목수가 만드는 것이며, 셋째는 화가가 만드는 것이네. 다시 말해 화가와 침상 제작자와 신이 세 종류의 침상을 관할하는 자들이라는 것이지.

글라우콘 그렇습니다.

소크라테스 그런데 신은 이유야 어떻든 침상인 것 자체를 하나만 만들었네. 둘이나 그 이상을 만든 적도 없지만, 침상인 것 자체는 하나이지 둘일 수 없기 때문이지. 신은 참된 침상의 참된 침상 제작자가 되기를 바랐던 것이라네.

글라우콘 그런 것 같습니다.

소크라테스 그렇다면 우리는 신을 본질의 창조자라고 불러도 될까?

글라우콘 그것이 옳은 것 같습니다.

소크라테스 목수는 침상을 만드는 장인인가?

글라우콘 그렇습니다.

소크라테스 화가도 그런 것의 장인이나 제작자라고 할 수 있을까?

글라우콘 전혀 그렇지 않습니다.

소크라테스 그럼 화가는 침상과 관련해서 무엇이라 해야 할까?

글라우콘 제 생각에 그는 모방자라고 불리는 것이 적절할 것 같습니다.

소크라테스 그래? 그럼 무엇인가의 본질로부터 세 번째인 산물의 제작자를 모방자라 부른다는 것이지?

글라우콘 물론입니다.

소크라테스 그럼 비극 작가도 그런 사람에 속하겠군?

글라우콘 그렇습니다.

소크라테스 그럼 모방자의 개념에 대해 합의했다고 해도 되겠군? 모방의 기술은 진실한 것에서 멀리 떨어져 있다고 할 수 있겠고?

글라우콘 물론입니다.

소크라테스 그러니 어떤 사람이 모든 것을, 그것도 정확하게 알고 있다고 말한다면 우리는 그에게 어리석은 사람으로서 모방자에게 속은 것이라고 말해 주어야 하겠지?

글라우콘 더없이 진실입니다.

소크라테스 선구적 비극 작가 호메로스를 통해 이를 자세히 논의해 보세. 사람들은 시인이 훌륭함과 나쁨 등 모든 인간사를, 심지어는 신들의 일까지도 알고 있다고 말하지 않던가? 훌륭한 시인은 그런 것들을 모르고서는 시를 지을 수 없고 또 시를 지으려면 먼저 알고 있어야 한다는 것이지. 하지만 이렇게 말하는 사람들은 이 모방자에게 속아 넘어가서는 시인의 작품이 실재에서 세 단계나 떨어져 있다는 사실을 깨닫지 못하는 것은 아닐까? 이를 검토할 필요가 있겠지?

글라우콘 당연히 검토해 보아야겠지요.

소크라테스 스스로가 무엇을 모방하고 있는지 아는 진정한 예술가는 모방보다는 실재에 더 관심을 두지 않을까?

글라우콘 저도 그렇게 생각합니다.

소크라테스 그러면 우리는 호메로스가 언급하려는 가장 중대한 문제들에 관해서 즉 전쟁, 전략, 나라의 경영, 인간의 교육 따위의 문제에 관해 이렇게 질문하는 것이 정당하지 않을까?

"호메로스 님, 선생님이 훌륭함과 관련해서 진리로부터 세 번째로 떨어진 모방자이기보다는 두 번째로 떨어진 것을 더 중시하는 분이라면 어떤 나라가 선생님에 의해 더 잘 경영되었는지 말씀해 주십시오. 선생님이 스파르타의 리쿠르고스[53]나 솔론 같은 사람으로 칭송받는 나라 말입니다."라고 말이야.

그가 어떤 나라든 그 이름을 댈 수 있을까?

글라우콘 그럴 수 없으리라 생각됩니다.

소크라테스 그리고 또 호메로스가 지휘하거나 해서 잘 치러진 전쟁으로 어떤 것이 있는가? 아니면 그의 행적에 어울리게 독창적으로 발명한 것이 있는가?

글라우콘 하나도 없습니다.

소크라테스 그도 아니면, 그가 교육 지도자가 되어 사람을 가르치고 자신만의 삶의 방식을 후대에 전한 일이 있는가? 피타고라스처럼 말이야.

글라우콘 그런 일도 없습니다. 소크라테스 선생님, 그의 시대에 그는 오히려 사람들 관심의 대상이 아니었습니다.

소크라테스 호메로스가 앎을 지니고 있어 진정 사람들을 교육해 더 훌륭한 사람들로 만들 수 있었다면 그는 사람들로부터 존경을 받지 않았을까? 프로타고라스[54]는 사람들을 교육시켜 그들로 하여금 가정과 나라를 잘 경영하도록 만들어 사람들이 그를 떠받들고 돌아다닐 지경이었지. 호메로스가 훌륭함과 관련해 사람들을 이롭게 해주었다면, 사람들은 어쩌면 그로부터 충분히 배울 때까지 그를 따라다니지 않았을까?

글라우콘 선생님 말씀이 아주 옳다고 생각합니다.

---

53) Lycurgus: 기원전 7세기 스파르타의 입법자. 고대 스파르타의 대부분 제도를 정비하고 개혁했다고 전해진다.

54) Protagoras: 대표적 소피스트로서, "인간은 만물의 척도이다."라는 말을 했다. 소피스트들의 상대주의적 세계관을 나타낸다고 하겠다.

소크라테스 그럼 호메로스를 비롯한 모든 시인들은 훌륭함의 영상들을 모방하는 사람들일 뿐이지 진리를 파악하는 것은 아니라고 볼 수 있겠지? 우리가 좀 전에 말했듯이, 화가처럼 시인도 낱말과 구문이라는 색채로 그런 것을 만드는 것이지.

글라우콘 정말 그렇습니다.

소크라테스 그런데 우리는 앞서 영상 제작자 즉 모방자가 실재에 대해서는 아무것도 모르고 그것의 현상에 대해서만 안다고 말했었지, 안 그런가?

글라우콘 그랬었습니다.

소크라테스 우리는 화가가 고삐와 재갈을 그린다고 말할 것이네. 그러나 가죽 재단사나 대장장이는 그것들을 만든다고 말하겠지. 이때 고삐와 재갈이 어떤 것이어야 하는지에 관한 지식은 화가도 그것을 만드는 대장장이나 가죽 재단사도 모르고 오로지 이를 이용하는 말 타는 사람만 갖고 있을 것이네.

글라우콘 옳은 말씀입니다.

소크라테스 그렇다면 다른 모든 경우도 이와 같다고 할 수 있겠지? 어느 경우든 세 가지 기술, 즉 사용하는 기술과 만드는 기술과 모방하는 기술이 있다고. 온갖 도구나 생물 또는 행위의 훌륭함과 아름다움과 옳음 따위는 그것이 만들어지거나 생기게 된 쓰임새와 관련된 것 아니겠어?

글라우콘 물론 그렇습니다.

소크라테스 그러면 그것을 사용하는 사람이 가장 경험이 많겠지. 그래서 사용하던 중에 어떤 것들이 잘 만들어졌는지 또는 잘못 만들어졌는지를 제작자에게 알려줄 것이고, 제작자는 이에 따라 제작을 할 것이 분명하다네. 이를테면 악기 연주자는 어떤 악기가 제대로 소리를 내는지 알게 되고 이를 제작자에게 알려 주면 제작자는 이에 따라 악기를 만든다는 것이네. 즉 도구 제작자는 그것에 대해 아는 사람한테 들음으로써 그것의 훌륭함과 나쁨에 관한 옳은 믿음을 갖게 된다네.

글라우콘 그렇습니다.

소크라테스 그런데 모방자는 자신이 그리는 대상에 대한 지식을 어떻게 얻을까? 그것을 사용해서일까 아니면 그것에 대해 아는 사람한테 어떻게 그려야 할지를 지시받을까?

글라우콘 어느 쪽도 아닙니다.

소크라테스 그렇다면 모방자는 자신이 모방하는 것의 훌륭함이나 나쁨에 관해서 알게 되지도 않고 옳게 판단할 수도 없게 되겠군?

글라우콘 그럴 것 같습니다.

소크라테스 그러니까 그는 그것이 나쁜지 좋은지에 대해 알지도 못하면서 모방한다는 것이지?

글라우콘 물론입니다.

소크라테스 이제 이 점들에 대해 우리는 합의를 보았다고 할 수 있겠네? 그러니 만큼, 모방은 일종의 놀이이고 진지한 것이 못 되며 진리에서 세 번째로 떨어진 것에 관한 것이네.

글라우콘 그렇습니다.

소크라테스 그렇다면 그것은 인간의 어떤 부분과 관계가 있어서 영향을 미칠까? 이를테면 같은 크기의 것인데 가까이서 보느냐 멀리서 보느냐에 따라 달리 보이고, 물속에 있을 때는 굽게 보이기도 하며, 색채를 사용하면 오목하게 또는 볼록하게 보이기도 하지. 이런 혼란이 인간 영혼에 있음은 분명하지 않을까? 화가의 화법은 이런 영혼 상태를 이용한 것이니 마술이나 다름없지.

글라우콘 정말 그렇습니다.

소크라테스 그런데 반갑게도 측정이나 계산 또는 측량 따위의 방안이 있어서 '보이는' 것들 대신 그 측정된 것들이 우리에게 영향을 미치고 있다네. 그리고 그것이 우리 영혼의 이성적 부분의 기능이겠고…….

글라우콘 바로 그렇습니다.

소크라테스 하지만 측정된 이것이 이렇게도 또 저렇게도 보이는 경우가 있네. 동일한 것이 상반된 것으로 생각되는 것은 불가능하다고 우리가 말하지 않았던가?

글라우콘 그랬습니다. 그것이 옳기도 하고 말입니다.

소크라테스 측정된 것과 달리 생각하는 영혼의 부분은, 측정된 것과 합치되게 생각하는 영혼의 부분과 동일한 것이 아니겠군?

글라우콘 아닌 게 사실입니다.

소크라테스 그렇지만 측정과 계산을 신뢰하는 부분이 영혼으로서는 최선의 부분이겠지? 그것들을 반대하는 부분은 변변치 못한 부분이겠고?

글라우콘 물론입니다.

소크라테스 내가 바랐던 것이 바로 이에 대해 합의하는 것이었네.

그림을 비롯한 온갖 모방 기술은 진리 또는 우리의 지혜와 멀리 떨어져 있는 반면, 진실하지도 못한 것과 친구가 된다는 것 말이야. 또 그러니 만큼 모방 기술은 변변치 않은 것들과 어울리면서 변변치 않은 것을 낳는 변변치 않은 것이라고 할 수 있다는 것 말이야.

글라우콘 저도 동의합니다.

소크라테스 시각과 관련된 모방인 회화繪畵만 그러할까? 청각과 관련된 모방, 즉 소위 시詩는 어떨까?

글라우콘 마찬가지일 것 같습니다.

소크라테스 하지만 논의를 못한 것이 있네. 이를 다룰 필요가 있겠어.

예를 들어 훌륭한 사람은 아들이나 다른 소중한 것을 잃는 불행을 당했을 때, 전혀 괴로워하지 않는 것일까 아니면 괴로움에 대해 절도를 지키는 것일까?

글라우콘 진실은 뒤쪽이겠지요.

소크라테스 그런데 괴로움에 저항하게 만드는 것은 이성이며, 그리로 이끄는 것은 감정이라 할 수 있지 않을까? 서로 상반되는 경향이 한 사람 안에 있는 것이지.

글라우콘 왜 안 그렇겠습니까?

소크라테스 이때 최선의 부분은 이런 헤아림에 따르고자 하는 반면, 고통이나 비탄 쪽으로 이끄는 부분은 비이성적이고 게으르며 비겁한 것이라고 우리가 말하지 않을까?

글라우콘 분명 그렇게 말할 것입니다.

소크라테스 그러니 화를 잘 내는 성격은 온갖 모방을 받아들이지만, 분별 있고 침착한 성격은 모방을 잘 하지 않는다네.

글라우콘 분명 그러합니다.

소크라테스 시인이 바로 화를 잘 내고 모방하기 쉬운 성향 아니겠어? 그러니 시인은 화가와 같다고 보아야겠지. 그래서 훌륭하게 다스려질 나라에서는 그를 받아들이지 않는 게 정당화되고 말이야. 그는 이성의 부분을 파멸시키고 진실과 아주 멀리 떨어진 영상들을 제작함으로써 영혼 안에 나쁜 통치체제를 만들어 낸다고 말할 수 있네.

글라우콘 물론입니다.

소크라테스 하지만 시에 대한 최대의 비난은 아직 남아 있네. 선량한 사람들까지 수치스럽게 만드는 무서운 능력이지. 이를테면 호메로스 같은 시인들이 영웅들을 그려내되, 비탄에 잠겨서 제 가슴을 치는 모습을 모방하는데, 우리는 그런 시인을 훌륭한 시인이라고 칭찬하지 않는가? 반면에 현실에서 그런 슬픈 일이 생기면, 침착성을 유지하며 견뎌 낼 때 우리는 이를 칭찬한다네. 잘 알고 있지 않은가?

글라우콘 알고 있습니다.

소크라테스 그런데 자신이라면 부끄러워했을 행동을 다른 사람이 할 때, 이를 칭찬하는 것이 잘한 일일까?

글라우콘 결코 그렇지 않습니다. 이치에 맞지 않습니다.

소크라테스 익살에 관한 것도 이치에 맞지 않다고 말할 수 있네. 자신은 그런 것을 부끄러워하면서도 남이 하는 희극적 모방은 듣기 즐겨한다면 말이야.

글라우콘 정말 그렇습니다.

소크라테스 그 밖에 정욕과 격정을 비롯한 모든 욕구나 괴로움과 즐거움들과 관련해서 시 짓기를 통한 모방도 마찬가지라네. 우리가 더 비참하게 되기보다 더 행복하려면 그런 것들을 우리가 지배할 수 있어야 하는데, 모방은 그런 것들을 오히려 지배자로 만들지.

글라우콘 동의하는 바입니다.

소크라테스 하지만 우리는 시 중에서도 신과 훌륭한 사람에 대한 찬양만은 받아들여야 하네. 즐거움을 위한 음악은 이성 대신 즐거움과 괴로움이 왕 노릇을 하게 만들지만 말이야..

글라우콘 정말 진실한 말씀입니다.

소크라테스 시가 그런 성질을 지닌 만큼 우리가 시를 추방하는 것은 합당하다는 결론이 내려졌다고 할 수 있네. 물론 시와 모방이 훌륭하게 다스려져야 하는 이 나라에 필요하다는 논거가 충분하다면, 우리는 이를 받아들여야겠지. 하지만 진실을 배반하는 것은 옳지 못하네.

글라우콘 정말 그러합니다.

소크라테스 시를 옹호하는 사람들로 하여금 시를 옹호할 기회를 주어 보자고. 그래서 시가 즐거움을 줄 뿐 아니라 나라의 체제와 인간 생활을 위해서 이롭다고 증명되면 우리는 그런 변론을 귀담아 들을 필요가 있네. 우리도 이득을 볼 테니 말이야.

글라우콘 우리도 이득을 보겠지요.

소크라테스 그리되면 우리 안에도 시에 대한 사랑이 생겨나 시가 최선의 것이며 진실한 것임을 밝히는 데에 호의적으로 될 것이네.

그렇지만 그런 변론이 없다면, 우리는 시에 대한 철없는 사랑에 빠지는 일이 없도록 조심해야 할 것이네. 그런 시가 진리를 담고 있는 진지한 것인 양 대해서는 안 되네. 시에 대해 우리가 앞서 말했던 것들을 믿어야 한다는 말이지.

글라우콘 전적으로 동의합니다.

나는 시에 관한 이러한 문제가 인간의 좋음이나 나쁨, 올바름이나 훌륭함 등에 관련된 문제인 만큼 매우 중요한 쟁점이라고 마무리를 지었네. 이후 이야기는 훌륭함에 내려지는 커다란 보답이나 상償에 대한 것으로 이어지려다 영원한 시간과 불멸의 존재, 즉 영혼의 불멸함에 관한 이야기로 넘어갔네.

소크라테스 자네는 인간의 영혼이 죽지 않으며 결코 파멸하지 않는다는 것을 모르는가?

글라우콘 맹세코 몰랐습니다. 선생님께서는 정말 이런 주장이십니까?

소크라테스 그렇지 않으면 내가 올바르지 못한 것이 된다네. 자네도 그래야 한다고 생각하네. 어려운 것이 아니야.

글라우콘 제게는 어렵지만, 선생님 말씀을 기쁜 마음으로 듣겠습니다.

소크라테스 세상에는 좋은 것도 있고 나쁜 것도 있겠지? 이때 어떤 것을 타락하게 만들고 파멸시키는 것은 나쁜 것이겠지만 그것을 보존하고 이롭게 하는 것은 좋은 것이라고 할 것이고 말이야.

글라우콘 그렇습니다.

소크라테스 그렇지만 눈에는 눈병이 생기고 곡식에는 잎마름병이 생기며 목재는 부식하고 쇠에는 녹이 생기듯이, 나쁨은 각각의 것 자체와 함께 생겨나는 것 아니겠나? 이들 나쁨에 감염되면 그 자체도 나빠지다가 마침내는 전체가 파멸되고 말이야.

글라우콘 그렇습니다.

소크라테스 이렇듯 자체의 나쁨이 사물을 파멸시키지, 다른 어떤 것이 사물을 파멸시키지는 않을 것이네. [내재된] 좋음이 사물을 파멸시킬 리 없고 나쁨도 좋음도 아닌 것이 사물을 파멸시킬 리도 없기 때문이지.

글라우콘 그럴 리는 없겠지요.

소크라테스 그렇다면 어떤 것이 무엇인가 타락의 요소를 내재해 갖고 있다 해도 그것을 나쁘게만 만들 뿐 파멸시키지는 않는다면 그것은 파멸될 리가 없다는 것을 알 수 있을 것이네.

글라우콘 아마 그럴 것입니다.

소크라테스 어때? 인간의 영혼에는 이를 타락시키는 나쁨은 없을까?

글라우콘 물론 있습니다. 우리가 여태 언급했던 것들 즉 올바르지 못함이나 무절제, 비겁함, 무지가 그런 것들입니다.

소크라테스 그러면 이것들 가운데 무엇이 영혼을 파멸시킬까? 인간의 영혼도 어떤 올바르지 못함이나 나쁨이 영혼 안에 달라붙어서 영혼을 타락시키고 쇠약하게 해서 마침내 죽음에 이르게 만드는 일이 있을까?

글라우콘 결코 그렇지 않을 것입니다.

소크라테스 맞네. 자신의 나쁜 상태로는 파멸하지 않는데 다른 것의 나쁜 상태에 의해서는 파멸된다는 것이 불합리하지.

글라우콘 불합리합니다.

소크라테스 예컨대 육신이 파멸되는 것은 음식의 나쁜 상태 때문이 아니라는 점을 유념해야 하네. 부패라는 음식의 나쁜 상태가 병이라는 육신의 나쁜 상태를 생기게 할 경우, 우리는 육신이 음식 때문에 생긴 육신 자체의 나쁜 상태인 병으로 인해 파멸되었다고 말해야 한다는 것이지.

글라우콘 지당하신 말씀입니다.

소크라테스 마찬가지로, 육신의 나쁜 상태가 영혼 자체의 나쁜 상태를 생기게 하지 않는다면, 영혼 자체의 나쁜 상태가 아닌 다른 것의 나쁜 상태 때문에 영혼이 파멸한다고 판단할 일도 결코 없을 것이네.

글라우콘 그것이 이치에 맞습니다.

소크라테스 그럼 우리 논의가 잘못되었다고 입증되지 않는 한, 우리는 다른 병에 걸렸다거나 학살을 당했다거나 몸뚱이가 잘게 잘려졌다고 해도, 그런 것들 때문에 영혼이 파멸하게 된다고 말해서는 안 되네.

글라우콘 하기야 죽어 가는 자들의 영혼이 죽음 때문에 더 올바르지 못하게 된다는 것은 아무도 입증할 수 없을 것입니다.

소크라테스 그런데 만일 누군가가 영혼의 불멸함을 부정하기 위해 죽어 가는 사람이 더 올바르지 못하게 되어 간다고 말한다면, 나는 이렇게 주장하려 한다네. 올바르지 못함이 치명적이어서 그 때문에 사람이 죽게 된다면, 더 올바르지 못한 자는 빨리 죽고 덜 올바르지 못한 사람은 더디 죽느냐고 말이네.

글라우콘 올바르지 못함이 그 본인에게 치명적이라면 그것은 그리 무서운 것 같지 않습니다. 죽음은 모든 것을 벗어나게 해주기 때문입니다. 그것이 사람을 죽이는 것이라면 오히려 본인이 아닌 다른 사람을 죽이게 될 것이며 본인은 더 활기가 넘치도록 해 주고 잠까지 없애 줍니다. 결국 그것은 치명적인 것과는 거리가 멉니다.

소크라테스 옳은 말이네. 영혼에 특유한 나쁜 상태나 나쁜 것이 영혼을 죽이거나 파멸시킬 수 없다면, 그것이 다른 무엇인가를 파멸시킬 수 있다 해도 그 밖에는 영혼이든 다른 어떤 것이든 파멸시킬 수 없네.

글라우콘 그렇습니다. 거의 힘들 것입니다.

소크라테스 이렇듯 영혼은 자체의 것에 의해서든 다른 것에 속하는 것에 의해서든 파멸되지 않네. 그런 까닭에 그것은 항상 존재하며, 항상 존재한다면 죽지 않는 것이라고 할 수 있지 않을까?

글라우콘 확실히 그렇습니다.

소크라테스 그것이 결론이네. 그리고 그것이 틀리지 않다면, 그래서 어떤 영혼도 파멸되지 않는다면, 그 수는 줄지도 늘지도 않을 것이네. 수가 는다면 그것은 사멸하는 것에서 생겨나는 것일 텐데, 사멸하는 것에서 불멸의 것이 되다 보면 모든 것이 불멸의 것이 될 것이기 때문이네.

글라우콘 옳은 말씀입니다.

소크라테스 하지만 이는 추론도 잘 되지 않고 믿기도 어려운 것이네. 영혼이 다양성과 불일치함과 다름으로 가득하다는 것을 믿기 어려운 것만큼이나 말이야.

글라우콘 무슨 뜻이신지요?

소크라테스 영혼은 이제 불멸의 것이라고 판명되었네. 그 영혼은 가장 훌륭한 구성물이어야 하지만 많은 것들로 이루어져서는 안 되네.

글라우콘 분명 그래서는 안 됩니다.

소크라테스 영혼이 불멸함은 앞서의 논의에서 밝혀졌지만, 그 밖에도 많은 증거가 있네. 하지만 우리가 지금 알고 있듯이 육신이나 다른 비참함 때문에 손상된 모습이 아닌 있는 그대로의 영혼을 보려면, 이성의 눈으로 영혼 본래의 순수함을 바라보아야 하네. 그러면 영혼의 아름다움도 드러날 것이며 올바름과 올바르지 못함뿐 아니라 그동안 우리가 논의해 왔던 모든 것들도 더 명확하게 모습을 드러낼 것이네. 그러나 아무튼 우리는 손상된 영혼만 보아 왔었네. 하지만 글라우콘, 이제 눈길을 그곳에서 거두어야 하네.

글라우콘 그렇다면 어디로 눈길을 돌려야 합니까?

소크라테스 지혜에 대한 영혼의 사랑이네. 불멸이고 영원한 신적 존재인 영혼이 누구에게 애착을 보이며 누구와 친분을 맺고자 하는지 보아야 한다는 말이지. 영혼에 들러붙은 온갖 잡동사니들을 떼어 낸다면, 영혼은 현재의 모습에서 벗어나 참된 모습을 드러낼 것이네. 그러면 그것이 여러 모습인지 단일한 모습인지, 어떤 상태에 있는지도 보일 테고 말이야. 이만하면 영혼에 대해 충분히 논의했다고 할 수 있겠지?

글라우콘 그렇습니다.

소크라테스 우리의 논의는 어느 정도 마무리되었다고 할 수 있겠군. 우리는 호메로스처럼 올바름이 받는 보상이나 평판에 대해 칭송하지는 않았지만, 올바름이 영혼에게 최선의 것임을 알게 되었네. 이제 인간은 기게스의 반지를 가졌는지 여부와 상관없이, 또 하데스의 모자[55]를 더 썼는지 여부와 상관없이, 올바름을 행할 수 있지 않았을까?

글라우콘 정말 그렇습니다.

소크라테스 그렇다면 이제, 올바름이나 훌륭함 따위에 대해 사람이 살아 있을 때든 사후에든 많은 보수를 영혼에 준다고 해서 나무랄 일은 없겠지?

글라우콘 당연히 없습니다.

소크라테스 그런데 앞서 자네는 내게 양해를 구한 적이 있지 않은가? 올바른 사람이 올바르지 못하게 보이고 올바르지 못한 자가 올바르게 보인다는 가정 말이야. 내가 이를 양해한 것은 올바름이 올바르지 못함에 대비해 제대로 판정을 받게 하기 위해서였지. 기억나는가?

글라우콘 제가 그것을 기억 못한다면 비난받아 마땅하지요.

소크라테스 이제 판정이 내려졌으니, 올바름이 받아야 할 제대로 된 판정을 회복시켜 주어야 하지 않겠는가? 올바름은 실재를 부여한다는 것, 그것을 지니고 있는 자들을 속이지 않는다는 것이 밝혀졌기 때문이네.

글라우콘 옳으신 말씀입니다.

소크라테스 먼저 올바른 사람과 올바르지 못한 사람이 각각 어떤 사람인지 신들은 진실로 안다는 점이네. 이 점을 자네도 시인하겠지?

글라우콘 시인합니다.

---

55) helmet of Hades: 기게스의 반지처럼, 이 모자를 쓰면 남에게 보이지 않게 된다고 한다. 하데스는 그리스 신화에서 지하세계의 왕이다.

소크라테스 신들이 그것을 아는 만큼, 한쪽은 신들의 사랑을 받고 다른 쪽은 신들의 미움을 받을 것이네. 그리고 신들의 사랑을 받는 사람이 전생에 지은 죄가 없다면, 그는 최선의 것을 받을 것이고 말이야.

글라우콘 그렇습니다.

소크라테스 그러니까 올바른 사람은 가난이나 질병 등의 곤경에 빠졌다 해도 결국에는 좋은 일로 끝을 맺게 된다는 것이네. 올바르고 훌륭하게 되려고 노력하는 사람을 신들이 홀대하지는 않을 터이니 말이야.

글라우콘 신을 닮으려 한 사람이 신으로부터 무시당하지 않는 것은 당연한 일입니다.

소크라테스 그렇다면 올바르지 못한 사람의 경우에는 이와 반대가 되겠지?

글라우콘 충분히 그럴 것입니다.

소크라테스 바로 이런 것들이 올바른 사람에게 신들이 내리는 상일 것이네.

글라우콘 저도 그렇게 여겨지는군요.

소크라테스 그러면 인간들로부터 받는 상은 어떤 것일까?

올바르지 못한 자는 처음에는 날쌔게 달려 나가지만 반환점을 돌면서 축 처져서는 결국 웃음거리가 되어 경주로를 빠져나가는 달리기 선수 꼴이지만, 올바른 자는 끝까지 달려 상도 받고 화관도 받는 선수와 닮았다네.

글라우콘 물론입니다.

소크라테스 올바른 사람은 나이가 들어 원하기만 하면 나라를 통치할 수도 있고 원하는 가문과 혼인을 맺을 수 있다네. 반면 올바르지 못한 자는 비록 젊어서는 들키지 않을지 몰라도 나중에는 붙들려서 웃음거리가 되고 비참하게 되며 모욕적 대접을 받는다네. 태형을 당하기도 하고 고문이나 불에 지짐을 당하기도 하겠지.

글라우콘 물론입니다.

소크라테스 올바름 자체가 올바른 사람에게 주는 것들, 그리고 그런 사람이 살아 있는 동안에 신과 인간들로부터 받는 상은 이런 것들이네.

글라우콘 그렇습니다. 그리고 그것들은 훌륭하고 확실한 것들입니다.

소크라테스 하지만 이것들은 올바른 사람이 죽었을 때 받을 것들에 비하면 아무것도 아니라네.

글라우콘 즐거이 듣겠습니다.

글라우콘이 기꺼이 듣겠다는 말에 나는 이야기를 하나 해 주었네. 길고 지루하기는 하지만 말이야. 그것은 '에르Er'라는 용감한 남자에 관한 이야기이네.

소크라테스 한 팜필리아[56] 사람의 아들 중에 에르라는 사람이 있었네. 그는 언젠가 전사를 했지. 다른 시체들은 썩어 갔지만 그의 시체는 멀쩡했는데 12일째가 되어 장례를 치르려 하니까 그가 살아난

---

56) Pamphylia: 고대 아르메니아[오늘날 터키]의 남부 해안.

거야. 그리고는 자신이 저승에서 보게 된 것들을 이야기해 주었네.

이런 이야기였네.

그는 영혼이 육신을 벗어난 뒤에 다른 많은 영혼과 여행을 하게 되었는데, 한 신비스런 곳에 이르렀다고 하네. 그곳에는 땅 쪽으로, 그리고 하늘 쪽으로 각각 두 개의 넓은 구멍이 나 있었다더군. 그 사이에는 심판자들이 있어서, 올바른 사람에겐 심판받은 내용을 적은 표지를 두르고 하늘로 난 구멍 가운데 오른쪽 윗길로 가게 지시하고, 올바르지 못한 자에겐 생전의 악행을 적은 표지를 두르고 땅으로 난 구멍 가운데 왼쪽 아랫길로 가게 지시를 했다는군.

그런데 그에게는 그곳 일들을 사람들에게 알려주는 특별한 일이 주어졌다네. 그리하여 그는 하늘과 땅으로 난 각각의 구멍을 따라가 보았는데, 영혼이 떠나가는 길이 아닌 다른 길들 즉 땅으로 난 오른쪽 아랫길에서는 오물과 먼지를 뒤집어쓴 영혼들이 도착하고, 하늘로 난 왼쪽 윗길에서는 순수한 영혼들이 내려오더라는 것이었네.

오랜 여행을 하고 온 듯이, 영혼들은 서로 인사를 하기도 하고 다른 쪽에서 온 사람들에게 그곳 일을 묻기도 했다더군. 한쪽은 지하여행에서 겪은 일들을 상기하면서 비탄과 통탄 속에 이야기했는데, 그 여행은 천 년이 걸렸다고 했다는군. 반면 하늘 쪽에서 온 영혼들은 굉장한 구경거리를 이야기했고 말이야.

글라우콘, 그 많은 이야기를 다 하려면 엄청 많은 시간이 걸리지 않겠나? 그래서 에르도 주된 줄거리만 이야기했다고 하는군.

사람들이 다른 누군가에게 올바르지 못한 짓을 하면 그가 해친 사람의 수만큼, 그리고 그 각각에 대해 열 배로 벌을 받는다네. 백 년을 단위로 천 년 동안 말이야. 그만큼 잘못에 대한 죗값을 치르게 하기 위해서라지. 이를테면 다른 많은 사람을 죽음에 이르게 했다거나 반역을 하고 다른 사람을 노예상태에 빠지게 했다거나 학대를 한 경우, 그 각각에 대해 열 배의 고통을 받는다는 거야. 반면 선행을 해서 올바른 사람이 되었다면 또 그에 어울리는 대가를 보상 받고 말이야.

이런 일도 있었다지.

에르는 어떤 사람이 아르디아이오스Ardiaeus라는 참주가 어디 있는지에 대해 질문을 하는 자리에 있었는데, 아르디아이오스는 천 년 전의 참주로서, 연로한 아버지와 형을 죽였을 뿐 아니라 다른 많은 불경한 짓도 저질렀다는군. 이때 질문을 받은 자가 이렇게 대답했다고 하네.

"그는 아직 오지도 않았지만 결코 오지 않을 것입니다. 이것도 우리가 본 무서운 광경 가운데 하나였지요. 우리가 윗길로 오르려고 할 때 그가 보였습니다. 다른 사람들과 함께였는데, 대부분 참주들이었고 큰 잘못을 저지른 개인도 여럿 있었습니다. 그들도 윗길로 오르려 했답니다. 그런데 충분히 벌을 받지 못한 자가 있었는지 입구가 그들을 들여보내기는커녕 오히려 노호했습니다. 이 소리에 그곳을 지키던 사납고 불과 같은 사람들이 아르디아이오스와 몇몇 사람을 팔다리와 머리를 묶은 채 아래로 내던져 살갗이 벗겨지도록 두들겨 패는 한편 가시덤불 같은 고문 도구에 문질러댔습니다. 그리고는 지나가는 사람에게도 그 까닭을 알려주면서 그들을 지하세계에서도 가장 깊은 지옥으로 떨어뜨릴 것이라고 말했습니다."라고 말이야. 질문을 받은 그자가 말을 이었는데, 벌과 응보는 그런 것이었으며 반대로 은전을 입게 되는 것도 이에 상응하더라는 말이었다더군.

그리고 그들 무리가 초원에서 7일을 보내고 8일째 길을 떠나 나흘 만에 어느 한 곳에 이르렀다고 하네. 그곳에서는 우주와 지구를 관통하는 빛이 보였다고 하더군. 그 빛 중간에서 빛의 띠들이 천구를 묶어 주고 있었으며, 빛의 끝은 여신 아난케[57]의 방추와 연결되어 있었다더군. 모든 회전운동의 근원이 되는 힘이지.

그 방추의 돌림판은 하나가 아닌 여덟 개가 서로 맞물려 있는 모양이었는데, 가장 바깥쪽의 첫째 돌림판이 가장 크고 다음으로는 여섯째, 넷째, 여덟째, 일곱째, 다섯째, 셋째, 둘째의 순으로 작아졌다더군. 그것들은 또 각기 다양한 색을 띠고 서로 다른 속도로 돌고 있었다고 하네. [첫째는 항성들, 둘째는 토성, 셋째는 목성, 넷째는 화성, 다섯째는 수성, 여섯째는 금성, 일곱째는 태양, 여덟째는 달을 각각 나타낸다.]

그런데 이 방추 자체는 아난케의 무릎에서 돌고 있었다고 하네. 아난케 옆에는 세 여신이 둘러앉아 있었는데, 이들은 아난케의 딸들인 운명의 여신Moirai들로서 라케시스Lachesis와 클로토Clotho와 아트로포스Atropos였다네. 라케시스는 과거의 일들을, 클로토는 현재의 일들을, 아트로포스는 미래의 일들을 각각 노래하는 여

57) Ananke: 그리스 신화의 필연必然의 여신. 그리스의 신들조차 필연이나 운명으로부터는 자유롭지 못했다.

신들이지.

앞서 말했던 그 영혼들이 이곳에 도착했을 때, 그들은 곧바로 라케시스 앞으로 나가야 했다네. 그러자 한 대변인이 나와 높은 단 위에 올라 이렇게 말했다더군.

"이것은 아난케의 따님인 라케시스의 말씀이시다. 하루살이 영혼들이여, 이제 죽게 마련인 너희 종족에게 죽음을 가져다주는 또 다른 주기가 시작된다. 각자의 운명의 신인 다이몬daimon이 제비를 뽑는 것이 아니라, 그대들이 운명을 선택해야 한다. 먼저 제비를 뽑는 자가 먼저 자신의 삶을 선택하게 된다. 훌륭함은 주인이 없는 것이어서, 누가 주인이 되어 그것을 얼마나 귀히 여기느냐에 따라 그것을 더 갖거나 덜 갖게 된다. 그것은 선택한 자의 탓이지 신의 탓이 아니다."라고 말이야.

대변인은 이런 말을 한 뒤 모두를 향해 제비들을 던져 주었다고 하더군. 그러나 다른 사람들이 각자 제비를 뽑았어도 에르에게는 그럴 기회가 주어지지 않았다지. 뒤이어 이번에는 삶의 표본들이 그들 앞 땅바닥에 놓였는데, 인간의 모든 삶뿐 아니라 동물의 삶까지 들어 있어서 그 종류가 엄청 많았다더군. 예컨대 참주의 삶, 평생 지속되는 삶, 가난한 삶, 운동으로 저명한 사람의 삶, 조상의 훌륭함 덕분에 저명한 사람의 삶, 불명예스런 자들의 삶 등등이 말이야.

그러니 글라우콘, 바로 여기에 인간의 모든 모험이 있는 것 같지 않은가? 그래서 또한 우리는 다른 학문은 몰라도 최소한 이런 학문에는 애를 써야 하지 않을까? 유익한 삶과 무익한 삶을 구분해 최선의 것을 선택하도록 해 주는 학문, 모든 것에서 더 못한 삶과 더 나은 삶에 대한 결론을 얻고 선택하도록 해 주는 학문, 영혼을 더 올바르지 못하게 인도하는 삶과 올바르게 인도하는 삶을 구분할 수 있게 해 주는 학문 말이야. 살아서나 죽어서나 이것이 최선의 선택인 것을 우리는 보았지 않은가? 저승에서도 부나 여타의 나쁜 것들로 인해 기가 꺾이거나 나쁜 짓을 해서 스스로 더 나쁜 일을 당하거나 하지 않도록 하며 또한 언제나 중용의 삶을 선택하여 양극단의 지나침을 피할 줄 알려면 이런 소신을 굳건히 지녀야 하지 않겠나?

저승에서 온 사자 에르는 또 앞서의 대변인이 이렇게 말했다고 했네. "마지막에 오는 자라도 이성적으로 선택하면 만족할 만한 삶을 살 수도 있다. 그러니 먼저 선택하는 자는 경솔히 선택하지 말고, 마지막에 선택하는 자는 낙담하지 말 일이다."라고 말이네.

에르의 말에 따르면, 대변인이 그런 말을 하자 처음으로 제비를 뽑은 자는 참주 신분의 삶을 선택했다고 하네. 하지만 그는 무분별로 인해서 자기 자식을 고기로 먹게 되는 운명이었던 것을 몰랐다고 하더군. 나중에 다시 검토하여 이를 알고는 제 가슴을 치며 통탄했지만 아무 소용이 없었지. 그러면서도 그는 선택을 잘못한 자신을 탓하지 않고 운수와 수호신들을 탓했다고 하네. 그런데 문제는 그가 하늘 쪽에서 온 사람이라는 거였다네. 질서 정연한 정치체제에서 살았지만 철학은 없이 습관적으로만 훌륭함에 관여했다는 말이지. 다시 말해 힘든 일로 단련을 받은 일이 없었다는 것이네. 반면 땅 쪽에서 온 자들은 자신도 고생을 했고 남의 고생도 보아 온 터여서 제비를 대뜸 뽑지는 않았다더군. 이들 영혼이 뽑은 제비는 나쁜 삶과 좋은 삶이 뒤섞여 있었는데, 저승에서 전해오는 말에 따르면 이승에서 건전하게 철학을 할 경우 생전이든 사후이든 행복이 이어질 것이라더군.

에르가 말하기를, 각 영혼이 자신들의 삶을 선택하는 과정은 볼 만한 구경거리였다고 하네. 딱하기도 하고 우습기도 하고 놀랍기도 했다는 것이지. 대개는 전생의 습관이나 익숙함에 따라 선택한다더군. 이를테면 오르페우스의 영혼은 백조의 삶을 선택했는데 자신의 죽음이 여인 때문이어서 여인의 몸에 잉태되지 않기 위해서였다더군. 또한 백조가 인간의 삶을 선택하는 경우도 있었다하고…… 또 트로이전쟁에 참여했던 장수 아이아스Aias의 영혼은 무장에 대한 좋지 않은 판결 때문에 사자의 삶을 선택했고, 아가멤논의 영혼은 자신을 암살한 인간 종족에 대한 증오심 때문에 독수리의 삶을 선택했다더군. 또 다른 영혼들도 있었지만, 특히 오디세우스의 영혼은 오히려 명예욕에서 해방되어 평범한 삶을 선택했다고 하네.

아무튼 모든 영혼이 자신의 삶을 선택한 뒤에 순서대로 라케시스에게로 나아갔다네. 여신은 각자에게 그가 선택한 다이몬을 그 삶의 수호신으로 딸려 보냈다더군. 그러자 다이몬은 영혼을 클로토에게 인도하여 운명을 확인받도록 했으며, 다시 아트로포스에게 인도하여 운명을 되돌릴 수 없도록 만들었다고 하네.

끝으로 아난케의 옥좌 앞에 나아갔던 이들 영혼은 숨 막히는 무더위를 뚫고 망각Lethe의 평야로 갔다고 하네. 땅에서 자라는 것이라곤 아무것도 없는 곳이었다네. 그리고 저녁이 되어 그들은 무심無心의 강에서 야영을 하게 되었는데, 이 강물은 그릇에 담을 수 없는 것인 까닭에 누구나 조금씩 마실 수 있지만 분별없이 많이 마시게도 된다고 하더군. 그리고 이 물을 일단 마시게 되면 모든 것을 잊게 되고 말이야. 그러다 밤중이 되자 천둥과 지진이 일면서 그들이 갑자기 뿔뿔이 흩어졌다고 하더군. 그런데 에르 자신만은 무심의 강물을 마시지 못하도록 제지를 당했다고 하더군. 자신이 어떻게 제 몸으로 되돌아왔는지는 몰라도, 그가 눈을 뜨니 자신이 화장을 위한 장작더미 위에 있더라는 거야.

글라우콘, 이 이야기는 잘 보전保全되고 있으니 우리가 이를 믿는다면 그것이 우리를 구원해 줄 것 같네. 또 망각의 강도 잘 건너서 우리의 영혼을 더럽히지 않을 것도 같고 말이야. 만일 영혼이 불멸이며 모든 나쁨과 좋음을 견뎌낼 수 있음을 믿는다면, 우리는 언제나 하늘 쪽으로 난 윗길로 가면서 분별을 갖고 올바름을 수행할 것이네. 신들과 화목하게 지내기 위해서 말이야. 이렇게 해야만 이승에 있을 때나 올바름에 대한 상을 받을 때도, 또 우리 앞에 놓인 천 년 동안의 여정에서도 우리는 행복을 얻을 것이네.

고대 그리스 철학연표

소크라테스와 플라톤의 삶과 철학

플라톤의 저술들

고대 그리스 철학연표

*솔로몬, 14쪽 기준, 철학자 40세 즈음을 활동 시기로 보았다.

기원전	철학의 흐름	사회·정치
594		솔론의 개혁 / 귀족정치 종식시키고 금권정치로 대체
	밀레토스학파 / 신화에서 로고스logos로. **질료의 철학**	
585 경	탈레스 / 만물의 근원은 물. 기하학의 5개 정리定理 발견	
570 경	아낙시만드로스 / 만물의 근원은 아페이론. 천문학 창시	
545 경	아낙시메네스 / 만물의 근원은 공기	
	피타고라스학파 / 형상의 철학	
541 경	피타고라스 / 수數가 현상계의 근본 원리	
508		클레이스테네스의 개혁 / 민주정치 창시. 솔론의 개혁 강화
	헤라클레이토스 / 변화의 철학	
500 경	헤라클레이토스 / 대립물의 투쟁이 사물 변화의 원인	
492		페르시아전쟁 발발 / 3차례, 마라톤전투와 살라미스해전
	엘레아학파 / 존재의 철학	
475 경	파르메니데스 / 불변의 일자一者만이 존재한다. 인식론 창시	
450 경	제논 / 사유와 감각은 대립하는 것, 사유가 곧 존재이다	
	다원론 철학 / 존재는 하나가 아니다	
460 경	아낙사고라스 / 존재의 요소는 질적으로 상이한 미세 물질이다	
450 경	엠페도클레스 / 실재는 불·공기·흙·물의 4뿌리로 구성된다	
	원자론 / 고대 유물론	
440 경	레우키포스 / 사물은 쪼갤 수 없는 원자로 이루어져 있다	
420 경	데모크리토스 / 원자는 빈 공간을 전제로 스스로 운동한다	
444		페리클레스의 개혁 / 아테네의 민주주의·문화 발전

기원전	철학의 흐름	사회·정치
	소피스트 철학 / 인간 중심의 주관주의적 인식 태도	
450 경	프로타고라스 / 인간은 만물의 척도다(상대주의). 실천적 덕 중시	
	새 세대 소피스트 / 귀족정치 옹호. 변론술	
479		페르시아전쟁 종식 / 그리스의 승리
	소크라테스 / 도덕의 절대적 기준 모색	
469 경	탄생	
423	아리스토파네스의 연극 「구름」에서 소피스트로 풍자됨	
406	500인회 회원이 됨	
399	사형 당함	
404		펠로폰네소스 전쟁 종식 / 아테네 항복, 30인(참주)의 과두정치 시작
403		과두정파와 민주정파 사이의 내란, 민주정치 부활
	플라톤 / 이성주의 윤리학. 귀족정치 부활 염원. 관념론 창시	
428 / 7	탄생	
399~	초기 저작 / 『변론』, 『크리톤』, 『고르기아스』 外	
387 경	아카데미아 창설	
387~	중기 저작 / 『파이돈』, 『향연』, 『국가』, 『파르메니데스』 外	
367	시라쿠사에 이상국가 건설 시도, 실패	
367~	후기 저작 / 『티마이오스』, 『정치가』, 『법률』 外	
348 / 7	사망	
	아리스토텔레스	
384	탄생	
367~	1기 / 아카데미아 시절	
347~	2기 / 여행길에	
335~	3기 / 리케이온 설립	
322	사망	

소크라테스와 플라톤의 삶과 철학

1. 삶

소크라테스와 플라톤은 아리스토텔레스와 함께 서구문화의 철학적 기초를 마련한 고대의 위대한 세 인물로 꼽힌다. 이들 세 사람은 서로 스승과 제자의 관계였다. 소크라테스는 기원전 470년 무렵에서 399년까지, 플라톤은 428/7년에서 348/7년까지, 아리스토텔레스는 384년에서 322년까지 살았다.[기원전 표시 생략]

소크라테스는 페르시아전쟁이 끝난 지 10년 되면서 아테네의 기운이 상승하던 즈음 태어났고 펠로폰네소스전쟁에서 스파르타가 승리하면서 아테네의 정치적 기운이 쇠퇴하기 시작하던 때 사망했다. 플라톤은 펠로폰네소스전쟁의 소용돌이 속에서 성인으로 성장했다.

소크라테스의 삶에서는 특이한 점이 별로 없다. 늘 같은 옷을 입었다거나 신을 신지 않았다거나 하는 것 말고 좀 특이한 것이라면, 군에 있을 때 하루 종일 한 자리에 서서 생각에 잠겨 있었다거나 주로 길거리에서 대화하고 체육훈련장 김나시온에서 젊은이들과 함께했다는 것 정도이다. 그는 젊은이들을 가르쳐도 돈을 받지 않았고 관직에는 한 차례 있었을 뿐이다.

플라톤은 귀족 가문에서 태어났다. 그는 시인이 되고도 싶었고 정치적 야망을 품기도 했다. 친척 카르미데스와 크리티아스로부터 소크라테스를 소개받고는 시보다 철학에 관심을 두기 시작했고 그들이 이끌던 과두정권의 폭력성과 뒤이은 민주정권의 소크라테스 처형 등을 겪으면서 정치적 야망을 접었다. 그가 정치적 야망을 접은 일은 철학의 역사에는 큰 다행이었을 것이다.

플라톤은 387년 무렵 교육·연구 기관인 아카데미아Academeia를 창설했다. 900년 지속된 이곳에서는 철학뿐 아니라 수학·수사학 등 온갖 분야를 탐구했다. 이 아카데미아에 아리스토텔레스가 입학했고, 그는 훗날 아카데미아와 비슷한 리케이온Lykeion을 설립한다.

플라톤은 소크라테스를 칭송하면서 늘 소크라테스의 이름으로 글을 썼다. 소크라테스가 등장하지 않는 책은 마지막 저술인 『법률』뿐이다. 플라톤의 저술들 가운데에서 어디까지가 소크라테스의 사상이고 어디부터 플라톤의 사상인지는 논란이 있는 반면, 아리스토텔레스는 스승 플라톤을 칭송하면서도 그의 이론을 반박했다.

로마 바티칸박물관에는 15세기 이탈리아의 화가 라파엘로가 그린 「아테네 학당」이라는 그림이 있다. 여기에는 고대의 위대한 철학자 58명이 그려져 있는데, 그림 왼쪽에 소크라테스도 보이지만 중앙에 플라톤과 아리스토텔레스가 있다. 플라톤은 왼손가락을 하늘로 향하면서 오른손에 책 『티마이오스』를 들고 있고 아리스토텔레스는 왼손바닥을 땅으로 향하면서 오른손에 『윤리학』을 들고 있다. 『티마이오스』는 우주·창조에 관한 책이며 『윤리학』은 지상·인간에 관한 책이다. 플라톤과 아리스토텔레스의 철학적인 차이를 잘 나타낸다고 하겠다.

소크라테스는 "나라의 신을 믿지 않는다."는 불경죄와 "젊은이들을 타락시킨다."는 선동죄로 고발당했다. 『변론』에 따르면 그를 고발한 사람들은 시인을 대표하는 멜레토스, 장인을 대표하는 아니토스, 소피스트를 대표하는 리콘이었다. 하지만 고발의 숨겨진 이유는 소크라테스가 과두정권의 알키비아데스·크리티아스와 관련이 있었기 때문이다. 앞서의 아니토스는 30인의 과두정권을 몰아내고 새로 들어선 민주정권의 권력자였고, 플라톤의 외삼촌 크리티아스는 소크라테스의 제자였다.

소크라테스는 죽음을 의연하게 받아들였고 이 일이 그를 가장 훌륭한 철학자들 가운데 한 사람으로 꼽게 만들어 주지만 그에 관한 플라톤의 기록들이 없었다면 "소크라테스는 아무런 명성도 얻지 못하였을 것"이다. 플라톤의 저술들은 "소크라테스의 행운"이면서 동시에 "최초의…… 완전한 형태의 철학 저작"이기도 했다.[솔로몬, 38쪽]

플라톤은 소크라테스가 처형된 뒤 다른 곳을 여행했는데 이때 시라쿠사에서 디오니시우스 1세의 처남 디온과 교류하면서 디오니시우스 2세가 정권을 잡자 이상국가를 실현하려 애를 쓴 일이 있다. 그러나 이 일은 무산되었고 플라톤은 오히려 감옥에 잠시 갇히기도 했다.

플라톤은 소크라테스의 제자이면서 소크라테스를 빛낸 사람이었고 동시에 아리스토텔레스라는 걸출한 제자를 만들어내기도 했다.

2. 철학

2-1. 소크라테스 이전의 철학

"세상에서 가장 훌륭하다."는 사람일지라도 그 이전 사람들의 업적과 동시대 사람들의 도움이 없었다면 훌륭함을 이룰 수 없었을지 모른다. 소크라테스와 플라톤에게도 150년 넘게 쌓여 온 철학적 성과가 뒷받침되었다.

그런 그리스 철학의 시조는 누구일까? 대체로 기원전 6세기 무렵 밀레토스[58]에서 활동한 탈레스·아낙시만드로스·아낙시메네스를 꼽는다.

58) 오늘날의 터키 북서쪽 해안으로, 과거 트로이가 있었던 곳 부근이다.

먼저, 짧게라도 철학이 무엇인지부터 짚어 보자.

철학이란 "존재세계의 보편적 법칙에 대한 과학"[이병수, 13쪽]이며 사물의 기원·본성·존재방식과 올바른 삶에 대한 물음[솔로몬, 24쪽]이다.

철학은 이성logos을 도구로 삼는다. 철학은 신화·종교라는 토양에서 자라났고 오늘날도 철학과 종교가 완전히 분리된 것은 아니지만, 철학이 스스로 서는 데는 "이론적으로 정초된 견해"로써 "변덕스런 신의 관점……에 의문을 제기"할 필요가 있었다.

철학자는 합리적·과학적으로 사유하는 사람이다. 합리적 사유는 자유롭고 민주적인 사회에서 가능했고 과학적 사유는 하늘·땅·계절 등에 관해 고민하는 농업사회에서 가능했다. 하지만 직접생산자[노예]가 정신노동을 담당하기에는 현실적 어려움이 컸다. 육체노동에서 해방된 귀족계급 등 "한가한 지배계급"[이병수, 14쪽]이 철학을 담당했다.

그리스, 특히 밀레토스는 이런 요건이 잘 갖추어진 곳이었다.

그리스는 비좁은 산악지대에 터 잡은 해안 국가였다. 골짜기는 비옥했고, 해상무역과 농업의 발달은 자연조건 덕이었다. 해상무역은 문자·기하학 등 다른 지역의 문물 도입을 쉽게 해 주었고, 골짜기에 형성된 공동체polis들은 규모가 작아 민주체제의 도입이 용이했다.

밀레토스는 동서 문물이 교류하는 "지식의 십자로"[이병수, 16쪽]에 위치했다. 특히 남쪽의 이집트와 동쪽의 바빌로니아·페르시아에서 전해진 천문학·기하학·수학·조로아스터교 등은 그리스 철학의 통일적 우주론·일신교·영혼불멸설·선악 개념 등 새로운 사상과 철학의 발생을 도왔다.[솔로몬, 34~35쪽]

이곳에서 활동한 철학자들은 밀레토스학파로 불린다. 이들은 자연철학자로서, 세상이 무엇[質料]으로 이루어졌는지가 주된 관심사였다. 뒤이은 피타고라스학파는 세상이 어떤 원리[形相]로 이루어졌는지 관심을 두었다. 헤라클레이토스는 세상이 끝없이 변화한다고 한 반면, 엘레아학파는 세상에 불변의 일자一者만 존재한다고 했다. 다원론자는 존재가 하나만이 아니라고 했으며, 원자론자는 사물이 쪼갤 수 없는 원자로 이루어졌다고 주장했다. 그리고 사회가 혼돈에 빠지고 고소·고발 등이 잦아지자 상대주의와 회의주의를 주장하며 변론술 따위를 가르치는 소피스트들이 널리 활동했으며, 이들을 거세게 비판하면서 앞선 철학사상을 종합했다고 할 수 있는 소크라테스·플라톤·아리스토텔레스가 철학사의 높은 봉우리로 솟아올랐다.

밀레토스학파가 활동할 무렵 그리스는 민주체제가 실현되고 있었다. 하지만 이는 귀족제도가 여전히 존재하는 반쪽짜리 민주체제였으며 귀족·부자·빈민의 투쟁이 폭력적으로 행해지는 상황이었다.

밀레토스의 철학자들은 이런 "변화하는 다양한 현상계를 꿰뚫고 있는 불변의…… 통일적 원리"[이병수, 20쪽]를 찾고자 했다. 그것은 자연physis 속에서 찾아지는 것이었다. 탈레스는 만물이 물로부터 발생하고 물로 귀환된다고 했지만 만물의 생성·소멸의 과정을 설명할 수 없었다. 아낙시만드로스는 자연은 흙·물·불·바람의 4원소로 구성되지만 그 근원은 성질·크기를 정할 수 없는 무한자apeiron라고 했다. 하지만 그 또한 생성·소멸의 과정을 설명하지는 않았다. 이를 설명한 사람은 아낙시메네스였다. 그는 공기를 만물의 근원으로 보면서 공기가 엷고 짙음에 따라 영혼·불·흙 따위로 바뀐다고 했다. 물질 사이의 질적 차이를 양적 차이로 설명한 것이다.[럿셀, 46쪽 참조]

피타고라스는 영혼불멸·윤회를 믿었다. 그도 또한 만물의 근원을 찾고자 했는데, 물질이 아닌 수적數的 관계가 불변하는 사물의 구성원리라는 주장을 도출했다. 러셀은 "플라톤의 철학을 분석해 보면 본질상 모두 피타고라스 철학"[럿셀, 57쪽]이라 했다. 그만큼 영향력은 대단했다. 피타고라스 철학은 그러나 "과정(운동)을 결하고"[이병수, 26쪽] 있는 것이었다.

헤라클레이토스는 "만물은 유전流轉한다"면서 "같은 강물에 두 번 발을 담글 수 없다"고 주장했다. 변화·운동은 만물의 원리였고, 끝없이 타오르며 변화하는 불[火]은 만물의 구성인자였으며 만물의 생성·소멸은 "대립물의 통일·투쟁"에 의한 것이었다.[이병수, 37쪽] 그는 플라톤의 반박을 받기도 했지만 헤겔 철학의 씨앗이기도 했다.[럿셀, 67쪽]

이에 맞선 이는 파르메니데스였다. 그에 따르면 참된 존재는 오직 사유에 의해서만 파악되는데[인식론] 그것이 불변의 단일한 실체 즉 일자一者이다. 변화란 A가 A 아닌 것으로 된다는 말로, 모순이다.[이병수, 30~31쪽] 그는 철학을 "하나의 학문"[솔로몬, 77쪽]으로 끌어올리면서 소크라테스·플라톤에게 커다란 영향을 미쳤음에 틀림없다.

다원론자들은 일자사상을 부정했다. 그들은 현상계를 실재하는 것으로 보았다. 엠페도클레스는 불·공기·흙·물의 네 뿌리가 일정 비율로 결합·분리해 다양한 실재를 만들어낸다고 했다. 이때 그 변화의 동력은 사랑·미움이다.[럿셀, 76쪽] 아낙사고라스 또한 만물은 무無로부터 생겨날 수 없고 근본물질의 결합·분리로 생긴다고 보았다. 하지만 그에게 근본물질은 물 따위의 네 뿌리가 아닌 질적으로 상이한 "스페르마타spermata라는 미세물질"이며[이병수, 44쪽] 변화의 동력은 누스nous[59]였다.

원자론은 다원론과 일자사상의 중개역할을 했다고 여겨진다.[럿셀, 90쪽] 존재자를 일자이되 하나가 아닌 수많은 일자로 보았기 때문이다. 이 일자를 레우키포스는 쪼갤 수 없는 원자atom로 설명했고 데모크리토스는 그 원자가 '빈 공간' 속에서 '스스로' 운동한다고 설명했다. 원자들 자체는 질적 차이가 있지 않고 양적 차이만 있을 뿐이다. 원자론에 따르면 "인식이란 외부 대상에 의해 일어나는 영혼의 변화"이며 감각적 지각 또한 "원자의 객관적 속성이 아니며, 속성이 우리의 감각기관에 작용한 결과"이다. 원자론

59) 누스는 정신으로 번역되면서도 물리적인 힘이나 기계론적 원리로도 설명되고 있다. 럿셀, 86~88쪽; 솔로몬, 83쪽; 이병수, 45쪽 참조.

은 자연을 합목적적이지 않고 합법칙적이라고 보았다.[이병수, 50~3쪽]

원자론은 세계를 "정령·신화로부터 끌어내는" 시도를 완수한 것이고 "근대의 과학철학으로 나아가는 작은 걸음"[솔로몬, 85~86쪽]이며 노예제 사회에서 "가장 진보적인 철학으로 평가된다."[이병수, 47쪽] 럿셀은 "모든 희랍 철학자가 중세사상에 해독을" 끼쳤지만 데모크리토스는 이 결함에서 벗어난다고 썼다.[럿셀, 99쪽]

소피스트들은 기존 철학과 완전히 다른 철학을 주장했다. 그들의 주된 관심은 "자연세계phisis로부터 인간·사회nomos로"[이병수, 54쪽] 옮아갔다. 그들은 기존 철학이 서로 모순·대립되는 주장을 펼친 데 대해 회의를 했다. 그래서 고르기아스는 "아무것도 존재하지 않고, 존재한대도 알 수 없으며, 알아도 말할 수 없다."고 했고[불가지론·회의주의] 프로타고라스는 "인간은 만물의 척도"라 했다.[주관주의·상대주의] 그들은 정치적 자유·정쟁政爭이 공존하는 체제에 필요한 실용적 변론술을 가르치는 교사이기도 했다.

소크라테스와 플라톤은 소피스트들을 비판했고 실제 그들은 "개념의 유희, 공허한 말재간을 일삼는 궤변"에 빠지기도 했다.[이병수, 58~59쪽] 하지만 소피스트철학은 전통적 종교·도덕에 도전하는 "계몽주의의 고대적 형태"로 볼 수 있으며[이병수, 58~59쪽] 그 철학에 도덕적 배려가 없는 것도 "진심으로 진리를 추구"[럿셀, 106쪽]하기 위한 것일 수 있었다.

2-2 소크라테스의 철학

혼돈에 빠진 자연철학, 그리고 아테네 사회

소크라테스 눈앞에는 해결해야 할 세 가지 도전적 혼돈이 놓여 있었다.

첫째는 자연철학의 혼돈이었다. 소크라테스 이전, 철학자들은 만물의 근원을 찾는다면서 서로 다른 주장들을 내놓았다.

둘째는 민주체제의 혼돈이었다. 아테네는 일찍이 민주 개혁을 이루었으며 사람들은 정치 참여의 자유와 기회가 늘어났다. 하지만 과두 정파와 민주 정파 사이의 싸움·숙청 그리고 고소·고발이 잇따랐다. 부패·타락이 만연했고 스파르타와의 전쟁은 혼돈을 가중시켰다.

셋째는 소피스트들이 낳은 혼돈이었다. 소피스트들은 선배 철학자들이 가져온 혼돈을 극복하기보다 회의주의·상대주의로써 더욱 부추기는 한편 연설·변론의 기술을 가르친다면서 궤변을 늘어놓곤 했다.

자연철학 대신 윤리학을

소크라테스에게 자연법칙은 인식될 수 없고, 인식된다고 해도 이로부터 도덕법칙이 추출될 수 없는 것이었다[이병수, 60쪽]. 소크라테스는 자연철학을 받아들이는 대신 인간·사회의 문제에 관심을 두었다. 그것은 윤리학이었다.[이병수, 59~60쪽]

소크라테스는 훌륭함[德]·올바름[正義]을 윤리학 최선의 가치로 제시했다.

윤리학은 함[實踐]을 전제로 한다

소크라테스의 윤리학은 개인·사회관계·국가질서에서 훌륭함과 올바름이 구현되기를 요구했다. 현실은 그렇지 못했다. 소크라테스는 현실에서 동떨어진 이론 철학자가 아니었다[솔로몬, 94쪽]. 소크라테스는 아테네의 시민사회·정치를 바꾸고자 했다. 이를 위해 요구되는 실천은 윤리적 행위를 하는 정신적 자각과 태도를 의미했다.[이병수, 60쪽]

소크라테스는 철학을 몸소 실천하였으며 철학적으로 살았다[솔로몬, 102쪽]. 그의 철학은 저잣거리·체육관 등에서 대화를 통해 행해졌다. 그는 죽음조차 자기 철학의 일부로서, 실천으로서 흔쾌히 받아들였다.

함은 앎[知]에서 온다

소크라테스는 덕에 대한 무지는 모든 악한 행위의 원인이며 용기·정의 따위에 대한 보편적 앎이 윤리적 함을 가져오는 원천이라고 주장했다. 덕에 대한 지식은 행동하지 않을 수 없는 자각을 불러일으킨다는 것이다.[이병수, 60~61쪽] [지덕합일설·주지주의 윤리관]

소크라테스가 볼 때 아테네의 혼돈은 무지 때문이었다. 그는 "소크라테스가 가장 현명하다"는 신탁을 전해 듣고는 자신보다 현명한 사람을 찾아 나서지만 대부분은 모르면서도 안다고 생각하고 있었다.

앎을 위한 방법, 대화

소크라테스는 덕의 사례들을 열거해 사람들이 스스로 답을 찾게 하려 했다. 그것이 대화법이다.

대화 목적은 그들의 무지를 깨닫게 하는 것이었다. "너 자신을 알라"는 델피의 신탁을 전하는 것이 임무였다. 이때 무지는 사실에 대한 무지보다는 개념의 모호한 사용에서 오는 것이 컸다. 플라톤의 초기 대화편 대부분은 이런 내용을 담고 있다.

대화법은 세 가지 측면을 갖고 있다.[이병수, 62~63쪽]

첫째는 반어법이다. 소크라테스는 사람들과 대화하면서 훌륭함·아름다움·올바름·용기 등이 무엇인지 묻고 그 답변을 다시 논박하여 아포리아 aporia[60]에 빠뜨린다. 무지를 자각시키고 개념을 명확하게 하기 위해서이다.

둘째는 산파술이다. 대화 과정에서 새 인식에 도달하도록 돕는 것이다. 새 인식은 외부로부터 주입되는 것이 아니다. 참된 지식에 대한 사랑을 바탕으로 스스로 힘으로 참된 지식을 이끌어내는 것이다.[이병수, 63쪽]

60) aporia: 대화법을 통하여 문제를 탐구하는 도중에 부딪치게 되는 해결할 수 없는 어려운 문제.

셋째는 귀납적 방법이다. 특수 사례들의 고찰을 통해 보편성을 이끌어 내는 것이다. 그러나 결론은 제시되지 않는다. 대화자는 '길 없음aporia'에 당황하지만 스스로 길을 찾아야 한다.

2-3 플라톤의 철학

혼돈을 받아들이는 태도: 소크라테스와 플라톤의 같고 다름

소크라테스가 목격했던 혼돈은 플라톤에 와서는 더욱 심해졌고 존경하는 스승 소크라테스의 죽음이 덧붙여졌다. 소크라테스와 만남이 플라톤에게 시인의 꿈을 접게 만들었다면 그의 죽음은 정치가의 꿈을 접게 만들었다.

플라톤은 소크라테스와 달리 혼돈을 일부 받아들였다. 플라톤은 소크라테스 외에 피타고라스·헤라클레이토스·파르메니데스의 자연철학적 내용·방법론을 일부 자기 것으로 만들었다[럿셀, 140쪽; 이병수, 66쪽; 솔로몬, 108쪽]. 피타고라스로부터 수적數的 관계·영혼의 불멸·동굴의 비유 등을, 파르메니데스로부터 실재의 영원함 등을 받아들였다. 소크라테스로부터는 선의 이념·목적론적 세계관 등을 받아들였고 헤라클레이토스로부터는 그 변화론을 비판하면서도 가시계可視界가 소멸된다는 것은 받아들였다. 영원한 가지계可知界와 생성·소멸하는 가시계를 나누는 플라톤 이원론二元論의 뿌리가 됐다.

플라톤은 자연철학·민주체제·소피스트들에 의한 혼돈이 신정神政질서를 위기에 빠뜨렸다고 보았다. 이에 플라톤은 신을 대체할 절대적·초월적 이념을 찾고자 했고 결국 그의 철학은 붕괴해 가는 그리스 도시국가를 구하려는 노력으로 규정된다[이병수, 65쪽, 64쪽]. 그것은 소크라테스 윤리학이 완성되는 이상국가론으로 나타났다.

혼돈을 뛰어넘어 이상국가로[윤리학 · 유토피아사상]

『크리티아스』에는 아틀란티스 이야기가 잠시 나온다. 이상향을 그린 것이다. 이상국가는 그러나 대체로 『국가』에서 다루어진다. 이상국가의 사실상 모델은 스파르타이다[럿셀, 133쪽, 138쪽, 156쪽]. 펠로폰네소스전쟁에서 승리한 스파르타는 엄격한 체제였고 아테네의 민주체제는 타락해 있었다.

이상국가는 스파르타처럼 계급 국가로 구상構想되었다. 인간 영혼의 3 성향과 그것이 발현되는 세 덕목德目에 따른 것이다. 그것은 이성-지혜, 격정-용기, 욕구-절제였다. 국가도 이에 따라 지혜-통치자, 용기-수호자, 절제-생산자로 나뉜다. 이상국가는 올바름[正義]이 구현되는 국가로, 이들 세 계급이 제 기능을 제대로 수행할 때 이루어진다. 철인哲人·귀족이 통치하는 군주[왕도] 정치체제와 귀족[최선자最善者] 정치체제가 그것이다.

세 계급이 제 기능을 못할 때는 올바르지 못한 국가가 된다. 올바르지 못한 국가로는, 용기를 추구하는 명예 정치체제와 재산을 추구하는 과두 정치체제, 무차별 평등을 추구하는 민주 정치체제, 그리고 한 사람이 사회를 폭력적으로 지배하는 참주 정치체제가 있다.

하지만 플라톤은 소크라테스의 입을 빌어 이상국가의 실현이 어려운 일이라고 고백한다. 현실적인 법치국가를 그린 『법률』이 그 대안이다.

참된 정치가와 참된 통치술은 후기 저술 『정치가』에서도 다루어진다.

이상국가 · 존재의 근본 원리: 이데아[이데아론 · 이원론]

이데아론은 플라톤 철학의 핵심 사상이다. 이데아론은 플라톤의 중기 저술 『파르메니데스』에서 집중적으로 검토된다.

『국가』에서는 좋음의 이데아를 통치자가 배워야 할 가장 중요한 대상이라고 말한다. 좋음의 이데아는 그러나 배워야 하는 대상에서 그치지 않는다. 그것은 이데아 가운데 최상위에 있으면서 배움의 길을 비추어 주는 빛이기도 하고 모든 사물을 존재하게 하는 근원이기도 하다.

이데아는 감각의 세계에 존재하는 것이 아니다. 그것은 오로지 이성적 사유를 통해서만 파악되는 불변·불멸의 존재이다. 세계는 변화의 세계[가시계]와 불변의 세계[가지계]로 나뉘는데 이데아는 후자에 속한다. 우리는 시각을 통해 어떤 사물의 그림자나 거울·수면에 비친 모상模像 또는 화가가 그린 그림을 볼 수 있다. 우리는 그림자·모상·그림들이 본디 실물을 본뜬 것임을 안다. 마찬가지로 이데아는 가시계의 본paradigm이 된다. 현실에 수많은 의자가 있지만 그 의자들의 본모습이 의자의 이데아이며, 현실에 수많은 삼각형이 있지만 그 삼각형들의 본모습이 삼각형의 이데아이다. 가시계의 사물들이 이데아를 본뜨는 것을 이데아의 본질을 나누어 갖는다고 말한다.[관여關與 또는 분유分有]

이데아의 세계를 알아가는 과정을 플라톤은 태양의 비유, 선분의 비유, 동굴의 비유를 통해 설명한다. 동굴의 비유를 보면, 동굴 속 벽면에 비친 그림자만 보는 상황, 동굴 속이지만 횃불에 비친 사물을 보는 상황, 밖에 나와 태양빛 아래 사물을 보는 상황, 태양 자체를 보는 상황 등으로 비유된다. 여기서 태양은 좋음의 이데아이다. 동굴 밖으로 나왔던 사람은 처음에 눈이 부셔 사물을 제대로 보지 못하지만 이윽고 사물을 제대로 보게 된다. 이렇게 깨달은 사람은 철인이다. 철인은 동굴[현실]로 되돌아가야 한다.

이데아·지식은 상기想起된다: 불멸의 영혼으로부터[인식론]

플라톤의 중기 저술 『메논』에서 메논은 소크라테스에게 훌륭함이 교육·연습으로 얻어질 수 있느냐고 묻는다[『프로타고라스』에서도 비슷한 논의가 전개된다.]. 메논은 어떤 지식을 알면 이를 탐구할 필요가 없고 모르면 탐구할 수 없다고 말한다[메논의 역설]. 이에 대해 소크라테스는 그렇지 않다며 훌륭함·지식 따위는 이미 배운 것으로서, 교육은 그것을 상기想起시키는 과정이라고 말한다. 그러면서 옆에 있던 노예소년에게 질문을 한다. 소년은 수학을 배우지 않았지만 소크라테스의 물음을 따라가다 보니 정사각형의 넓이를 구하게 된다.

"이미 배웠다."는 표현은 태어나기 전에 이미 배웠다는 것을 의미한다. 태어나기 전에? 플라톤은 그렇다고 답한다. 영혼은 육체와 별개의 것으로서, 육체와 결합하기 전에 이데아계에 존재했으며 이데아의 지식을 갖고 있었다는 것이다. 영혼의 불멸함, 영혼의 선재先在함이 전제된다.[이병수, 70쪽]

『국가』에는 왜 영혼이 불멸한지가 이야기되고 있다. 영혼은 다른 것에 의해 파괴되지 않는다. 그리고 영혼은 스스로를 파괴하지도 않는다. 다른 것에 의해서든 스스로에 의해서든 파괴되지 않으므로 불멸하다는 것이다.

이데아를 상기시키는 방법: 변증술

플라톤의 변증술은 소크라테스의 대화법이 발전된 것이다. 그것은 협의의 논쟁기술이나 개념적 사고 훈련을 넘어서는 것이다[이병수, 80쪽]. 플라톤에 이르러 변증술은 최고의 방법론이자 진리 탐구를 위한 사유방법으로 발전한다[브리태니커백과사전]. 변증술은 불멸의 영혼 속에 담긴 이데아 또는 이데아에 관한 지식을 상기시키는 역할을 한다.

변증술은 플라톤의 초기·중기·후기에 따라 달라진다.[이병수, 80~82쪽]

초기의 변증술은 소크라테스의 문답법에 가깝다. 산파술과 귀납법 따위의 소크라테스의 유산이 남아 있다.

중기의 변증술은 이데아를 상기시키는 방법으로 간주된다. 즉 변증술은 인간 영혼을 이끌어 이데아에 이르게 하는 학문이다.

후기에 이르러 변증술은 정확히 확정되고 엄밀히 정의된 개념을 찾기 위한 개념의 변증술로 발전한다.[헤겔·마르크스의 변증법과 플라톤의 변증술은

구분할 필요가 있다.]

후기의 변증술은 두 가지 측면에서 볼 수 있다. 먼저 개념들이 분리·결합되는 과정이다. 존재·비존재, 정지·운동 등처럼 개념들은 분리되지만 대립물들은 다시 비대립적 참된 것에 도달한다. 이때 이성은 (다양하게 흩어져 있는 사물들을 총괄해 하나의 이데아로 모으는, 즉) 개별적 종種들을 보편적 유類로 종합하고 다시 이 보편적 유를 개별적 종으로 분석하는 작용을 하는데, 이 종합·분석의 사유작용은 변증술을 통하여 통일된다.[이병수, 82~83쪽]

플라톤은 여러 저술들에서 변증술을 통해 대화 상대자의 논리를 논박하곤 한다. 그러나 후기 변증술을 볼 수 있는 것들로는 『소피스테스』『파르메니데스』『정치가』『필레보스』 등이 있다.

[플라톤의 자연철학은 후기 저술 『티마이오스』의 설명으로 대신한다.]

---

* 이 글 '소크라테스와 플라톤의 삶과 철학'을 쓰는 데 다음 문헌들을 참고했다.

플라톤, 박종현 역주, 『국가·정체』, 서광사, 2005.
Plato, *The Republic* tr. by B. Jowett.[from Project Gutenberg]
플라톤, 최민홍 역, 『소크라테스의 대화록』, 집문당, 1971.

세이어즈, 김요한 옮김, 『플라톤의 국가 해설』, 서광사, 2008.
이병수·우기동, 『철학의 철학사적 이해』, 돌베개, 1991.
럿셀, 최민홍 역, 『서양철학사』 上, 집문당, 1975.
솔로몬·히긴스, 박창호 옮김, 『세상의 모든 철학』, 이론과실천, 2007.

플라톤의 저술들

플라톤 저술의 시기 구분은 이에 담긴 사상이 소크라테스의 것인지 플라톤 자신의 것인지 나누기 위한 것으로, 논란이 좀 있다. 여기서는 박종현 선생 역주의 『국가·정체』에 따른다. 이에 따르면 플라톤이 40세 즈음까지, 즉 초기에 쓴 저작은 소크라테스 철학사상을 재구성한 것이고 40세 이후부터 60세 즈음까지, 즉 중기에 그리고 60세 이후인 후기에 쓴 저작은 플라톤 자신의 사상을 담은 것이다. 선생은 특히 『국가』도 1권은 초기 후반에 속하고 2권에서 10권까지는 중기에 속한다고 나누고 있다.

플라톤 저작 중엔 위작의 의심을 크게 받는 것들이 있다. 그들 저작은 대체로 여기에 소개하지 않았다. 『메넥세노스』와 『대大 히피아스』, 『알키비아데스 I』 등은 위작이라는 의심이 적은 것들이다.

아래의 저술 소개에서 첫째 줄 수자는 스테파누스 쪽수이다. 스테파누스 쪽수는 플라톤 저술을 표시하는, 국제적으로 통용되는 방법으로, 1578년 프랑스 사람 스테파누스[본명 앙리 에티엔]가 펴낸 세 권짜리 『플라톤 전집』의 쪽수에 따른 것이다. 둘째 줄은 대화자, 셋째 줄 이하는 주요 내용이다.

1. 초기(40세까지) 전반

『소크라테스의 변론(Apology)』: 1권 17a~42a

소크라테스

"청년에게 나쁜 영향을 끼치고 신을 부정한다."는 혐의로 고발을 당한 소크라테스는 법정에서 자신을 변론한다. 그는 소피스트들이 자신을 모략한다는 점, 자신은 어느 누구보다 더 신을 믿었으며 청년들에게 훌륭함을 설득해 왔다는 점, 무죄를 청원하지 않겠다는 점 등을 주장한다.

『크리톤(Crito)』: 1권 43a~54e

소크라테스 / [친구] 크리톤

크리톤은 사형 선고를 받은 소크라테스에게 탈옥을 권하지만 소크라테스는 이를 거부한다. 나라에서 산다는 것은 나라·법률에 복종하기로 동의한 것이라는 점, 변론을 통하여 이미 사형받기로 했다는 점, 탈옥은 올바름을 위반하는 행위라는 점 등을 이유로 내세운다.

『에우티프론(Euthyphro)』: 1권 2a~16a

소크라테스 / [예언가·종교인] 에우티프론

소크라테스는 법정 가는 길에 에우티프론을 만난다. 에우티프론은 노예를 죽게 만든 아버지를 고발했는데 고발이 경건한 것인지 여부로 가족들과 갈등에 빠진다. 경건함이 무엇이냐고 소크라테스가 묻자, 그는 신의 사랑을 받는 것이라는 등의 답변을 하지만 경건함 자체는 아니라고 논박 elenchus 당한다.

『카르미데스(Charmides or Temperance)』: 2권 153a~176d

소크라테스 / [플라톤 친척] 카르미데스·크리티아스 / [친구] 카이레폰

소크라테스는 한 체육관에서 카르미데스 일행을 만나 대화를 나눈다. 절제란 무엇이냐는 소크라테스의 물음에 정숙함, 좋은 일 하기, 자신에 대한 앎이라는 등의 답변이 나온다. 소크라테스는 자신에 대한 앎이 가능하냐고 반박하고, 앎에 대한 앎이라는 새 답변이 나오지만 다시 논박한다.

『라케스(Laches or Courage)』: 2권 178a~201c

소크라테스 / 리시마코스·멜리시아스 / [장군] 라케스·니키아스

라케스·니키아스는 아들 교육문제로 고민하던 리시마코스·멜리시아스의 초대를 받고 싸움의 방법 등을 가르치는 문제로 토론을 벌인다. 이때 소크라테스는 무엇을 가르칠지 먼저 생각해야 한다며 용기란 무엇인지 묻고는 참을성, 선악에 대한 앎이라는 답변이 나오자 이를 논박한다.

『소小 히피아스(Lesser Hippias)』: 1권 363a~376c

소크라테스 / [소피스트] 히피아스

히피아스가 호메로스에 대해 연설한 끝에 에우디코스는 소크라테스에게 언급을 청한다. 소크라테스가 아킬레우스·오디세우스 중 누가 더 훌륭한지 묻자 히피아스는 자발적으로 악행을 벌인 오디세우스보다 비자발적으로 악행을 벌인 아킬레우스가 더 훌륭하다고 답하고 소크라테스는 이를 논박한다.

『이온(Ion)』: 1권 530a~542b

소크라테스 / [서사시 가인歌人] 이온

시 낭송대회에 다녀온 이온에게 소크라테스가 가인은 원작자의 의도를

잘 알아야 한다고 한다. 이온은 이에 동의하며 호메로스 작품을 다른 작품보다 더 높게 평가한다. 소크라테스는 모든 작품이 이성을 바탕으로 만들어진 기술art의 결과가 아닌 신의 입김[靈感]에 의한 것이라고 말한다.

『프로타고라스(Protagoras)』: 1권 309a~362a

소크라테스 / [대화 속 대화] [소피스트] 프로타고라스 外

소크라테스는 자신과 프로타고라스가 훌륭함德에 대해 나눈 대화를 친구에게 들려준다. 훌륭함은 가르칠 수 있는 것이라고 프로타고라스가 말하지만 소크라테스는 이에 동의하면서도 훌륭함 자체에 대해 먼저 명확히 규정해야 한다고 주장한다.

2. 초기(40세까지) 후반

『리시스(Lysis or Friendship)』: 2권 203a~223b

소크라테스 / [젊은이] 히포탈레스 · 메넥세노스 · 리시스 外

소크라테스가 아테네 외곽의 한 체육관에서 리시스 일행과 대화를 나눈다. 우정philia과 사랑eros은 무엇이며 그것들은 같은 것인지 다른 것인지, 친구가 되기 위해 유익함 · 훌륭함 · 지혜 등이 필요한지, 사랑은 결국 앎 · 훌륭함에 대한 사랑이 아닌지 등에 대한 논의가 전개된다.

『에우티데모스(Euthydemus)』: 1권 271a~307c

소크라테스 / 크리톤 / [소피스트] 에우티데모스 外

소크라테스가 에우티데모스 형제와 대화를 나누면서 언어의 모호함을 이용해 혼란에 일으키는 그들 소피스트의 변론술을 풍자한다. 그들은 "새끼 가진 개는 [새끼의] 아버지이면서 동시에 주인의 것이다. 따라서 주인의 아버지이다."라는 식으로 주장한다는 것이다.

『메넥세노스(Menexenus)』: 2권 234a~249e

소크라테스 / [정치 지망생] 메넥세노스

소크라테스 사후死後의 가상 대화. 소크라테스는 메넥세노스에게 전사자에 대한 추도문을 들려준다. 추도문은 본디 아스파시아의 것으로서 올바름의 이름으로 보내는 찬사이다. 이것은 애국을 강조하면서 찬사를 보내는 페리클레스의 추도문을 비난하기 위한 것이었다.

『고르기아스(Gorgias)』: 1권 447a~527e

소크라테스 / 카이레폰 / [소피스트] 고르기아스·폴로스 外

소크라테스는 칼리클레스 집에서 고르기아스 일행과 대화를 나누면서 변론술rhetoric[웅변술]의 본질과 목적은 무엇인지 묻는다. 그것이 진리 또는 올바름과 무슨 관계인지, 그것은 정말 유용한 것인지, 나랏일 하는 데는 훌륭함·앎이 더 필요하지 않은지 등이 논의된다.

『대大 히피아스(Greater Hippias)』: 3권 281a~304e

소크라테스 / [소피스트] 히피아스

자신의 부·명성이 아름다운 것을 추구해서 얻어졌다는 히피아스에게 소크라테스는 아름다움이 무엇이냐고 묻는다. 히피아스는 아름다운 아가씨라고 답하고 소크라테스는 암말·도자기도 아름답고 아가씨의 아름다움은 여신의 아름다움에 비할 수 없다면서 아름다움 자체가 무엇이냐고 다시 묻는다.

『알키비아데스(Alcibiades) I』: 2권 103a~135e

소크라테스 / [정치 지망생] 알키비아데스

소크라테스는 사랑하는 미소년 알키비아데스가 정치계에 진출해 올바름을 실현하려는 야망이 있음을 알고는 그에게 올바름이란 무엇인지 묻는다. 그것은 이로운 것인지, 올바름을 실현하려면 먼저 훌륭함을 지녀야 하고 "너 자신을 알" 필요가 있지는 않은지 하는 문제가 논의된다.

3. 중기(60세까지)

『메논(Meno)』: 2권 70a~100c

소크라테스 / [젊은이] 메논 / 노예소년 外

메논은 훌륭함이 교육·훈련으로 얻어질 수 있는지 묻는다. 소크라테스는 훌륭함 자체가 무엇인지 되묻는다. 모르는 것은 탐구할 수 없다는 메논의 역설에 대해 소크라테스는 노예소년에게 질문하고 답을 스스로 내도록 해서 앎이 불멸의 영혼으로부터 상기想起된다고 주장한다.

『크라틸로스(Cratylus)』: 1권 383a~440e

소크라테스 / [제자] 헤르모게네스·크라틸로스

가상 대화. 부제副題는 '이름 붙이기의 올바름에 대해'이다. 이름과 사물은 어떤 관계에 있는지, 이름의 정확함이란 무엇인지, 이름은 필연적으로 붙여지는 것인지 아니면 관습·합의에 따른 것인지, 이름의 올바름이란 무엇인지 등이 논의된다.

『파이돈(Phaedo)』: 1권 57a~118a

파이돈 / [대화 속 대화] 소크라테스 / [제자] 케베스·심미아스 外

소크라테스가 임종하며 주변 친구와 어떤 대화를 나누었는지 에케크라테스가 묻고 파이돈이 답한다. 철학자에게 죽음이란 무엇인지, 영혼은 불멸의 것인지, 앎은 이데아 형태로 영혼에 있다가 상기想起되는 것인지, 지구의 참모습은 어떤지 등에 관한 견해들이 펼쳐진다.

『향연(Symposium)』: 3권 172a~223d

아폴로도로스 / [대화 속 대화] 소크라테스 / 에릭시마코스 外

아가톤의 집에서 소크라테스가 여러 사람과 사랑eros에 대해 나눈 대화를 아폴로도로스가 친구에게 전해준다. 사랑은 갈라졌던 남녀가 다시 합치려는 노력임, 시와 학문의 기원임, 완전성·아름다움 자체·앎을 향한 끊임없는 계단 오르기임 등의 이야기가 펼쳐진다.

『국가(The Republic)』: 2권 327a~621d

『파이드로스(Phaedrus)』: 3권 227a~279c

소크라테스 / [친구] 파이드로스

소크라테스와 파이드로스는 작가 리시아스의 사랑eros에 대한 연설문을 놓고 대화를 나눈다. 사랑이 완전함을 추구하고 영혼의 불멸함을 증명하며 완전한 앎[哲學]이나 영원한 삶[繁殖]을 이끄는 것인지, 웅변술이란 좋은 것인지, 글이 앎을 전달하는 데에 적절한지 등이 논의된다.

『파르메니데스(Parmenides)』: 3권 126a~166c

케팔로스 / [대화 속 대화] 젊은 소크라테스 / 파르메니데스·제논

가상 대화. 전반부는 이데아론을 비판적으로 검토하고 후반부는 비판의 극복을 통해 이데아idea론을 더 공고히 만든다. 이데아에 관여하는 실물이 하나인지 여럿인지, 이데아는 어떤 사물의 속성인지 독립된 존재인지, 이데아는 실물에 전체로서 관여되는지 부분으로서 관여되는지 등이 논의된다.

『테아이테토스(Theaetetus)』: 1권 142a~210d

유클레이데스 / [대화 속 대화] 소크라테스 / [수학자] 테아이테토스 外

앎에 대한 가장 체계적인 저술이라고 꼽혀진다. 앎이 무엇이냐는 소크라테스의 질문에 테아이테토스는 기하학·수학 등이라고 예시하거나 앎에 대해 지각知覺이다, 참된 의견이다, 설명이 담긴 의견이다 등으로 답변하지만 모두 소크라테스의 변증술에 의해 논박된다.

4. 후기(60세 이후)

『티마이오스(Timaeus)』: 3권 17a~92c

소크라테스 / [피타고라스학파] 티마이오스 / [정치가] 헤르모크라테스 外

『국가』의 대화가 있은 다음날 이루어진 대화. 플라톤의 우주론과 자연철학이 담겨져있다. 물질의 4원소와 수학적 구성, 혼돈에서 질서로, 우주가 제작되는 동기와 그 본paradigm인 좋음의 이데아와 우주 제작자 데미우르고스, 제작의 결과인 시간·천체·인체·영혼 등에 관한 논의들이 펼쳐진다.

『크리티아스』: 3권 106a~121c

소크라테스 / 티마이오스 / [정치가] 크리티아스 · 헤르모크라테스

뒷부분은 [잃어버렸든 또는 미완됐든] 글이 없다. 우주 · 국가 · 인간을 다루는 3부작 중 『티마이오스』에 이어진 것. 『헤르모크라테스』는 쓰이지 않았다. 아테네 · 아틀란티스의 건국 설화, 이상국가였던 아틀란티스 이야기가 펼쳐진다. 타락해 가는 아틀란티스를 제우스가 응징하려는 순간 글이 끝난다.

『소피스테스(Sophist)』: 1권 216a~268d

[수학자] 테오도로스 · 테아이테토스 / 소크라테스 外

플라톤 저술 중 가장 어렵고 철학의 진수가 담긴 것으로 꼽힌다. 소피스트가 거짓된 지식인임을 규명코자 변론술을 나눔이라는 변증술 방법으로 분석한다. 한편 참된 앎과 거짓된 앎을 구분코자 닮음과 다름[인식론], 있음과 없음[존재론], 옳음과 그름[도덕론]의 문제를 다룬다. 이데아가 그 준거準據가 된다.

『정치가(Statesman)』: 2권 257a~311c

소크라테스 / 테오도로스 · 엘레아人 / [동명이인] 소크라테스

『소피스테스』, 『철학자』[쓰지 않았음]와 함께 3부작으로 구상됐다. 참된 정치가, 참된 통치술을 나눔의 방법으로써 분석한다. 이에 따르면 참된 정치는 법보다는 지혜 · 앎에 의해 다스려지는 왕도정치이며 이때 지혜는 기개 · 욕구와 구분되면서도[나눔] 전체의 조화[결합]를 이루는 기술techne이다.

『필레보스(Philebus)』: 2권 11a~67b

소크라테스 / 프로타르코스 / [가상의 인물] 필레보스

부제는 '즐거움에 관하여'이다. "즐거움은 좋은 것"이라는 필레보스의 말

에 소크라테스는 "즐거움과 좋음은 다른 것이며 앎과 지혜가 좋음에 가깝다."고 논박한다. 즐거움 자체는 하나인지 여럿인지, 즐거움·앎이 적정한 정도[適度]로 결합될 때 행복을 주는 것은 아닌지, 좋음 자체는 무엇인지 묻는다.

『법률(Laws)』: 2권 624a~969d

[소크라테스 대신] 아테네人 / [정치인] 클레이니아스 / 메길로스

『국가』가 이상국가를 그렸다면 『법률』은 이를 본paradigm으로 삼은 구체적·현실적 방안으로서의 법치국가를 그렸다. 토지가 균등 분배되고 남녀 차별이 없는 이 가상국가에서 법의 제정과 보전, 입법 정신, 법 제정에서 지성知性의 역할, 종교 문제, 재산권, 교육 문제, 자연법 등에 관한 논의가 전개된다.

스테파누스 판본에 실린 순서

* 굵고 흐린 글씨는 위작의 의심이 있어 위에 소개되지 않은 것.

권수	페이지	내 용
1권	2a ~ 16a	에우티프론 (Euthyphro)
	17a ~ 42a	소크라테스의 변론 (Apologia Socratis)
	43a ~ 54e	크리톤 (Crito)
	57a ~ 118a	파이돈 (Phaedo)
	121a ~ 131a	**테아게스 (Theages)**
	132a ~ 139a	**아마토레스 (Amatores)**
	142a ~ 210d	테아이테토스 (Theaetetus)
	216a ~ 268b	소피스테스 (Sophista)
	271a ~ 307c	에우티데모스 (Euthydemus)
	309a ~ 362a	프로타고라스 (Protagoras)
	363a ~ 376c	小 히피아스 (Hippias Minor)
	383a ~ 440e	크리탈로스 (Cratylus)
	530a ~ 542b	이온 (Ion)
2권	11a ~ 67b	필레보스 (Philebus)
	70a ~ 100b	메논 (Meno)
	103a ~ 135e	**알키비아데스 I (Alcibiades I)**
	138a ~ 151c	**알키비아데스 II (Alcibiades II)**
	153a ~ 176d	카르미데스 (Charmides)
	178a ~ 201c	라케스 (Laches)
	203a ~ 223b	리시스 (Lysis)
	225a ~ 232c	**히파르코스 (Hipparchus)**
	234a ~ 249e	메넥세노스 (Menexenus)
	257a ~ 311c	정치가 (Politicus)
	313a ~ 321d	**미노스 (Minos)**
	327a ~ 621d	국가 (Republica)
	624a ~ 969d	법률 (Leges)
	973a ~ 992e	**에피노미스 (Epinomis)**

권수	페이지	내 용
3권	17a ~ 92c	티마이오스 (Timaeus)
	106a ~ 121c	크리티아스 (Critias)
	126a ~ 166c	파르메니데스 (Parmenides)
	172a ~ 223d	향연 (Symposium)
	227a ~ 279c	파이드로스 (Phaedrus)
	281a ~ 304e	大 히피아스 (Hippias Major)
	309a ~ 363e	**편지들** (Epistolae)
	364a ~ 372a	**악시오코스** (Axiochus)
	372a ~ 375d	**올바름에 대하여** (De justitia)
	376a ~ 379d	**훌륭함에 대하여** (De virtute)
	380a ~ 386b	**데모도코스** (Demodocus)
	387b ~ 391d	**시시포스** (Sisyphus)
	392a ~ 406a	**에릭시아스** (Eryxias)
	406a ~ 410e	**클리토폰** (Clitopho)
	411a ~ 416a	**定義** (Definitiones)

* 편지들은 13편이 전해온다. 대체로 위작으로 의심받는데, 일곱번째 편지만은 위작이 아니라는 견해가 많다.

역자의 말

플라톤의 『국가』를 고전古典이라 부르기에 멈칫거릴 사람은 아무도 없다. 고전은 그 시대 사람들의 삶과 생각을 잘 보여 주는 동시에 오늘날의 사람들 삶과 생각에도 커다란 울림을 준다. 시대의 아픔을 달래주고 시대의 고민을 해결해 주기도 한다.

영국 철학자 화이트헤드가 "서양의 2000년 철학은 모두 플라톤의 각주에 불과하다."고 한 유명한 말은 플라톤이 서양정신사에서 어떤 자리에 있는지 잘 보여준다. 『국가』는 다시 플라톤 철학에서 중심이다. 『국가』에는 형이상학·인식론·윤리학·정치사상·예술론·교육론 등 철학의 관심사가 거의 망라되어 있기 때문이다.

하지만 사람들은 더러 고전 읽기를 꺼린다. 내용이 방대하다거나 어렵다거나 문투가 익숙지 않다는 등의 이유에서이다. 이 책은 『국가』를 줄여 번역한 것이다. 고전 읽기의 어려움을 좀 줄여 보자는 의도이다. 고전을 온전한 채로 읽는 것이 바람직하지만 이렇듯 줄여 펴내는 책이 도움이 될 사람도 분명 있으리라. 내용에 흠이 가지 않도록 최선을 다했다.

고전 읽기가 무엇보다 중요한 것은 위에 말했듯이 고전이 시대의 아픔이나 고민을 외면하지 않기 때문이다.

지난 4월 16일 이후, 한국 사회는 크나큰 비탄에 잠겼다. 온 국민이 지켜보는 가운데 304명의 사람들이 바다에서 살아나오지 못한 때문이다. 세월호 참사이다. 일곱 살 어린이, 꿈 많고 끼 많은 고교생들, 다른 사람을 먼저 구하고 제 스스로는 나오지 못한 사람들, 회갑을 맞아 같이 여행길에 나선 초등학교 동창들, 수습 과정 등에서 생명을 빼앗긴 사람들……

참사 이후 우리는 숱하게 질문을 던졌다. 그중엔 '국가란 대체 무엇인가'라는 질문도 있었다. 한국 사회가 현대에 들어선 1945년 이후 20명 이상이 생명을 빼앗긴 사고는 50여 건에 이른다. 자연재해도 있었지만 부패와 비리에 의한 인재가 많다. 그래도 몇몇 사건을 빼고는 '국가 자체'를 향해 질문을 던지지는 않았다.

그런데 왜 이번에는 국가 자체에 질문을 던지는가? 많은 의혹이 제기되었으나 국가의 설명은 없었고, 사람들을 구할 수 있었으나 국가는 그러지 못했으며, 참사의 진상을 밝히고 안전한 사회를 만들자는 국민의 요구에 국가가 대답을 하지 않고 있기 때문이다. 국가 자체에 대한 이 질문은 해방 이후 오늘날까지의 한국사회에 대한 질문으로까지 확대된다. 우리는 어떤 국가를 건설했고 우리의 삶은 어떠했는가?

『국가』가 지금 시대의 아픔과 고민을 당장 해결해 줄 수는 없을 것이다. 하지만 국가란 무엇인가 하는 질문에 답이 될 수 있고 앞으로 꾸려나갈 올바른(정의로운) 국가의 기준이 될 수 있다고 본다.

최선을 다했다 해도 걱정이다. 부족함이 많은 탓이다.

아름다운날 출판사 김형호 사장님, 그리고 책의 만듦새를 위해 애쓰신 분들 모두에게 감사드린다.

다시 한 번, 304분 희생자를 추모하며 잊지 않겠다고 다짐한다.

2014년 10월
최광열